本书受到陕西省软科学研究计划一般项目：陕西高校科技成果转化运营模式创新研究（编号：2018KRM123）和105-46121706、105-46121700，西安理工大学技术转移创新改革试点工程项目资助

经济管理学术文库·管理类

高校科技成果转化问题研究
——以陕西省为例

Research on the Transformation of Scientific and
Technological Achievements from Universities
——Based on Shaanxi province case

张栓兴／著

图书在版编目（CIP）数据

高校科技成果转化问题研究——以陕西省为例/张栓兴著.—北京：经济管理出版社，2019.8

ISBN 978-7-5096-6707-1

Ⅰ.①高… Ⅱ.①张… Ⅲ.①高等学校—科技成果—成果转化—研究—陕西 Ⅳ.①G644

中国版本图书馆 CIP 数据核字（2019）第 137220 号

组稿编辑：杨国强
责任编辑：杨国强　张瑞军
责任印制：黄章平
责任校对：张晓燕

出版发行：经济管理出版社
　　　　　（北京市海淀区北蜂窝 8 号中雅大厦 A 座 11 层　100038）
网　　址：www.E-mp.com.cn
电　　话：(010) 51915602
印　　刷：三河市延风印装有限公司
经　　销：新华书店
开　　本：720mm×1000mm/16
印　　张：15.5
字　　数：233 千字
版　　次：2019 年 9 月第 1 版　2019 年 9 月第 1 次印刷
书　　号：ISBN 978-7-5096-6707-1
定　　价：68.00 元

·版权所有　翻印必究·

凡购本社图书，如有印装错误，由本社读者服务部负责调换。
联系地址：北京阜外月坛北小街 2 号
电　话：(010) 68022974　邮编：100836

前　言

以"促进陕西高校成果产业化"为目标，在分析研究国内外高校科技成果运营的经验教训上，对我国高校科技成果运营的过程、运营机制、运营模式的选择进行分析。目的在于：一是针对陕西高校自身的实际资源状况以及现实状况，促进陕西高校适合自己的科技成果运营模式。二是实现陕西高校科技成果的高效率转化，同时促进科技创新、推动科技成果的产业链进程，提高陕西高校科技成果运营的经济效益、社会效益和加速科技创新。三是希望为政府制定具有参考价值的陕西高校科技成果运营的科技政策提供参考依据。本书主要内容如下：

（1）国内外高校科技成果运营的对比，提高产业化率的典型案例研究水平。通过比较国内外高校科技成果运营机制，总结国外高校科技成果运营的经验借鉴，重点是经济发达国家如美国、德国、日本等运营模式的经验，以及国内经济发达地区如深圳、北京和上海等经验借鉴以及其对陕西高校科技成果运营模式的启示。

（2）高校科技成果转化的过程与能力。对完成发明的成果进行转化是一个环节连接紧密且不间断的过程。高校发明一项专利，从实验室研究开始到诞生、培育、产业化，最后获取转化收入，需要高校、政府、企业和中介机构各方的齐心合作，层层深入，一般情况下，所需时间可能达到数月甚至数年之久。高校的科技成果转化是一项系统性工程，从开始准备科研工作到获得效益的每一个过程，每一个宏观或者微观的因素，都会对成果能否成功转化产生或多或少的影响。

（3）对陕西高校科技成果运营模式的机制进行分析，促进高校的技术创新运营模式研究。根据对国内外高校科技成果运营的分析，探讨运营模式的种类及其内在机制。本着提高陕西高校科技成果运营效率的目的，选择适合自己的科技成果运营模式势在必行。通过实地调研以及资料查找，基本摸清西安高校科技成果运营的模式，厘清中间存在的主要障碍，建设以陕西为中心的高校科技成果运营模式的优化。

（4）以陕西高校为中心研究科技成果转化运营模式及问题分析。不同的科技成果其运营模式都存在一定的问题和缺陷，本着提高陕西科技成果运营的目的，选择适合自己的科技成果运营模式势在必行。高校科技成果运营的最终完成，需要多个影响因素即功能主体的相互作用、相互配合。通过分析高校科技成果运营模式选择的影响因素包括该校科技成果运营主体（高校、企业、政府、中介）因素、市场及利益驱动因素、风险因素、障碍因素等，根据影响因素选择高校科技成果运营模式选择模型的构成指标。

（5）以陕西高校为中心的科技成果转化体制机制研究。高校科技成果运营的运行机制是指在高校科技成果运营过程中的相关各构成要素之间相互作用、相互联系、相互制约、协调互动工作方式和运行原理。陕西高校科技成果的有效转化需要动力机制、供求机制、投入机制、利益分配机制和扩散机制之间互相配合相辅相成而共同实现。

目 录

第1章 绪论 ·· 1

    1.1 研究背景 ·· 1

    1.2 研究目的 ·· 4

    1.3 研究意义 ·· 6

    1.4 研究方法 ·· 8

    1.5 本书框架 ·· 9

第2章 文献综述 ·· 11

    2.1 关于科技成果转化的研究综述 ·································· 11

    2.2 关于高校科技成果转化的研究综述 ······························ 14

第3章 国内外经验比较分析总结 ·· 18

    3.1 日本高校科技成果转化的实践 ·································· 18

    3.2 美国高校科技成果转化的实践 ·································· 24

    3.3 英国高校科技成果转化的实践 ·································· 30

    3.4 国外高校科技成果产业化给我国的启示 ······················· 33

第4章 高校科技成果转化的过程与能力 ·· 40

4.1 高校科技成果转化的过程 ·· 40
4.2 发掘与策划 ·· 43
4.3 培育与保护 ·· 54
4.4 实施与转化 ·· 61
4.5 高校科技成果转化能力建设 ·· 71

第5章 高校科技成果转化的模式 ··· 76

5.1 高校自主转化科技成果 ·· 76
5.2 高校借助外力转化科技成果 ·· 87
5.3 协同创新促进科技成果转化 ·· 95

第6章 陕西高校科技成果转化问题分析 ····································· 110

6.1 历史回顾及现状 ··· 110
6.2 陕西高校科技成果转化中存在的问题 ································· 122

第7章 科技成果转化——如何推进"三权改革"的问题研究 ········· 130

7.1 高校"三权"机制 ·· 130
7.2 高校"三权"的分配现状 ·· 131
7.3 "三权"归属对科技成果转化的分析 ································· 137

第8章 科技成果转化的经济支撑问题研究 ································· 147

8.1 科技成果转化与经济支撑 ·· 147
8.2 经济支撑模式研究 ·· 148

第9章 构建科技成果转化服务平台 158

9.1 科技成果转化服务平台 158
9.2 国内外服务平台经验借鉴 159
9.3 搭建科技成果转化服务平台 169

第10章 陕西高校科技成果转化体制机制改革 188

10.1 动力机制 188
10.2 供求机制 190
10.3 投入机制 192
10.4 利益分配机制 194
10.5 扩散机制 195

第11章 陕西高校科技成果转化优化措施 196

11.1 完善高校激励制度及考核制度 196
11.2 转变原有模式,以市场为导向 197
11.3 建立健全科学、合理的人才激励机制 197
11.4 引进市场机制建设 198
11.5 建立兼具评价与转化的社会中介机构 199
11.6 建立健全相关法律制度 199
11.7 建立以企业主体型的研发经费投入机制 200
11.8 建立健全高校科技成果扩散机制 200

参考文献 201

附件 211

关于落实以增加知识价值为导向分配政策 促进省属高校科技成果转移转化的实施意见 211

教育部 科技部关于加强高等学校科技成果转移转化工作的
　　若干意见 ·· 217
陕西省知识产权局关于进一步完善省内高校院所知识产权转化收益
　　分配机制的指导意见 ·· 223
《西安市加快促进科技成果转移转化 20 条措施》（市政办发
　　〔2018〕119 号）··· 226
西安××大学关于科技成果转化相关文件 ·· 233

第 1 章 绪论

1.1 研究背景

创新驱动发展战略的实施,加快了高校科技成果转化,体现了国家对科技成果转化的重视。陕西是一个科教大省,拥有许多高校,科研实力较强,专利申请和授权数一直排在全国前列,但科技成果转化率却不高,造成了科学和教育资源的大量浪费,无法很好地推动经济效益。基于高校科技成果转化的重要性,国家相关部门出台了一系列政策和文件,鼓励高校进行科技成果转化,特别是 2015 年 10 月 1 日实施的《科技成果转化法》,标志着中国科技成果转化拥有了特殊法律的保障。作为盛产科技的大省之一,陕西近年来采取了许多加强科技成果转化的措施,在高校科技成果转化方面取得了巨大成就。通过对陕西高校科技成果转化现状的分析,可以了解到陕西高校科技成果转化模式已经进行了非常大的改进,高校已成为科技成果的第一单位,高校的专利申请和专利资助数量与上年相比也有所增加,高校科技成果转化的平台越来越完善。尽管陕西高校科技成果转化取得了很大的成效,但相比其他地区科技成果转化率还比较低,科研资金明显不足。高校科技成果的运行在实际生产力的过程中起着非常重要的作用,如何将高校科技成果转化为现实,如何探索使高校科技成果充分发挥自身经济效益的途径已成为大多数科技工作者不断探索和研究的课题(马治海,2016)。因此,本书旨在以陕西高校科技成果转化为现实依据,重点探讨如何更好地建立和完善陕西高校科技成果运行模式。

近年来,中国的科技还没有完全走出低效泥潭。目前,我国科技研发投入保持较高增长,科研成果产出逐年增加,但成果转化为实际生产力的效果仍不理想,即科技成果转化率低。智力资源和国际科技论文数量位于世界前列,但科技成果转化率仅为10%左右,技术创新能力仅居世界第19位。参照党中央、国务院关于实施创新带动发展战略的重大决策安排,有关部门出台了一系列政策法规,落实和改进科技成果转化。各地围绕经济转型和社会民生需要,加快了科技成果的转移和转化,形成了独特的科技成果转化机制和模式,促使整个社会形成了促进科技成果转移、为供给方体制改革提供科技支持的繁荣景象。然而,在现实中,我国科技成果的转化,特别是高校和科研院所的科技成果转化,是很难实现的,即使在试验阶段,也面临着"最后一公里"的一些障碍。

为了贯彻习近平总书记促进科技成果转化的精神,必须按照党中央、国务院的安排,做好各项工作。科学技术成果的转变是一项系统工程,需要跨部门和跨学科的合作,各级政府部门都要把重点放在科技成果转化的重大问题上,加强高层次的设计,完善政策,统筹规划,有序推进,注重突破,将"最后一公里"从供应侧转变为需求侧。国务院法制办公室教育科技部主任王振江表示,转化率低的根本原因是科研与市场需求的整合不够紧密;有关科技成果处理机构审批手续相对烦琐;科技成果转化的收益必须按照现行规定上缴;研究和跟踪产业的工作做得不够充分、有效;科技成果提供者与企业需求方之间的信息交流不太顺畅等。中国新修订的促进科技成果转化的法律规定,国家建立的研究开发机构和高等院校可以决定转让、许可或投资自己的科技成果,但应当协商定价,技术交易可以通过上市、拍卖等方式确定价格,也可以通过协议确定价格,科学技术成果的名称和拟议交易的价格应在单位内公布。此外,国家和高等院校建立的研究开发机构科技成果转化所得收入由单位保存。

科学技术的转化和产业化，是科学技术在中国经济发展中发挥力量的关键环节。高校作为中国科技发展的重要力量，在走有中国特色的社会主义道路和实施创新带动的发展战略方面起着非常关键的作用。高校科技成果转化率的高低直接影响到地方经济建设。高校的进步与社会的进步密切相关，在进一步完善科技创新体系和机制、建立自主创新示范区的背景下，如何有效地转化高校科技成果，为经济社会发展服务，是一个值得思考的关键问题。

近年来，陕西高校在科技成果的运行中取得了一定的成绩，但在实践中仍存在一定的问题。我国高校科技成果运行环境中存在的问题和障碍有待解决。

（1）研究项目与市场脱节。高校一直注重理论与实践，市场注重技术研究的理论研究和应用，导致项目选择专题中的高校和市场脱节，无论它是否满足市场需求，项目主题大多来自高校熟悉的领域或感兴趣的方向，因而高校所研究的科技成果往往被搁置，导致大量的项目空闲甚至浪费，市场也不能很好地指导生产实践，这也是由于科学和技术成就的供应和需求脱节以及缺乏有效供应的结果。

（2）对结果的评价和鉴定不足。在实际的评估和评价中，许多高校仍停留在评估和评价科技人员从纸质出版物、所报告结果的数量和出版物等方面的表现，而不评估获得的科研成果的市场经济效益，这是有误导性的。在进行科学研究时，大学的研究人员并没有以市场需求为立足点，并不把科技成果的实际经济效益作为起点，而是在项目选择过程中过于重视评估和审查的结果，偏向于选择有利于自己的职称评审，可以给自己带来经济利益的项目。因此，大学研究人员的大部分研究成果都超出了市场需求。尽管有许多的科研成就，但企业却很少能转化为实际生产力，以至于失去了科学研究的真正价值。

（3）长期以来，高校的实验室成果与市场脱节，与生产实践的联系不够密切，结果是工程水平低、针对性差的后果不能直接应用于实际生产。因此，必须进行导频测试，该过程可为"实验产品"或"技术成果"的实际生产力的转化提供桥梁。

（4）资本投资不足。R&D项目的资金比例是国家科学和技术力量的直接体现。我国高新技术成果资金投入不足，已经成为制约我国科技成果转化和产业化的首要问题。

1.2 研究目的

中国应建立自主创新示范区，在政府和企业的共同支持下，明确市场需求，实现科研成果产业化、商品化，真正落实到人民社会，同时高校也应加强与地方自主创新示范区的联系。据《中国经济时报》统计，1998年，我国科技成果项目已达到近3万项，但已经实现科技成果转化的仅占20%左右，形成产业化的也仅仅占5%左右。2015年，清华大学陈晋教授团队对全国682所高校进行专项问卷调查。据评估，近五年来我国高校科技成果的平均转化率为17.6%。而在一些发达国家，科技成果的平均转化率为50%~70%，美国科技成果转化率接近80%，远远高于中国。目前，高校批准的项目很多，但能够成功转化的却非常少。首先，高校许多科研项目的实用价值较低，忽视了实用性和适用性；其次，一些科研人员缺乏市场经验，市场信息接收能力低下。这让我们认识到，为了提高中国的经济价值和社会效益，在国家提出建设自主创新示范区的重要时期，而且在我国高校科技成果转化的效率远远落后于发达国家的现状下，高校必须严格控制做好各项工作，不仅要在数量上取胜，而且要在质量上取胜。

高校作为科技成果的主要生产者和提供者，作为科技发展和人才培养的重要基地，在科技成果转化过程中发挥着重要作用。高校科技成果主要是高校公费项目的科研成果，通过各种形式实现市场价值和商业收益的相关活动和过程，具有潜在的市场应用价值。高校科技成果转化不仅包括技术转移，还包括专利、论文、报告等显性知识以及技术服务的转让和应用，即高校科研人员运用自身的技能以及技能的内在隐蔽性知识为社会提供技术服务。

科技成果转化能力是国家创新能力的重要组成部分，提升科技成果转化能力对于完善国家创新体系、实施创新驱动战略、加速创新型国家建设具有重要的作用（王欣，2017）。科技成果转化有利于加快创新驱动发展战略的实施，促进科技与经济的结合，提高经济效益和社会效益，有利于保护环境，合理利用各种资源，促进国民经济建设、社会发展，保障国家安全。

高校是科技成果的主要生产者，是科技转化为现实生产力的源泉和基础。根据教育部科学技术司编制的《2012年高校科技统计汇编》，中国有近80万名大学科研人员，占全国科研能力的22%，项目占全国完成科技成果的70%以上，其中30%以上已达到国际领先地位或填补了国内空白。2016年1月8日，科技部发布了2015年国家科技奖项目。全国共有120所大专院校作为主要完成单位，在当年荣获174个国家科技奖的奖项，占总项目总数的74.7%。其中，67所高校作为首个竣工单位或项目数为125个，占奖励总数的53.6%。然而，中国高校所产生的数万项专利的年申请率低于25%，转化率不到10%，远远低于发达国家60%~80%的水平，专利形成产业化的也非常少。2015年8月，第12届全国人民代表大会常设委员会第十六届会议修订了《中华人民共和国促进科技成果转化法》，明确了科技成果转化的概念。科技成果转化使我国科技成果转化和产业化进入了一个新阶段，但我国高校科技成果转化仍旧存在着诸多问题，如何提高科技成果转化率是值得研究的重要问题。

本书在分析、比较、研究、总结和创新实践的基础上，主要分析了国内外高校科技成果运行的经验教训、陕西高校科技成果运行的过程、运行模式、运行机制、运行模式的选择。其目的是：第一，针对陕西高校的发展现状和需求状况，让各高校根据自己之前的科技成果运行模式做出可以促进高校科技成果转化的选择。第二，实现高校科技成果的高效转化，促进科技创新和科技成果产业化，促进产业结构升级，最终提高陕西高校科技成果的经济效益和社会效益，加快技术创新。第三，为政府制定具有参考价值的高校科技成果法律和运行科技政策提供参考依据。

1.3 研究意义

科技成果转化,是指技术成果通过评估、试验、生产、推广等环节直至形成新技术、新产品甚至新产业,是科学技术转变为现实生产力,产生经济效益的一个完整过程(王欣,2017)。高校是科技成果的主要生产者和提供者,在科技成果转化过程中发挥着非常重要的作用。高校拥有一大批科技人才,高学历技术人才比例高,科研设备和设施也比一些企业齐全,科研实力雄厚,每年都能创造出非常多的科技成果,在数量上远远高于科研院所和科技企业。然而,与科研成果产出相比,实际科技成果转化率很低。大量具有实际效益潜力的科技成果没有形成现实生产力,科技成果产出高,但科技成果转化率低,对促进区域经济和社会发展没有发挥应有的作用。

我国高校拥有雄厚的科研资源和实力,也是国家经济体制改革进程中不可缺少的一部分,不仅需要培养创新人才,投资于国家发展,还需要提供国家发展所需的技术研究成果。让高科技产业取代传统品牌 OEM、资源开采、原材料加工等高污染、低附加值产业,以高效节能的方式发展国民经济,增强国力,这是我国后续发展的基调。从欧美发达国家的高科技发展历史来看,许多影响国计民生、国家基本面和国防的重大技术发展,都是由高校与企业之间的合作产生的。

例如,美国最著名的硅谷高科技工业园,是地方政府利用政策和国外条件与斯坦福大学进行产业合作而实现科技成果转化的最佳案例。第二次世界大战后,德日两国在企业与大学的合作方面取得了很大进步。通过政府的协调和引导,以市场为导向,高校与企业相互配合,逐步形成科技成果转化体系。

从欧美发达国家的高科技发展历史可以看出,大学在我国高科技产业的发展中起着非常重要的作用。通过与企业的市场定位和合作,不仅可以保证科技成果的有效转化,而且大量的就业问题也有助于国家的经济发展和建设,有利于高校自身的管理和未来的发展。因此，研究如何提高高校科技成果能力显得尤为重要。

高校科技人员数量庞大，高学历技术人员比例大，科研设备设施相对完善，科研实力比较雄厚。每年，高校都能创造出非常多的科技成果，远远高于科研机构和科技公司。然而，与成果产出相比，高校实际科技成果所占比例相对较低，大量具有实际效益潜力的科技成果没有形成现实生产力，形成了科技成果产出高、科技成果转化率低的普遍现象。

陕西作为一个教育大省，科技成果产出高、转化率低的现象也非常明显，说明科技尚未成为推动陕西经济发展的最主要力量。陕西有非常多的高校，截至2013年，总共有81所高等院校，包括7所"211工程"学院和3所"985工程"学院。高校的大环境和陕西政府科研活动的高度重视，使陕西中上游高等教育机构创造了大量科技成果，但科技成果技术与经济分化现象严重，科技成果转化率不尽如人意，大量科技成果闲置，高校科技成果转化率低已成为制约高校创新能力和产业化的瓶颈问题，迫切需要解决。

在"大众创业、万众创新"浪潮席卷全国的形势下，陕西高校该如何管理科技成果转化运营模式，是一个值得探讨和探索的问题。近年来，政府部门高度关注高校科技成果转化这个问题，2015年修订的《促进科技成果转化法》以及2016年3月颁布的《实施〈中华人民共和国促进科技成果转化法〉若干规定》中表明，高校科技成果转化障碍正在逐步减少，高校科技成果转化也取得了一定的进步。陕西省领导指出："高校作为科技成果的重要生产者，是技术转移的主体，肩负着创新和改革的重任，凝聚了各方的智慧，应促进高校的技术转移。把其作为全面创新和改革试点工作的重要内容之一，市科技局将一如既往地支持高校科技成果的改革和创新。"这就要求政府要从新的视角重新审视高校科技成果转化，高校也要积极探索可以促进自身科技成果转化的模式和体系。

本书通过分析国内外高校科技成果转化活动的先进经验，对陕西高校科技成果转化现状进行深入全面的数据汇编和统计。同时对陕西高校科技成果转化体系进行了具体的研究。最后，提出陕西省政府必须考虑通过提高科技成果转化率来加快经济发展的对策，同时也对陕西有关部门推进高校科技成果转化能力提出了相应的建议，有助于陕西重新定位高校，发挥高校的优势，促进高校间合作，从而提高陕西省整体的经济水平。

1.4 研究方法

1.4.1 定性分析与定量分析相结合

本课题在对高校科技成果转化的分析中，运用多种统计方法进行多侧面、大量的定量分析，并结合定性分析进行判断。

1.4.2 文献调查与社会调查结合

通过查阅国内各种数据库和相关文献，在阅读和分析文献的基础上，得出了研究内容的研究现状，为本书的研究提供了理论依据，同时对相关文献资料进行了推导和总结。在对陕西高校的研究中，采用问卷调查的方法，扩大调查范围，为后续的研究提供了相应的数据和资料。

1.4.3 系统研究的方法

在高校科技成果转化作用机理研究上，由于高校科技成果转化是一个复杂的动态系统，本书研究注重系统分析的方法，提出了政、校、企三方出资的 PPP–U 模式。

1.4.4 案例分析的方法

对高校科技成果转化的一些案例进行剖析，总结出一些比较典型的因素，为最后提出对陕西高校提出优化对策和建议奠定基础。

1.4.5 比较分析法

书中列出国外主要国家如美国、日本、英国高校科技成果转化体系、政策法律环境和高校技术转移机构的设置与运行,并与中国目前的情况作比较从而得出主要国家对我国高校科技成果转化工作的启示。

本书综合运用经济学、发展经济学等学科的基本原理,研究了陕西省在高校科技成果转化中存在的问题以及应该采取的措施。

1.5 本书框架

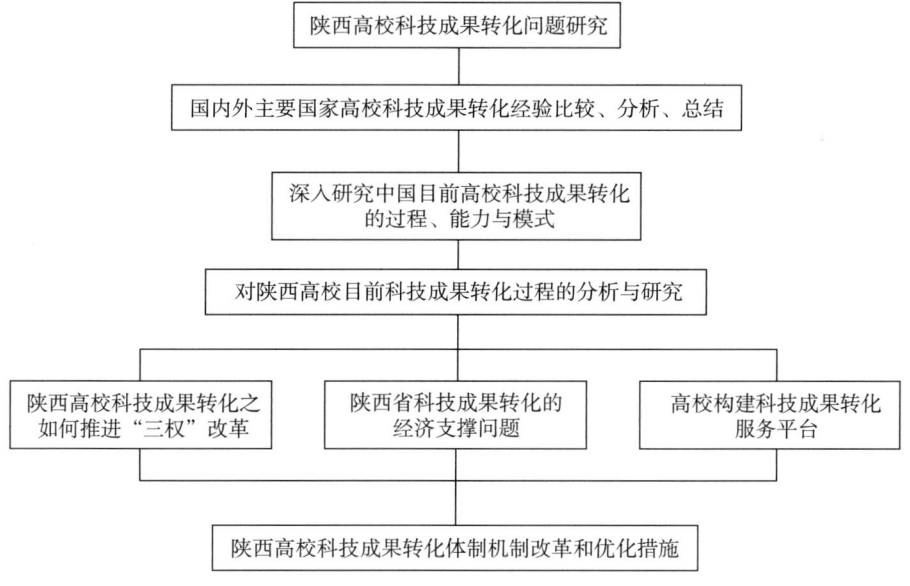

图 1-1 本书框架

本书以陕西高校科技成果转化问题研究为题,首先,对科技成果转化界定了一个比较清晰的概念，通过对国内外高校的科技成果转化模式进行比较，得出我国高校存在的不足以及国外的模式和经验对我国的启示；其次，从更深层次深入研究中国目前高校科技成果转化的过程、能力与模式，并且回归到陕西高校科技成果转化的分析与研究，针对陕西高校目前所采用的模式，从如何推进"三权"改革、经济支撑问题和构建科技成果转化服务平台三个方面进行了深入研究；最后，综合对陕西高校科技成果转化体制机制提出相关的改革建议和优化措施。

第 2 章 文献综述

2.1 关于科技成果转化的研究综述

2.1.1 国内相关研究

关于科技成果转化的问题和解决方法，目前在学术界还没有一个统一的说法，主要是因为各地的具体情况不同，学者们所建议的措施也有所不同。

《促进科技成果转化法》第十七条第二款和第二十六条第一款提到了技术转移机构，第十七条第二款还提到了技术转移，即国家设立的科研开发机构、高等院校……，通过本单位负责技术转移工作的机构或者委托独立的科技成果转化服务机构开展技术转移。但并没有对"技术转移"和"技术转移机构"给出明确的定义。那么如何理解国家修订《促进科技成果转化法》而不对技术转移进行立法，并且在上述两个条款中，采用"技术转移"与"技术转移机构"，而不用"科技成果转化"与"科技成果转化服务机构"，《技术转移、科技成果转移与科技成果转化是什么关系》的作者认为，可能有以下几个原因：

（1）高等学校和科研机构科研成果的转化主要是技术转移，即技术转让、投资许可或投资、科技成果向企业或其他组织的转让、企业或其他组织的科技成果转化。

（2）与国际接轨，国际上只有技术转移（Technology Transfer）的说法。

（3）与科技部《关于印发国家技术转移示范机构管理办法的通知》（国科发火字〔2007〕565号，简称《国家技术转移示范机构管理办法》）相呼应。

据了解，1996年《促进科技成果转化法》颁布实施以来，对促进科技成果转化发挥了积极作用。一些人认为，在新的形势下，当前技术创新的主要矛盾不是科技成果的转化，而是技术转移。此外，科技成果的制定不符合国际标准，技术转让也不符合国际标准。南京和深圳在技术转让立法方面处于领先地位，发挥了良好的示范作用。上海市人民代表大会代表向上海市人民代表大会和上海市科学技术委员会提出实施技术转让立法，并起草了《上海市技术转让条例》草案。这一草案引起了上海市人大常委会的高度重视。

根据以往经验，国家进行技术转让立法时，必须重建项目，进行立法研究和起草工作。相比之下，《促进科技成果转化法》的修订更加切合实际，更具可操作性。也许是因为这个原因，国家没有实施技术转让立法，而是修改了《促进科技成果转化法》。但是，由于法律的局限性，没有办法对技术转让和技术转让机构做出更多的规定（吴寿仁，2018）。

关于我国高校科技成果的转化，早在1992年丁厚德发表的论文中，科技成果就成为科研经费效益的衡量标准。自1997年以来，丁厚德、李志敏、尤光荣等专家学者也相继发表论文，分析了高校科技成果转化情况，并从几个方面总结了我国高校科技成果的表现。从中我们可以了解到，中国的综合国力在世界上相对落后，高校科研成果转化投入不足，从未获得过诺贝尔自然科学奖，国家自然科学奖一等奖连续四年暂停颁发。中国的科研实力与发达国家的差距越来越明显，发明专利也远远落后于发达国家。虽然有许多发明已经转化为生产力，但并未发现国内有更好的技术产品。

另外，刘大钊（2009）从科技活动的互补方面入手，分析了科技成果转化带来的积极效益,阐述了科技成果转化在科技活动中的必要性。费金玉(2012)从市场和研究的角度进行分析,他认为,我国高校科技成果转化与企业严重脱节,建议进一步发展校企联盟。李嘉怡(2018)将科技成果转化分为三种模式:政府主导模式、混合模式和市场模式,认为应用市场模式应成为高校科技成果转化的主要选择。英贤(2018)认为,高校科技成果转化的根本原因是企业组织已经不能满足当前的市场需求。

另外,王丽平(2018)指出,科技成果创新的质量是解决科技成果转化率低的有效途径。袁杰(2018)认为,我国风险投资体系的不完善和行业自身的不成熟发展,影响了科技成果企业的风险投资,因此,有必要通过政策体系的完善,为风险投资业营造良好的市场氛围和运行机制,更好地为我国科技产业的发展服务。肖荣辉(2018)认为,当前的应用型大学可以通过政企合作,完善科研管理体制和职称评价体系,建立科技成果分类标准,激发科研人员的积极性和主动性,促进应用型大学科技成果的转化,从而提高科技成果转化率。

2.1.2 国外相关研究

国外很少有文献提到"科技成果转化"及"高校科技成果转化"的概念,一般称为技术转移(Technology Transfer)、技术扩散(Technological Diffusion)、技术创新(Technology Innovation)、大学向商业部门的技术转移(University to Business Technology Transfer)等。Bennett等(2006)认为,科技成果转化是从投入到产出,评估市场化需求,从抽象成果转化为现实生产力的过程。

第二次世界大战后,美国政府在战时经验的基础上投入了大量的科研资金,使美国在高科技领域跃居世界前列。然而,在20世纪70年代末,人们发现大量的科研成果并没有带来高科技产业的发展。美国的科研优势并没有转化为经济优势和市场优势,美国工业在世界市场上的优势越来越小,竞争力已大大削弱。造成这一问题的主要原因之一是,美国在应用科学研究和科技成果方面存在体制问题。因此,到了1980年,美国联邦政府通过专利许可拥有了2.8万项政府资助的专利,用于生产的数量只有 5%。美国大学作为一支重要的科研力量，在 1980 年以前获得的专利非常少，致力于将科技成果转化为市场利益的学校更是少之又少。如此低的科研成果转化率，造成了科研成果的大量浪费和社会经济发展的停滞不前。

针对这一现象，越来越多的美国学者开始认识到基础科学投资是非常重要的，但利用大学科技资源带动经济发展对国家经济发展的重要性更大。1983 年，美国学者 Griliches 和 Productivity 提出，要在研究资金的投资下发展美国经济。究其原因，是企业对科研成果重视不够。在这里，他首先提到了科学研究在企业发展中的作用。1985 年，美国学者 Hemel 在他的讨论中提到，随着企业的快速发展，技术研究存在着严重的缺陷，企业没有足够的财力支持技术的研究和开发。由于美国处于自由资本主义的狂热之下，并且当时许多小企业正在崛起，Hemel 的呼吁在学术界引起了广泛的反响。然而，如何帮助企业实现自主创新，各方提出的方法思路都是通过对大型企业的并购来实现的。比如企业可以对高校进行赞助和投资，高校获得足够的研发资金后，企业就利用高校雄厚的科研实力实现效益最大化。鉴于学术界的呼吁，从 1980 年到 1987 年，美国颁布了一系列鼓励科技成果转化的法案，其中最著名的是《拜杜法案》。该法案正式开始鼓励大学对科技成果进行产业化。1990 年以后，越来越多的人开始研究企业技术活动与高校科研之间的关系，许多学者对此也发表了相应的专著，美国经济开始迅速发展。特别是进入 2000 年以后，高科技工业革命对国家的科研实力提出了更高的要求，随着美国认识到高校在市场经济中的重要作用，美国经济开始迅速腾飞。

2.2 关于高校科技成果转化的研究综述

2.2.1 国内相关研究

郭强、夏向阳等（2006）认为，高校科技成果转化是指高校充分发挥自身科研作用的人才、资源、信息和知识,为了服务于社会,参与创新型国家的建设,将开展科学研究和技术开发中形成的具有实用价值的科技成果,以自主、委托、合作、销售等形式进行检验、开发、应用和推广,产生实际的经济效益和社会效益,直至形成新产品、新工艺、新材料,即已生产、商品化和工业化的一系列活动和过程的总称。蒋建祥、彭青山(2002)认为,高校科技成果转化是指具有实用价值、商品化、产业化、经济效益和社会效益的科技成果实际应用的一切活动和过程。

宋东林、富丙海(2010)认为,高校科技成果转化是指为了充分发挥自身的资源和科技优势,高校通过科研和技术发展产生的科学技术成果,进行后续测试、开发、应用、推广,直至新产品、新工艺、新材料的形成甚至新行业的发展和其他活动。本书认为,高校科技成果转化是将科技成果转化为实际生产力,提高生产力,即形成真正生产力的水平,通过后续的实验、开发、应用和推广,将实验室产品转化为新产品、新工艺、新材料和新兴产业,最后进行商品工业生产和经营活动的过程。

王欣(2017)总结出高校科技成果转化的内涵:首先,高校科技成果转化是指有实用价值的知识产品或服务;其次,"科技成果转化"是一个动态的、知识转移的创新过程;再次,科技成果转化要形成"三新",即新产品、新工艺和新产业;最后,高校科技成果转化要遵循商品经济规律,形成良好的商业收益和转化机制。

高校科技成果转化的内涵如图2-1所示。

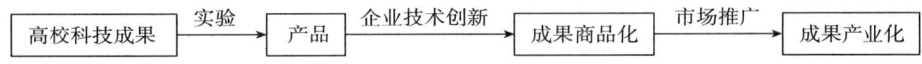

图2-1 高校科技成果转化的内涵

由图2-1可知,高校科技成果转化包括三个阶段:一是通过实验和开发将高校科技成果转化为产品的过程;二是科技成果与生产商品化相结合使商品生产发展的过程，即狭义上的技术；三是商品推广，使商品占领市场，扩大商品生产，让商品产业化，实现更大的经济、社会价值，最终将科技成果转化为实际生产力。只有通过上述三个过程，科技成果的转化才能实现三个阶段的成功，最终潜在生产力才能转化为现实生产力（王欣，2017）。

本书从不同的角度探讨了如何提高高校科技成果的能力，提出了加强我国高校科技成果能力的建议。主要如下：①加大高校科技成果转化力度；②增加研发经费；③加强科技创新与营销复合型人才的培训与引进；④建立和优化现有大学研究人员的评价机制；⑤建立和优化高校激励科技成果转化过程。

2.2.2 国外相关研究

美国有一个成熟的中介结构体系。技术成果转化办公室和概念证明中心是美国现有的两家中介机构。此外，美国还加强了大学、研究机构和企业之间的密切合作。早在20世纪70年代，美国就为一家工业和大学建立了合作研究中心。20世纪80年代，该大学成立了一个工程研究中心，形成了高校与科研院所、企业之间长期密切的合作机制。英国政府通过建立产学研合作创新体系，加强了高校与企业的合作与发展，同时也建立了多个科技创新中心。韩国通过整合分散的公共资源，加强区域内大学与产业界之间的产学研合作。为了促进工业、大学和科研机构之间的合作，日本政府还制定了一系列相关的配套制度和法规，同时，日本准确定位了政府职能，实现了日本资源的互补优势，促进了日本经济的快速发展。

德国政府在科技进步和成果产业化进程中的作用非常重要，政府对科技成果转化实行宏观调控，通过加强科技立法、进行法律定位和政策导向。德国专利制度不断完善，中介在科技成果转化中发挥着不可替代的作用，一方面为高校的研究成果寻找市场，另一方面向高校推荐企业的课题和精英，在科技成果转化中起着重要作用。此外，完善的风险资本市场也为德国高校科技成果转化提供了资金保障。

在提出"科教兴国"的大形势下，中国开始重视科技成果转化给国家的兴旺发达带来的强大力量，一些针对地方实际情况的精细化研究也已经开始。但是目前，对于科技成果转化这一重要领域，还没有具体针对高校科技成果转化运行机制和支持环境的研究，政府应从实际情况出发，对高校科技成果转化的运行机制和支撑环境进行研究，为高校科技成果转化提供广阔的研究空间。

总之，中国政府应建立生产服务业及制造业供求信息、合作信息和协调平台；进一步放宽市场准入，开放现有的碎片化管理体制；降低制造企业开展服务业务和进入生产性服务业的门槛；加强科技人才的积累，激发科研人员创新的积极性，从而促进科技成果的转移。同时，加强科技成果转化过程中的各个环节，确保科技成果转化率的提高。本书运用知识管理的新概念和新方法，对陕西高校科技成果转化的机制进行了研究，以提高高校科技成果的转化率，促进高校自主创新能力的发展，进而促进陕西经济的快速发展。

第3章　国内外经验比较分析总结

3.1　日本高校科技成果转化的实践

20世纪50年代，日本把发展战略确立为"技术立国"，从欧美大量引进先进的技术，积极推进科技创新，在经济上取得了非常可观的成就。到20世纪70年代中期，日本就成为排名美国之后的"世界第二经济大国"。据资料显示，20世纪50~70年代的20多年中，日本从欧美引进的技术累计达3万多项，经过慢慢吸收和发展，基本掌握了欧美国家半个多世纪开发的主要技术成果，产业技术已经位于世界前列。20世纪80年代之后，出于对自身利益的保护，美国开始限制对日本的技术出口。日本政府这时意识到仅靠引进、模仿、改造别国技术的发展之路会使整个国家丧失可持续发展能力，所以开始加强技术源头创新。为此，在20世纪90年代初，日本政府将原来确定的"技术立国"战略修改为"技术创新立国"战略，并开始密切关注高校科研成果转化的问题。

3.1.1　日本科技成果转化体系

第二次世界大战后，日本把政府作为科技成果转化过程中的主导力量，以政府为中心，成立新的科技成果转化机构，在设置主体、设置形态及其运行方式等方面由政府主导、社会主体参与。此外，日本政府还推行了产学研合作计划，对大量已经被埋没的发明专利进行成果转化，许多高校的研究人员和专家参与到企业的科学研究中。同时，日本在高校科技成果转化中重视校园和企业的合作，逐渐形成了产学研共同研究的局面。例如联合研究大学接受企业的委托进行研究；大学教师对企业进行技术指导；大学接受企业研究人员在学校开展科研活动；大学设立联合研究中心等；政府制定了相应的制度，促进科技成果的产业化；研究者可以获得企业的报酬和股权收益，激发了研究者的创造力和积极性。

高校与企业之间的具体运作模式或联系非常多样，有的与内部类型相同，有的与许多事业单位或产学研合作组织的知识产权总部同时存在，有的机构直接在高校设立办事处或分院。例如，大阪技术转让机构（STTA）是一家广域技术转让机构，最后形成以转让机构、大学、企业、公共组织和政府机构为核心的区域技术转让共同体。

大阪技术转让机构和大学有许多种合作方式。一是通过与高校和科研院所的合作，促进事业单位或高校知识产权的创造、保护和应用机构的联系，探讨创新和转型问题。二是技术转让机构的办公室直接设在校园内，使技术人员和成员与学校或产学研合作机构共同讨论与科技成果转化有关的问题，例如大阪大学的STTA。三是设立技术管理办公室和市场研究室。技术管理办公室拥有专业技术人员，协调高校与企业之间的技术供求，寻求联合研究项目，处理专利申请和技术转化过程。市场研究室主要负责资金项目研究成果的运作和市场研究，专利转让和创业扶持活动的可行性分析。这种独特而高效的运作模式，促进了日本政府、企业和高校之间的沟通与合作，提高了科技成果转化率，加快了区域经济转型。

3.1.2 日本政策法律环境

截至2018年，日本约有512所高等学校、590所职业技术学校，在校大学生约240万人，教员约15万人。日本的高校有三种类型——国立大学、公立大学和私立大学。日本高校除了为社会培养和输送各类人才外,还承担着大量以基础研究为主的科研任务,每年的成果产出量达成千上万项。如何让这些科研成果通过转化实现技术创新变为现实生产力,是日本政府、高校和产业界共同关注的重点问题。自确立"技术创新立国"新战略以后,为了使高校的科研成果尽快转化为现实生产力,日本政府先后制定实施了一系列法律法规和政策措施,形成了比较完备的法律及政策体系和有利于科技成果转化的制度环境。

1998年5月,根据1995年颁布的《科学技术基本法》,日本政府制定并颁布了《大学技术转让促进法》(Technology Licensing Organization,TLO),旨在促进高校科技成果的转化、技术创新和技术转移。该法指出,政府应从制度与资金方面对高校科技成果转化工作给予支持与资助,规定高校设立的科技成果转化机构可以直接从政府获得活动经费和人员派遣。该法的实行,使有研究能力的高校纷纷建立起自己的TLO机构,但由政府资助的科研项目成果产生的知识产权仍然归政府所有,影响了高校和研发人员参与成果转化工作的积极性,限制了TLO机构的业务发展,直接影响到高校科技成果转化和技术创新的效率。

之后,日本政府在1999年10月制定并颁布《产业活力再生特别措施法》,规定高校利用政府经费完成的科研项目,其成果开发获得的专利所有权完全归学校所有(该法被称为日本版"拜杜法案")。该法在实行过程中有利于促进具有独立法人资格的私立大学和公立大学开展成果转化、技术创新和技术转让,但却不利于无独立法人资格的国立大学对政府资助的研究成果所取得的知识产权进行自主经营与管理,国立大学对科研成果实施转化的积极性在一定程度上被限制。

2004年4月,日本政府制定《国立大学法人法》,至此,国立大学取得了对自己研发的所有科研成果的转化、转让的自主权,获得了独立法人资格,即可以将成果转化、转让产生的全部收益由学校自主经营管理,不用再纳入政府的财政预算。该法的实施使日本国立大学的科技成果转化率和企业的技术转让效率大大提高。

2006年,为了进一步强化高校与企业界的合作,日本政府对《教育基本法》进行了修订,进一步增强高校为经济社会发展服务的功能,提出高校应通过转让自己科研成果的方式,向企业和社会做出更大的贡献。该法修正案的公布实施,有力地促进了高校与企业的技术合作和相互交流，促进了高校科技成果的有效转化与转让。

除以上 4 部法律外，另有 1999 年颁布的《技术转移法》、2000 年颁布的《产业技术强化法》、2002 年颁布的《知识产权基本法》、2005 年颁布的《专利法》等，这些政策法律法规都有利于日本高校科技成果的转化、技术创新以及技术转让（李晓慧、贺德方、彭洁，2018）。

3.1.3 日本高校技术转移机构的设置与运行

日本高校科技成果转化工作主要靠设立的专门机构（即 TLO）运作。自 1998 年日本政府颁布实行 TLO 法以来，日本高校设立并经政府审核认可的 TLO 机构已经多达 50 家，主要分布在研究型大学，其类型主要有以下几种：

内部组织型 TLO 是高校的内设机构，由学校选派人员进行自主管理经营。内部组织型 TLO 主要负责组织实施学校科技成果的登记、管理、信息发布、转化开发、专利申请、向企业的技术转让转移活动等。

单一外部型 TLO 是设在校外，但是由学校出资并控股的独立机构，学校与 TLO 之间是单纯的业务委托和出资入股的一对一关系。单一外部型 TLO 是国立大学法人化以前，为了避免国有资产和教员公务员身份限制等问题，学校在校外建立的机构，它是由学校和研发人员出资并联合社会力量建立的。这种单一外部型 TLO 与内部组织型 TLO 相比，有专门的经营成果转化、专利申请、技术转移和转让人员，在学校科研成果应用前景、市场需求、商业化开发及资金的运作管理等方面比较专业。所以，单一外部型 TLO 的业绩与效果一般比内部组织型 TLO 要好。此外，这种形式使学校与 TLO 机构的关系更加明确，同时学校通过入股参与对 TLO 的运营管理，可以减少承担的成果转化开发产生的金融风险。但缺点是，学校通过科研成果转化开发、技术转移和转让所获取的收益会有一定程度的减少。

外部独立型 TLO 是具有完全法人资格、既独立于大学又与大学有广泛业务关系的 TLO 机构，它有完全的经营自主性和广泛的业务范围，不是单一的面向固定的大学开展科技成果转化业务，而是与多所大学同时进行业务合作，从而充分利用各高校不同地域、不同学科的优势资源，广泛开展成果转化开发与技术转让、转移业务。外部独立型 TLO 有比较齐全的专业人才队伍，与高校联系广泛，又与企业联系密切，有丰富的市场化运作经验，能够帮助高校实现成果转化收益最大化。外部独立型 TLO 通过与多所高校和企业的业务合作，既保证了自身的业绩和收益，促进了高校科技成果转化为现实生产力，又推动了国家产业技术水平的升级，是日本政府提倡发展的 TLO 机构。

虽然日本 TLO 的组织类型有所不同，但其开展高校科技成果转化开发与技术转移、转让的工作流程基本相同。各个 TLO 机构的工作都包括成果的收集登记、技术评估、应用前景与市场需求分析、转化开发、专利申请、技术转移与转让、转化效果反馈等基本环节。

日本现在有 50 多家类型不同的 TLO 机构，分布在日本的各个地区，负责高校科技成果的转化开发、专利申请和技术转移、转让工作。几所典型大学的 TLO 的组织结构与运作模式则各有特点。

(1) 东京大学的 TLO。1998 年在日本政府颁布《大学技术转让促进法》以后，东京大学便在校外设立了 TLO 机构。由于东京大学是国立大学，没有法人资格，所以东京大学一开始将 TLO 设在校外，使其成为一个具有法人资格的独立公司，按照东京大学的管理规则运行。公司有 24 名专职工作人员，多数具有生物学、化学、医学、药学和电子学等东京大学理工学科领域的专业背景，还有专门律师和财务人员等。每年由科技成果转化而获取的专利申请数约为 600～800 项，向企业的专利许可和技术转让约为 200 项，收益约为 1.5 亿～2 亿日元。截至 2008 年，东京大学 TLO 运作由本校科技成果转化而衍生的企业就达到 123 家，且有 23 家已公开上市。截至 2015 年，东京大学 TLO 的运营收益已超过 40 亿日元，其中 2004 年一项关键技术的专利许可收益就将近 20 亿日元。

(2) 庆应大学的 TLO。1858 年成立的庆应大学是日本第一所私立大学，其首任校长福泽谕吉是日本近代著名思想家和教育家。庆应大学组建 TLO 机构是在1998年日本政府颁布《大学技术转让促进法》后，机构主要负责学校的科技成果转化、专利申请、技术转让、企业孵化及知识产权管理。和东京大学不同的是，庆应大学TLO机构从成立时就属于校内机构，这是因为庆应大学是私立大学，具有法人资格，所以其有权代表学校做出成果转化、专利申请、技术转让的各种决定。这一点与东京大学初期在校外设立的TLO机构的运作方式不同。该TLO目前有16名专职工作人员，大都具有生命科学、工程学等学科领域的专业背景，还有专业律师和市场分析师等。另外，庆应大学TLO还设有专门的执行委员会，负责讨论并决定成果转化项目、专利申请与许可、技术转让等事宜。每年的专利申请数约为150～200项，截至2015年，专利许可和技术转让收益约10亿日元。另外，庆应大学TLO机构以庆应大学科研成果转化开发为前提，先后孵化创办了20多家高科技企业。

3.1.4 启示

日本高校的科技成果转化机构TLO，是20世纪末陆续建立起来的，虽然运营发展的时间比较短，还不到20年，但日本政府为此制定的法律政策比较完善，在实践中形成的模式和做法取得的效果也比较好，促进了日本高校科技成果的转化，增强了高校通过科研为企业和社会服务的功能，在推动日本的产业技术进步和经济发展方面具有非常重要的作用。

日本高校科技成果转化依靠TLO运营模式取得了比较显著的成效。其中最关键的是TLO机构既有专业人员队伍，他们懂市场、金融、法律，也有比较健全的法律政策环境和相对独立的运行机制，使其发挥了将高校与企业连接起来的桥梁作用。中国与日本国情不同，日本有研究能力、每年产出大量科技成果的高校主要是国办大学。借鉴日本的经验与做法，要结合中国的实际，当前应重点解决高校科技成果转化工作机构的人员组成和综合能力的培训，增强这些机构相对独立的运营与决策职能。

我国应增强高校科技成果转化工作机构的职责，重视高校科技成果转化工作机构的人员配备与专业培训,加大经费支持和积累力度,为高校科技成果转化建立起稳固的资金基础。

3.2 美国高校科技成果转化的实践

美国是最早倡导技术转让的国家之一,成果显著。美国在1974年成立了大学技术管理协会(Association of University Technology Managers,AUTM),主要负责发布技术转让信息、提供教育和培训、召开和组织年度会议及区域工作会议、设立奖学金和鼓励技术转让专业人员之间的交流。

自1995年起,美国大学技术经理人协会每年都开展一次技术许可年度调查,美国大学技术经理人协会自2001年起对美国200所高校进行调查,基本包括了美国所有的研究型大学。该协会对专利许可收入、高校研发经费和来自企业的资金等指标进行数据收集,结果如表3-1所示。其中,美国高校科技成果转化类收入(B和C)占研发经费(A)的比例为11%~12%,高校科技成果转化已经给美国带来了相当高的经济效益。科技成果转化率高是与美国完善的政策体系、政府职能的转变、成熟的中介服务组织及强大的资本支持等密不可分的。

表3-1　美国高校科技成果情况　　　　　　　单位:亿美元

年份	研发支出(A)	来自企业的经费(B)	专利许可收入(C)
2010	628.8	49.5	24.0
2011	610.0	40.0	25.0
2012	637.0	41.0	26.0
2013	629.0	41.5	27.0
2014	638.0	42.0	27.8

资料来源:美国大学技术经理人协会调查报告。

3.2.1　美国科技成果转化体系

美国有成熟的中介结构体系。技术成果转化办公室和概念证明中心是美国现有的两家中介机构。美国科技成果转化与产业化的主要模式体系是高校、科研机构与企业开展合作，这种合作研究不仅解决了资金问题，便于进行投资风险性高、技术密集性高、保密性高的竞争项目的开发，也有助于科技成果的快速转化。除政府投资外，美国企业还为科学研究提供了大量资金。2000年，美国在应用研究方面花费了约55亿美元，其中包括商业领域的36亿美元，占总投资的66.4%，约有1617亿美元用于试点开发；业务领域为1284亿美元，占总投资的79.4%。此外，美国还建立了产学研联盟，有效地促进了科技成果转化。

3.2.2　美国政策法律环境

美国非常重视政策法律法规的颁布与建设，20世纪80年代为了解决科技成果转化率低的现象，美国先后出台了一系列的政策法律法规，如表3-2所示。这些法律法规的颁布，使得科技成果转化有法可依，为科技成果转化方面的技术转让提供了良好的发展条件。

表3-2　美国科技成果转化相关法律汇总表

年份	法律名称	法律内容
1980	《史蒂文森—怀德勒技术创新法》（Stevenson – Wydler Act）	将"技术转移"确定为联邦政府的一项职责，以联邦实验室为规范客体，允许联邦实验室将技术转移给产业界
1980	《拜杜法案》（Bayh – Dole Act）	设立了小企业创新研究计划，允许小企业、大学或者非营利机构获得发明（政府出资资助）的所有权
1982	《小企业创新发展法》（Small Business Innovation Development Act）	创设小企业创新发展研究（SBIR）计划，该计划要求联邦机构为其任务相关的小企业科研提供资金支持
1984	《国家合作研究法》（National Cooperation Research Act）	成立大学和企业的技术转移联盟，建立一个合理的机制来评估合作机构的反垄断影响，鼓励企业在通用领域和高校共同合作研发

续表

年份	法律名称	法律内容
1986	《联邦技术转移法》（Federal Technology Transfer Act）	对《史蒂文森—怀德勒技术创新法》进行修订，允许联邦实验室通过合作开发协议（CRADA）与外界合作
1987	《12591号行政命令》（Executive Order 12591）	确保联邦实验室和政府机构通过转让技术支持大学和私营企业，强调政府对技术转让的承诺，并促进GOGO实验室在法律允许的范围内签署合作协议
1988	《综合贸易竞争法案》（Omnibus Trade and Competitiveness Act）	强调公共机构与私营企业在充分利用成果和资源上的合作、技术转让与商业化
1989	《国家竞争力技术转让法》（National Competitiveness Technology Transfer）	是对《联邦技术转移法》的修订，扩展了CRADA模式的应用，对能源部的核武器实验室提出技术转让的目标
1991	《美国技术卓越法》（Technology Excellence Act）	要求联邦实验室联盟在其提交国会和总统的年度报告中加入独立年度审计的内容，允许知识产权在CRADA的参与方之间进行交换，允许联邦实验室主任将多余的仪器捐赠给教育机构或非营利组织
1992	《小企业创新发展法》（Small Business Innovation Development Act）	扩展现有的SBIR计划，增加各个机构对SBIR投入的预算比例，并提高了该计划的奖励金额；还建立了小企业技术转移计划（STTR），加强政府所有、委托经营的联邦实验室与大学、企业和非营利性组织等的R&D合作
1993	《国家合作研究与生产法》（National Cooperative Research and Production Act）	放宽对合作生产的限制，使合作研究者共同获得技术生产经营的权利
1995	《国家技术转移和促进法》（National Technology Transfer and Advancement Act）	修改《史蒂文森—怀德勒技术创新法》为CRADA下新产生技术的快速商业化提供激励措施，使CRADA项目对联邦实验室、科学家和私人企业更有吸引力
2000	《技术转移商业化法》（Technology Transfer Commercialization Act）	扩大了CRADA许可的权利，这类协议对私有企业更有吸引力，并提高了联邦技术的转化率，建立联邦机构在技术转移活动中报告和监督的执行程序
2007	《美国竞争法》（America Competes Act）	加大R&D投入，加强科学、技术、工程、基础数学的教育，进一步完善联邦政府的创新机制
2010	《美国竞争再授权法案》（America Competes Reauthorization Act）	是对《美国竞争法》的进一步修订，在接下来的3年里为科学、技术、工程、基础数学等的教育增加额外投资

续表

年份	法律名称	法律内容
2011	《美国发明法案》（America Invents Act）	将美国以往坚持的"先发明制"改为"先申请制"；对宽限限期等制度进行了调整

美国颁布的关于科技成果转化的法律法规中，1980 年政府颁布的《拜杜法案》（Bayh-Dole Act）对美国科技成果转化体系做出了很大贡献，其核心是同意向包括高校在内的非营利组织授予联邦资助的专利，并鼓励高校将其商业化，最终高校和发明者都将受益于技术转让。

根据《拜杜法案》的规定，联邦政府资助的科技成果所有权属于高校，同时高校也可以选择是否保留所有权，选择保留所有权的高校必须负责科技成果的保护和商业化，联邦政府也可以保留非排他性、不可转让、可撤销和免使用费的使用权。如果高校无法完成其科技成果的转化，政府可以行使"干预权"，允许其他符合条件的申请人使用成果，基本宗旨是通过将科技成果的所有权分配给高校，这样，在具体情况下，高校有足够的自主权可以行使自己的权力。科技成果的特性促进了科技成果的商品化应用，最终使社会公众受益于科技成果的商品化。

1984 年颁布的《国家合作研究法》加强了发明人与使用者之间的合作，体现了科技成果的价值，提高了科技成果在实际转化过程中的效率。1986 年《联邦技术转让法》进一步加强了科技成果转让的激励机制，规定技术转让是科研人员的责任，支持高校与国家实验室和企业联合研究开发，拥有共同取得成果的权利。但如果公司不能成功地将该技术商业化，政府有权将其收回并转移到另一家有能力的公司对其进行商业化。一系列配套法律的制定和实施进一步激发了学校和科研人员的积极性，并提高了美国高校科技成果转化的效率，在一系列联邦法律的推动下，美国高校在科技成果转化方面取得了越来越大的成功。

3.2.3 美国高校技术转移机构的设置与运行

美国的研究型高校包括一流研究型高校，这些高校都非常注重科技成果的转化。根据1975年成立的美国研究型高校协会技术管理人员（AUTM）数据显示，美国有300多所研究型高校设立了技术转让办公室（OTT），技术许可办公室（OTL）或技术转让中心（CTT），目的是促进高校技术转移转化，在高校内外形成了一个良好的研究周期体系。在高校内部，主要有科技成果、社会转型、技术许可证商品化、新企业创建、返校设立教育科研基金、基础研究、新知识创造、新技术开发、再转换等过程。在社会上，它也在经历中央政府、地方政府、工业资金、技术成果、技术改造、商业化和新企业的创建、就业、出口、税收、增长和再融资的过程。斯坦福高校是美国第一个设立技术转让办公室的高校，是美国最成功的技术转让高校之一。技术转让办公室的主要职责是弥补教授和行业之间的差距，负责科技成果的转化、评价，同时推荐有能力的公司和风险投资，代表学校或教授进行合同谈判。

　　美国高校建立了更加合理的运行流程，促进了科技成果的转化。一是研究者通过本发明的披露过程，向高校报告研究成果。公开披露的内容主要包括科学研究名称、发明人姓名、研究发起人姓名、形成本发明核心概念的时间、发布的关于本发明的信息和出版物等。二是通过创新应用评价过程，由OTL技术经理对本发明进行评价。通过OTL内部的讨论，征求企业相关领域的专家意见，掌握本发明的创新程度，预测应用领域，寻找潜在买家。三是OTL的技术经理通过本发明的营销环节，在不透露技术秘密的前提下，开始联系相关公司，向感兴趣的公司介绍本发明的总体情况，或与企业保持联系。四是协议谈判和后续监督。OTL的目标是实现双赢的局面，若给予技术经理充分的谈判自由，技术经理将为公司提供多种选择。例如，考虑到处于启动阶段的公司资金有限，技术经理将尽量减少一次性许可费以同意公司获得技术许可选项。一旦许可协议生效，技术经理应对协议生效后的管理给予同等重视，执行监督协议，收到公司报告和专利收入后按照学校的有关规定将专利收入分配给应分配的发明人（赵曦，2018）。

　　为了促进科技成果转化，美国政府不采取强硬手段直接干预技术市场，而是注重科技成果市场化和产业化融资，把重点放在如何提高政府资金效率上。政府在促进科技成果转化方面的职能发生了一系列转变：制定和实施促进科技成果与经济一体化的各项计划；建设生产、教育、研究合作基地；建立科技成果转化服务组织和环境；基础研究经费主要由联邦专项研究基金、免税、低息贷款和研究成果指导资助，有效地促进了高校科技成果的转化。联邦技术转让法案通过后，大多数联邦研究机构和高校成立了联盟，1989年，美国成立了国家技术转让中心（NTTC），参与成员有国家、联邦、州和地方政府、企业和高校，目的是积极推动科技成果向工业世界转移，增强美国工业的竞争力。

3.2.4 启示

通过对中美两国高校科技成果转化体系的比较，可以看出我国高校科技成果转化还存在许多问题，需要进一步完善。

中国必须打破生产、教育和研究合作的体制，建立新的产学研合作体制。通过产学研合作，企业将为高校成果的实施提供充足的资金，高校可以为企业提供一定的技术支持，然后一起向市场推广高校的科研成果。我国应建立适合的高校科技成果转化模式，如校企合作模式和技术工业园区模式，更好地促进产学研合作。通常，高校在从研发到工业应用的研究成果往往需要大量的资金支持，而高校一般在研发和后续阶段才能得到政府及企业的支持。企业在试点阶段，由于缺乏市场，加上企业认可度不高，也存在一定的投资风险。供应短缺导致许多高校科技成果转化失败，没有足够的资金保障，一些技术成果就不可能顺利转化。因此，高校应与企业合作，建立专门的科技成果转化基金协会，同时建立配套的科技成果转化体系，有效保障高校获得足够的管理资金。我国高校缺乏鼓励成果转化的相关激励机制，美国对此有着更深层次的认识，中国应制定健全的激励政策。科技成果转化所得按照高等学校和发明家进行分配，提高一些科技成果转化者的收入，突出技术和分配原则，并允许高校根据自己的情况自由分配研究资金（樊婧婧，2017）。

3.3 英国高校科技成果转化的实践

英国政府自20世纪80年代以来,探索科技成果转化有效途径的过程从未间断,为了促进科技成果转化,一直在为科技成果转化搭建平台,加大资金投入,并进行了一系列改革。为了促进高校和企业之间有效的科研合作,英国贸易和工业部、教育就业部和英国高等教育基金委员会于1999年联合设立了基金会来管理高校科技成果转化的研究和实施,苏格兰企业协会(SE)和苏格兰高等教育基金委员会(SHEFC)也为这些研究和实施划拨了特别费用。

3.3.1 英国科技成果转化体系

英国政府高度重视科技创新成果的转移和转化,采用以政府、产业界和学术界为主体的产学研合作体系,最终形成"激励创新、引导创新、利用创新"的模式,促进企业战略布局和科研发展。

英国目前形成了以人才为枢纽,激励为手段,政府、高校和企业共同推动科技成果转移的"三位一体"机制。在英国形成的这一机制里,英国政府、高校和公司各自扮演着不同的角色。英国政府的主要工作范围是承担合作平台建设、创新环境创造和多元合作引导,发挥着促进和引导产学研合作的作用。通过合理安排和运行机制的不断完善,为科技成果转移和转化创造了良好的社会氛围及制度条件。高校不仅是尖端科技的源泉,科技发展和经济社会发展的中坚力量,同时也是高科技成果转移、转化的孵化器和助推器,肩负着连接和下降、合作创新的主要任务。企业是科技成果转移转化的最终一方,承担着科技成果转化的实际工作。同时,它也是生产、研究和研究系统运行的测试人员。一个科学合理的生产、研究和研究运行体系应经受得住市场的考验。从英国"三位一体"联动机制的运行现状看,该机制已经基本形成了高校和地方产业科研成果的有效对接及良性循环,成为国民经济和社会发展的重要组成部分。

3.3.2 英国政策法律环境

为了加强高等教育与产业的有机结合,英国政府已将高等教育管理纳入一个新的部门(The Department for Business, Innovation & Skills, BIS),其成立的重点是把高等教育与经济发展联系起来,由此可见,英国政府对高等教育促进商业和经济发展抱有很高的期望。BIS 的主要任务是通过对人力资源和教育的投资帮助人们创新和开创自己的事业。正如英国皇家学会 2010 年度报告所说:进入 21 世纪,英国应该把技术创新放在经济发展长期战略的核心,建立一个长期的科技创新框架,并持续进行投资。

除了对大专院校进行五年评估和相应的基础研究经费外,英国政府对高校的直接拨款逐年减少,高校出于平衡收支的考虑,增加了学费的比例,在社会上引起了强烈的争议,尤其是中低收入群体的强烈反对,但在一定程度上高校科技成果转化的积极性也被激发,促进了高等教育的社会发展。相应地,为了解决学校发展的资金约束,高校也更加重视产学研合作,形成了以公司为载体的产学研合作模式。

20 世纪 80 年代和 90 年代,英国制定的发展战略以私有化、自由化和宏观稳定为核心,大力倡导科研与产业,特别是高校与企业的紧密结合。政府不再直接为接近市场的研发项目提供充分的资金支持。相反,它鼓励高校和公司建立伙伴关系,匹配基金和相应的方案以提供指导和支持,主要包括"链接方案""法拉第伙伴关系"等。1984 年,考虑到科技成果转化效率低下,英国政府开始采取措施,它打破了英国科技集团(BTG)对高校科技成果的垄断,使政府资助的科研活动及其商业化工作的成果完全交给了高校本身管理,这一政策的出台极大地激发了高校成果转化的积极性。自此,学校的政绩转化办公室比比皆是,高校下属的技术转让公司和风险投资公司也层出不穷。

20世纪80~90年代是英国加快科技成果转化和产业化以及快速提高国家创新能力的关键时期,形成了校企合作、企业与政府互动、企业与中介密切合作的良好局面。科技园是知识转化为生产力的最佳场所,是促进创新的重要手段。政府鼓励高校按照技术贡献的方式建立"科技园"。这些"科技园"集科研、开发、试产于一体,具有孵化器的功能,同时也加快了科技成果转化的效率。

21世纪初的创新战略将使英国成为全球经济的关键知识中心,成为为新产品和新服务进行知识转化的世界领先者。21世纪英国采取的主要战略措施包括以下两个方面:

(1)制定中期科技发展战略,确保政府投入的有效增长。2004年,布莱尔政府发布了颇具影响力的《英国10年(2004~2014年)科学创新投入框架》(简称《10年框架》),科技成果转化是该框架的重要组成部分,英国政府正在努力建设世界上最好的研究中心,以提高研究机构对公共投资的反馈能力,鼓励和增加企业在研发方面的投资,满足经济增长需求和社会公共服务。

(2)实施技术计划,成立专门的技术战略委员会。在《10年框架》的引领下,英国2004年初启动技术计划。该计划由合作研发和知识转移合作网络两大部分组成。合作研发主要是鼓励企业投资于定向性基础和应用研究和开发,政府为此提供资金支持。知识转移合作网络则是鼓励知识共享,促进合作。技术合作也是政府提供资金,由经验丰富的企业界领袖组成的技术战略委员会(Technology Strategy Board,TSB)。该项措施在重大技术领域促进国家科技创新方面起到非常关键的作用。

3.3.3 英国高校技术转移机构的设置与运行

技术中介是技术需求者和拥有者之间的黏合剂以及创新活动的催化剂。企业需要的是高效率技术中介,它是企业科技成果开放的必经之路,能有效释放高校、企业、政府不同利益相关者在创新体系中的权利,是促进参与主体间互动的重要载体。英国牛津高校成立了ISIS科技创新有限公司,这使得技术中介也成为市场参与者，类似于 1988 年中国成立的高校资产管理公司。在该公司成立的前几年里，ISIS 并没有给学校带来任何收益，它的运行基本上依赖于学校分配的收入。但后来经过一段时间的发展，ISIS 发展得越来越好，带来的经济效益越来越多，在 2014 年被评为世界最佳科研成果转化企业。

同样地，爱丁堡高校在 1969 年成立了科技成果商业化办公室（又称工业咨询和联络中心），主要负责管理科技成果转让活动，这是英国最早和最好的技术转让办公室之一。之后，爱丁堡高校又成立了子公司，负责管理研究前支持、技术转让、公司孵化和咨询服务，有效地促进了工商界和高校之间的密切合作。为了促进技术转移，英国高校以不同的方式建立了校企联盟，以加强高校与产业界之间的合作。

3.3.4 启示

近年来，英国大力推进科技成果产业化，提出两项重大措施并将其付诸行动：一个是建立英国国家技术创新中心；另一个是形成高校产学研合作创新体系。在英国，有三种促进科技成果转化的主要途径：一是以政府为主导因素；二是以高校为基础；三是注重人才培训和激励，实现科技成果的有效转化。中国可以借鉴英国促进科技成果转移和转化的经验，在新的时代，把建立产业创新战略联盟体系提上日程，建立国家级技术创新中心，加强高校技术转让人员的建设，深化科技成果转化奖励制度的改革，加快科技成果转移和转化。

3.4 国外高校科技成果产业化给我国的启示

要实现科技成果转移转化，必须以适应市场需求为基础。同样地，在美国，市场机制是调节科技发展及科技成果转化的主要力量，在市场的引导下，科研成果开始向应用研究靠近。市场需求是加速科技成果转化的根本动力。高校、科研院所和企业之间的合作是科技成果转移转化的主要形式。企业的科技开发能力相比比较弱势，但企业有资金优势，高校、科研机构拥有科技开发人才、实验设备、仪器设备等优势，企业和高校优势互补，互相发展。而且，政府的宏观调控也是科技成果能够顺利转化的基本保障。这些年来，美国政府加强了对科技经济的宏观调控，依靠经济和法律手段直接或间接地促进了科学技术的发展及科技成果的产业化，也非常重视专利法机制的制定和实施，科技人员的创新水平得以提高。美国政府十分重视保护知识产权、促进和保护专利申请和专利，并规定了申请专利的条件。与美国相比，我国采取的措施远远不够。

3.4.1 相比国外我国高校科技成果转化的制约因素

（1）高校科技成果转化与市场需求脱节。目前，高校的科研主要是以论文、出版物和专利申请数量为基础的。此外，高校生产工程实践经验不足，缺乏对市场需求的认识，导致教师科研项目的数量往往不注重质量，忽视了技术的创新和市场适用性。工业、教育和研究的结合还不够完善，高校科技管理人员和科研人员往往努力适应计划经济的要求，他们认为重点不在于将这一科技成果应用于市场和发挥市场作用，而在于促进专业职称的推广。在这样的创新时代，高校应积极响应由国家带动的创新发展战略，加入国家自主创新示范区建设中，促进地方经济发展。作为高校的科技研发人员，要保证每个学科的研究都有一定的目的性，把握研究方向的学术性，深入市场，了解市场的产业化价值，走出校园，把研究与市场需求密切结合起来，适应市场化，实现科技价值，完成科研成果的顺利转化。

（2）政府对高校科技成果转化的科研经费支持不均。一些发达国家在扶持中小企业的发展上投入了比中国更大的精力，进行人才培养并提供相应的信息服务。同时给予一些企业相关的优惠税收策略，在资金上给予补贴，强调产学研结合，为高校的科技成果转化提供多方面的支持。我国高校科研成果转化也越来越受到社会各界的重视，但还存在一些问题：一些地方政府对于高校科技成果转化的支持不足，部分地区存在被地方政府拦截的现象，高校专项科研经费分配不彻底，未按国家预期落实到各个高校，大大降低了科技成果转化效率。另外，政府分配资源的时候很难做到绝对公平，科研经费资金的分配大多集中在知名高校，忽视了普通高校科技成果的重要性，影响了普通高校人员投身科研的积极性。

（3）资金支持渠道单一。一个项目的成熟需要经过研究、开发、中试、商品化等过程，一些高校的科研成果在转化过程中经常遇到因为资金短缺而导致转化中断的现象。资金的来源可以说是产学研结合的重要条件，一部分是政府的支持，另一部分是企业对科研成果的支持，都对科技成果转化起到很大的作用。一旦科技成果转化成功，既可以为融资者带来理想的收益，也可以避免高校科研项目在中试过程中出现中断问题。一些企业对高校的科技创新以及研发缺少信心，一有风吹草动，就草率放弃对高校的资金支持，缺乏长期合作的意识，高校因此浪费了大量的人力、物力、时间。

（4）缺乏科学的科技成果转化运行机制。传统的科技成果转化模式大致可以概括为三种类型：直接转化、合作转化和转让转化。科技成果的直接转化，是指科技成果所有者或科技成果团队建立自己的公司，直接与市场接轨，完成科技成果转化的过程。科技成果的合作转化是科技成果所有者以技术投入或利润分享的形式与企业合作的过程。高校人员负责技术研究、开发和创新，并进行产品化，企业负责产品推出和产品上市过程中的保障。科技成果的转让转化是科技成果所有者将成果所有权转让给企业，企业对成果进行产品化的过程。在政府和高校的不断探索和创新下，科技成果转化的综合平台有高校科技园、工程（技术）中心等，有的高校也探索了与企业建立联合研究机构和合作研究中心的模式，有人将这种创新平台的技术转移模式称为"增长极"模式，科技成果转化模式与原有的科技成果转化模式平行。经过多年的实践，高校科技成果转化模式不断发展，这些转化模式都发挥了各自的优势，但科技成果转化的效果并不显著。原因是缺乏科技成果转化的科学运行机制，企业之间、高校与中介服务机构之间的信息沟通不恰当，存在技术趋同等不良现象。

(5) 科技成果市场应用性不强。高校的科技成果大多来源于文献资料的研究方向，具有较强的理论价值，但是要满足市场的需要还是远远不够的，这样下去只会让科研成果脱离实际需求，导致许多科研成果无法产生经济，利益很难转化为真正的生产力。因此，在成果转化过程中，有必要在前人研究的基础上进行相应的改进，让它尽快适应产品市场化的需要。除此之外，我国还没有完善的高校科技成果转化的市场机制，科研成果也没有明确的产品化和产业化模式，有必要结合不同的行业，根据不同的结果进行具体的分析。

(6) 知识产权保护机制不健全。许多科技项目的实施涉及大量的科研和行政人员，完成周期长，其责任和所有权关系复杂。现有的知识产权保护机制缺乏实施规则，难以对科技成果的知识产权进行微调、评估，导致了模糊现象的出现。同时，项目实施过程中产生的许多科技成果没有以专利或论文的形式保护其知识产权，造成大量科技成果的流失。此外，一些科研人员的保密意识较弱，对科技成果的保护意识较弱，很可能会导致科技成果信息的泄露。

(7) 中试环节薄弱。中试测试是测试所开发样品的一部分，它需要更多的资本和人力。由于成本高、风险高，高校很难完成测试，公司也不愿意承担如此之高的风险。高校开发的原型产品必须经过测试，在此基础上进一步改进，这样才可以实现原有产品的产品化。"中试空白"现象不利于科技成果的转移转化，严重阻碍了科技成果的产业化进程。

(8) 奖励机制不完善。大多数高校教师的评价指标是完成科研任务和教学工作，这些评价指标直接关系到教师职称评价和绩效评价，但在科技成果转化中缺乏绩效激励政策。因此，大多数高校教师注重学术研究和教学，鼓励学生写论文和专利，但对科技成果转化的重视程度不高，从而他们完成的大部分科技成果是没有实际市场价值的，从转化角度来看，难度估计会更大。

高校科技成果的成功实现，需要高校取得成熟的科技成果。然而，由于条件的不同，高校的成绩往往难以直接产生。这就要求高校与企业合作，从而完成企业与高校之间的技术创新合作。企业可以直接与高校的生产、研究和科研机构合作，然后由高校的科技机构实施科技创新。同时，企业利用高校与高校之间的智力资源进行科技创新。无论是哪种形式,合作合同都是一种松散、不稳定的约束关系。企业与高校、创新者之间利益关系不清,成为科技创新三方互动中一个更加复杂的问题。因此,高校与企业之间的合作受到阻碍,效率低下。

在科技成果转化过程中,高校是科技成果的源泉,科技成果的发展必须从源头入手。然而,对于高校来说,它的发展一直被国家的"接力棒"所拖累,未能扭转体制和机制,阻碍了科技成果的发展,主要表现在:

第一,产业、高校和科研合作在高校服务社会中的重要作用没有体现在高校的评价体系中。高校评价体系对科研人员的指导作用是最直接、最根本的。然而,在职称评估、晋升等方面,只对有关知识产权、资金和人才培训的论文、专著进行了评价。为了增加资金,发表论文等是高校科研人员参与产学研合作的主要动因,产学研合作的指导作用没有得到有效的落实。

第二,高校教师研究成果与企业需求存在较大差异,对技术集成的重视程度不够。高校作为生产、教育和科研的技术供应者,必须努力了解企业的需求,以缩小差距,这更有利于产学研合作的进行。合作成功的高校缺乏风险承受能力,因此一般倾向于快速获取技术转移收益以规避风险。所以,高校与企业在科技创新方面的合作在理念和目的上是不统一的,形成真正的利益与风险的结合是非常难的,最后导致产学研合作水平低下。

第三,高校的产权制度也不规范,在科技成果转化和产业化的过程中,高校产权制度的建立十分重要,但在现有的法律政策下,高校享有依法管理国有资产的权利,但却没有经营权,这些也都限制了高校按照市场经济规律参与产学研合作。

3.4.2 加快我国高校科技成果转化的建议

我们可以从国内外一些高等院校、科研院所的成功经验中看出,科技成果转化可以有效促进学科建设、人才培养、提高科研水平。而只有加强科技成果转移转化体系,高等院校、科研院所的科技成果才能更好地得到转化。

目前，促进科技成果转化，充分发挥高校在经济建设中的重要作用，已被纳入我国中长期发展规划。我国科技成果转化率低，不适应市场需求，其主要原因是缺乏法律保护，还有制度的制约等。为了促进我国高校科技成果转化，政府需要建立健全的法律制度，加强制度创新，为高校科技成果转化提供保障。人才培养和科研功能是高校的基本职能，而高校经济建设服务是教育职能多元化的新兴产物，如何有效发挥这一功能，无论是在法律法规建设方面，还是在制度创新方面，改革开放40多年都没有重大突破，国内研究开发，国外应用形势依然严峻。总之，影响我国科技发展进程的主要原因是没有法律法规保障高校科技成果的顺利转化，也没有严格持久的制度和评价指标体系来指导高校科技研究开发机构的可持续发展。因此，制定符合中国国情的法律法规，反映高校教育中科学技术的研发和应用规律，对提高我国高校科技成果转化率具有十分重要的意义。

实行制度创新，形成教育科技和经济一体化管理，管理体制创新是提高我国科技成果转化率的关键，在当今世界，教育研究与发展和科技研究与发展的界限难以划分，但这两个领域属于不同的行政体制，它们缺乏统一性、相互合作的发展战略，根据中国国情，应该考虑教育与科技行政部门的调整融合，在行政管理上实现教育科技管理机制的整合，并在此基础上，加强与经济管理部门的沟通与协调，制定我国教育科技与经济发展战略规划及其具体实施方案，充分发挥政府管理作用，使高校成为知识经济的核心。

（1）发挥政府的引导作用，完善高校科技成果转化运行机制。随着一系列国家科技成果转化政策的出台，高校和企业越来越重视科技成果的转化。国家应继续完善科技成果转化的创新政策，通过降税免息的政策鼓励高校创办企业，并制定相关法规提高科技成果转化中科研人员的奖励份额，同时全面支持科研团队与企业的合作。

（2）加强科技成果转化服务平台的建设。科技成果服务平台使高校与企业之间实现有效信息的发布，以保证高校与企业之间的有效沟通和市场的高效运行。科技成果转化服务平台的建设对科技成果转化起着至关重要的作用。

由发达国家目前所采用的高校科技成果转化模式可知，高校科技成果转化采用的单一模式，很难取得良好的经济价值，应该采用综合的模式系统——创新网络模式。这种新模式是指在一定的区域范围内，企业与高校、研究院所、政府中间机构、风险投资机构等，通过建立网络平台，协同创新，形成新的高校科技成果转化模式，即"三主三辅一平台"模式，也叫创新网络模式。

（3）健全知识产权保护机制。国家要制定有关知识产权保护的政策法规，完善科学规范的知识产权管理制度，建立合理有效的知识产权激励机制，确保高校科技成果以知识产权的形式得到保护，避免科技成果和知识产权信息的流失。

（4）完善高校教师奖励制度。结合当前高校教师评价体系，充分利用职称考核，平衡学术研究与实际应用成果的比例，避免"重学术实践"，把科技成果转化的贡献和对学术研究的贡献以及科技成果转化为教师绩效考核的贡献放在同等重要的地位。

由于各高校科研条件，科研成果转化条件，科研人员自身条件和科研经费预算等不断变化。采用单一化的状况模式很难适应目前的发展。因此，一般情况下，各高校应从自身的实际出发，坚持因地制宜的原则，选择两种或多种模式结合的方式进行科研成果的转化，并且设立一套可以评价各种转化模式优劣的标准，加快科技创新成果转化效率，让科技成果转化工作走出低谷，取得较好的经济和社会效益。

第4章 高校科技成果转化的过程与能力

4.1 高校科技成果转化的过程

对完成发明的成果进行转化是一个环节连接紧密且不间断的过程。高校发明一项专利,从实验室研究开始到诞生、培育、产业化,最后获取转化收入,需要高校、政府、企业和中介机构各方的齐心合作,层层深入,一般情况下,所需时间可能达到数月甚至数年之久。高校的科技成果转化是一项系统性的工程,从开始准备科研工作到获得效益的每一个过程、每一个宏观或者微观的因素,都会对成果能否成功转化产生或多或少的影响。从项目确立开始,只有对后续各个环节进行深入研究,严加把控,才能保证科技成果转化过程顺利完成。高校科技成果转化过程有两个方面的特点,主要表现在:

一是科技成果转化过程中,投入的资金较多,转化成功的周期较长。一项成果从开始研究到形成具有市场需求的产品,其中还需要进行大量的工作,需要不断地对技术进行调整、改善和测试。但所取得的成果能不能以大批量、低成本的模式生产,需要经过更长的时间才能在市场上具备一定的产品价值。同时,很多方面还存在着问题，需要我们去深入研究。基于这些原因，国外一些学者提出，在科技成果转化过程中，完成科研活动在创新价值链中仅仅占 20% ~ 30% 的比例，要完整地把科技成果转化工作做完我们还需要完成至少 70% 的工作。

二是科技成果转化具体操作难度系数较大、成功转化的成果较少。具体来说是将市场需求这个大"元素"与研发的成果和生产的产品相互融合，不断重复地进行科技研究的"过程"，把每一个环节进行完善、细化，使"科研过程"转化为"生产过程"。从另一个角度来看，科研成果的目标是形成结果，而科技成果转化不只是形成结果，是把大"元素"加入之后，使生产的产品更加精确标准。在这个过程中，我们要实现科研成果高产出、低成本的大批量重复再产。总的来说，科技成果的转化过程是将现有成果不断完善和细化的过程，所以从某些方面来看，在科技成果的评定中，可能比较难以达到"首创"的要求，也很难产出"高水准"的科技成果。

美国最具代表性的创业型大学之一是斯坦福大学，其是首个在大学内部创办转化机构的大学，它成立的技术许可办公室（OTL）是美国高校科技成果转化机构中运行最成功的机构之一，专门负责斯坦福大学的技术转移和成果转化。OTL 运行时间已经将近 40 年，在技术转化领域内，已经是最有创造力的佼佼者，对硅谷、生物技术湾的蓬勃发展起到了关键作用。在美国的创新体系中，斯坦福大学成了知识、技术创新和技术转化的杰出榜样，其运行过程的 9 个环节构成了一个循环过程如图 4 – 1 所示。

麻省理工学院也成立了自己的转化办公室——技术许可办公室，其科技成果的转化过程与斯坦福大学的转化办公室的转化过程类似。其科技成果的转化过程主要包括以下三个主要阶段，即提交技术披露、发明申请专利和发明商业化，这些环节同样构成了一个循环，如图 4 – 2 所示。

通过对以上两个大学技术转移过程的对比来看，还是以实施转让专利技术为主要的转化模式，高等院校和普通院校在科技成果转化过程中还是有一些差别。虽然美国的转化过程与中国现实国情之间有些差异，但观察上述高校的转化过程我们可以发现，有四个比较关键的环节：一是可靠有用的发明披露；二是精准的价值评估；三是完善的科技成果培育与保护；四是主动的技术营销。这四个关键环节贯穿了科技成果产生价值、提升价值、实现价值的整个过程。

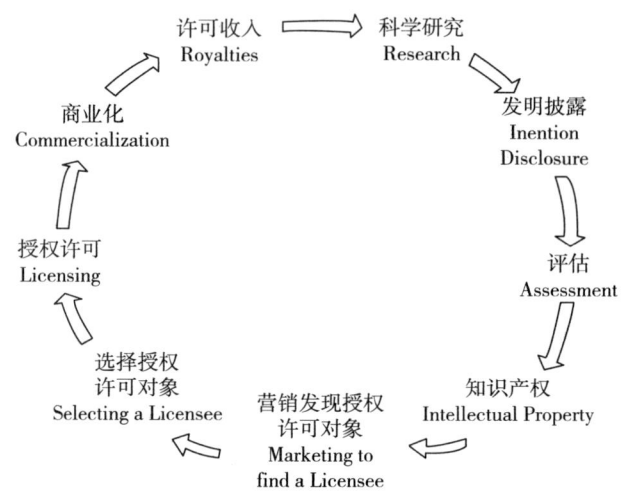

图4-1 OTL技术转移的一般过程

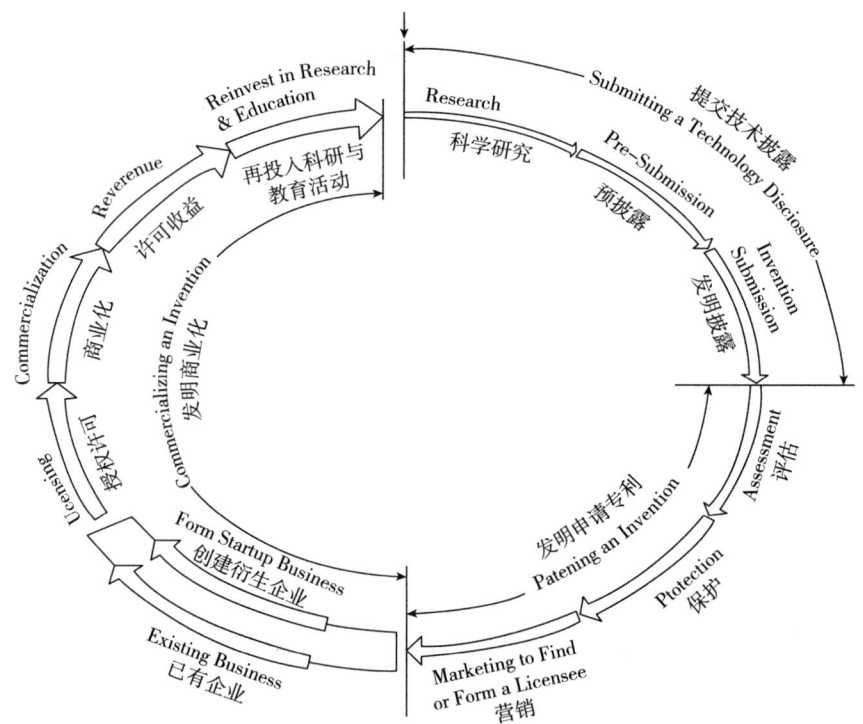

图4-2 OTL麻省理工大学技术转移的一般过程

4.2 发掘与策划

科技成果的发掘与策划包括科学研究、成果披露、价值评估三个环节,是高校将科学研究阶段完成的成果向科技成果转化机构进行相关信息的具体披露,由转化机构根据披露的成果内容对研究成果进行市场价值评估,遴选出那些具有转化潜力和转化前途的科技成果的一个过程。

4.2.1 科学研究

对科学研究的定义有以下几种说法:一个是我国的国家教育部:"科学研究是一项具有系统性和创造性的活动,目标是获取知识,其中包括人类文化知识、人类社会知识,同时运用这些知识去开发新的有价值的技术。"另一个是美国的国资委:"科学研究是一项在科学领域中进行搜索和运用的工作,其中包含整理、统计、归类现有知识和收集、编辑、分析相关数据。"综合来说,所谓的"科学研究",是指人们在科学领域或者学科范围内进行的一些研究,从而解决存在的问题和发生的矛盾的全部过程。

从科学研究所进行工作的任务、完成目标、使用方法的不同,将其一般分为三种类型:①基础研究,这种研究是以发现科学的新领域为目的,以给新的技术创造和发明提供理论基础为前提条件;②应用研究,这种研究是对基础研究的延续,但其也探讨了新的原理和新的理论,把在基础研究阶段形成的新理论运用在该阶段具有特定目标的研究中,帮助基础阶段研究形成的成果找到具体的应用路径,从而将其转化为具有实用性的技术;③开发研究,其又被称作发展研究,它是一种将上面两种研究运用于实际生产的研究,是科学成果转化为现实生产力必不可少的中心环节。在科研的整个体系中,三者互相作用,同时又非常协调、非常一致的在一个国家、一个领域的科学研究体系中平稳发展。

根据科学研究的目的可以将科学研究分为以下类型：一是探索性研究，这种研究是初步了解所研究问题或者对象的特征，从而获取第一印象和感性了解，为后期全面且长远的研究给出一些研究基础和研究方向；二是描述性研究，这种研究需要对一些总体或者说某类现象的全部面貌或者部分特征进行准确的描述，这个阶段的工作就是收集有关资料、发掘特殊情况、提供准确信息和对主要的特征和规律进行描述；三是解释性研究，这种研究旨在对某类假设或者条件因素两者之间的关系有无进行探索，对某类现象存在的原因进行探寻，同时对现象的发生甚至变化的一些内在规律进行揭示。

科学研究也具有一些基本的特征，即探索性、计划性、创造性和继承性。其本质特征是探索和创造，探索的结果是进行创造，若探索与创造行为脱节，那么探索就失去了其存在的价值和意义，甚至可以说，这样的探索不仅浪费时间更浪费资源。

科学研究的过程指的是进行科学研究时，科研人员所运用的最基础、最有效果的步骤。所研究的领域不一样，进行科学研究的过程也会有所不同。

（1）自然科学研究过程一般包括以下五个主要环节：①确立科学研究的课题项目。在整个课题研究当中，这个环节具有重要的战略意义，对于研究课题选择的好坏、可行性的论证与否都决定了整个科研过程的成功与否。②获取科学事实。获取科学事实是课题研究的基础，这个环节主要是依据所选课题的需要对相关的科学事实进行搜集和整理分析。③提出科学研究的假说。从拥有的实际经验上升到相关的基础理论，再由对科学的感性认识上升到对科学研究的理性分析，科学研究对于研究的课题来说，在其创新性方面具有极其重要的意义。④理论和实验检验。该环节的主要工作是对上一环节提出的科学假说运用相关的理论进行证明或通过实验对其真假进行检验，从而逐步发展成为科学理论。⑤建立科学体系。把分立的假说或理论统一纳入一个融洽的体系中，构成严谨、逻辑的科学体系。

（2）社会科学研究的一般过程。社会科学研究与上述的自然科学研究不太一样，是因为两者在发展阶段、研究对象和科学解释能力上有所区别。以社会科学研究中的社会调查作为例子，其包括五个主要阶段：①调查课题的确立；②拟定研究计划；③采集整合相关资料；④对整理的资料进行分析和判断；⑤撰写调查研究对象的有关报告。于是，其过程可以划分为四个阶段：筹备阶段、实施阶段、分析研究阶段和总结应用阶段。这四个阶段是一个完善且相互联系的闭环过程。

根据上述自然科学与社会科学研究的一般过程，可以将从事科学研究需要经历的一般过程归纳整理为：

提出问题→筛选问题→确立选题→积累知识（观察、实验、调查、分析等）→抽象分析→提出假说→验证假说→修正假说→假说再验证→提出下一个问题→……

科学研究就是这样循环不息、周而复始的过程。其中各个相互联系的阶段体现了科学研究的逻辑性。

4.2.2 成果披露

高校进行科技成果转化的真正起点应该是科技成果披露。一般情况下，成果披露是以科研人员向高校的成果转化机构正式提交科技成果完成的书面文件或者在高校科技成果转化网站和平台在线提交的形式推进的。进行披露的科技成果一般机密性较高，不会以发表论文或者学术交流研讨会上宣讲等形式公开。在产学研的合作中，不仅作为主体的高校、企业、科研机构要对自己的信息进行披露，而且具有多项作用的政府也要归入信息披露体系。

高校和科研机构比较了解自身研发技术的优缺点，但对于企业来说，由于未全程参与技术的研究开发，因此并不太了解技术本身的真实情况。同时，技术本身存在的特殊性，使这种信息不对称更加明显。我国高校和科研机构对科技成果的信息披露又存在"四不高"问题，即公开的信息内容细化程度不高、相关的信息公开制度完善度不高、公开信息的渠道多样化程度不高、公开信息专门负责的队伍专业能力水平不高。高校和科研机构对科技成果的技术信息披露不全面，导致双方在交易时大大增加了有关成本，使得交易更难促成。

当高校、科研机构与企业对各自的信息进行充分披露时，它们之间这种信息不对称的情况就会大大减少。高校和科研机构可以根据企业披露的信息了解企业的资金水平、生产技术能力等信息，就能从企业实际情况出发，研发出符合企业情况和需求的科技成果；企业则能够通过高校和科研机构披露的信息来了解其所研究的科技成果的指向、科研团队实力水平以及所具备的实验设备水平等信息，可以帮助企业更加准确快速地找到符合企业要求的高质量、高水平的科研团队。

高校公开披露的信息应该包括以下内容：科技成果的基本信息，如成果技术本身、用途、商业前景、与现有技术的区别和优势等、科研项目的经费信息、科研人员的相关情况、科研部门基本情况、科研诚信管理信息等。企业应该在公司网页或通过第三方正规渠道将自身所需要的科技技术、资金实力和对人才的质量要求等相关信息进行发布，以便高校和科研机构对市场进行了解、掌控和跟踪。政府的披露信息则应该包括以下内容：产学研合作的发展计划，指引领导高校、企业和科研机构发现投资和研究一些拥有市场未来发展前景的项目；产学研相关的法律法规，以保障各方合作主体的合法权益和利益；建立政府网络平台，将科研成果的最新研究动态发布上去，让合作主体获取科技成果信息的渠道正规化。

在各方进行合作的过程中，因为高校、研究机构、企业三者都处于社会的不同领域，术业专攻不同，因此这种信息不对称的情况就会出现。而各方主体间信息不对称问题最有效的解决办法是进行成果信息披露，这有利于合作顺利进行。因此，各方都应该对信息披露制度进行改进。

4.2.2.1 政府信息披露制度改进策略

（1）建立完善的公布信息的互联网平台。政府将发布信息的网络平台进行完善，一方面有助于提高企业寻找合作方相关信息的速度，且提供一条方便、快捷、具有可靠性的渠道；另一方面有助于降低企业交易过程中产生的信息成本，进一步促成双方合作。同时，政府比其他渠道公布的信息更具有真实性和可靠性,侧面帮助企业降低反向选择的风险,让政府的信息披露促进风险成本控制的作用更加显著。对于企业来说,合作方的实力和背景可以从多方获取,但企业的重点是了解科研项目的有关信息,这个较难获得;对于高校来说,要想在企业众多的市场上挑选出有资金实力和良好信誉的合作方也很困难,高校设立的项目管理机构并没有评价企业质量的功能。此时需要由政府来进行引导,而政府构建完善的网络信息发布平台就能为各合作方提供科研项目的相关服务,具体政府可以从以下两个方面着手:其一,构建由政府管理的联盟信息网站。该网站可以分模块建立,各方主体各占一个模块。企业部分应该包括注册在网站上的企业具体的信息、所需要的技术基本信息和政府对企业资质以及市场信誉度的评价等级;高校部分与企业类似,需要对本校的优势学科、已经拥有的科技成果、具备的人才团队、使用的实验设备等相关信息进行披露,甚至政府对其所具备的实力和在行业内诚信度的评价等级。作为推动方的政府模块,则应该对出台的支持政策文件、有关方面的法律法规、合作项目成功的典型、对高校等完成的科研成果和还在进行的科研项目的评估结果、对合作项目的具体完成验收情况、交流会相关安排的发布等信息进行披露。其二,政府对科技创新的网络建设应该加强且注重,通过这种服务,我们可以进一步实现和国际上科技成果转化的交流,从而共享资源。政府的这一举措有助于企业掌握最新的技术成果,通过对项目前沿性和创新性的判断来决定项目的质和量是否达标,以及项目所带来的产业化能力高低和市场前景光明与否。同时,有助于高校减少低质量的学术论文和研究,也能使资源发挥其该有的作用。

(2)健全法律法规来完善利益分配机制。就合作利益分配问题来说,合作双方在谈判过程中不可避免地会出现冲突,而政府通过完善利益分配机制就能够有效地调节冲突,从而使谈判过程加速,谈判成本降低。具体体现在两个方面:①将合作各主体利益如何分配具体的写在法律条文里面,根据项目的特征、成果本身的性质、如何合作、两者的权利和义务分别是什么,最大限度地将知识产权的条款进行明确的规定。②要明确要求参与的高校、企业、科研机构在内部制定知识产权管理制度以规范其行为,如专利管理制度、商业保密制度等。规范的制度可以提升科研人员的专业素质和知识产权保护意识，合作方互相了解对方实施、转让、许可、入股等对成果相关的管理办法可以促进合作的顺利进行。

4.2.2.2　企业类信息披露优化策略

从企业控制交易成本的角度来说，企业对相关市场信息进行动态披露，科技成果的研发方就能够从市场的行情变化来对研发进度进行调整，从而加快研发进程，将企业对研发过程的成本投入有效降低。同时，在掌握变化的市场需求基础上，研发方一定程度上也能够控制技术风险，使得企业信息披露促进风险成本控制的作用更加显著。企业信息披露的完善主要从以下几个方面入手：

（1）完善关于合作项目的内部信息披露制度和审查制度。公司要对项目合作过程中的一切可能情况和相关信息进行明确规定，比如负责合作人员的分派情况、投入项目的所有资金明细、科研项目的完成进度、项目形成市场的过程、项目的具体回报等，都需要向公司管理层以书面形式或网络平台形式定期汇报和向外界公布。与此同时，建立的审查制度应该对负责审查的人员、具体审查步骤、审查应该遵循的标准等都做出明确的规定。

（2）制定有用的管理层监理和鼓励体制。一是公司可以对经理人提出要求，让其以书面形式或通过官网将项目情况、资金运营情况、项目的市场前景定期地向公司管理层报告，从而对经理人进行监督；二是建立绩效与薪资挂钩的管理制度。公司可以按照项目的市场化成功程度、公司获利程度对经理人做出一些工资奖励。

（3）构建信息传递渠道实现合作双方信息传递。在科技成果研究开发过程中，应该将企业也纳入其中，科研的成功是依靠各方齐心协力完成的。因为科研成果涉及公司的商业机密，所以信息的传递需要企业不定期地举办一些学术交流会或者建立双方可以共享信息的网站，将取得的市场动态实时分享给科研方，以此依据实时的市场信息，研究人员可以及时地调整研发进度。同时，更容易将以市场需求作为目标的科研成果成功产业化。

4.2.2.3　高校（科研机构）类信息披露优化策略

高校（科研机构）如果能够对科研人员的出勤情况和各项经费的支出情况

进行披露,不仅能够让企业发挥其监督作用,也能避免研发方出现违背道德的行为。而且由于企业的监督,研发方会更加注重研发效率的高低和研发进度的缓急,因而将企业对研发投入的成本降低。具体意见如下:

首先,应该把对高校及科研机构基本信息的披露完善。一方面各个学校、机构有不同的基本信息披露标准,另一方面其披露的信息都是关于研究方向、成果进度、科研团队的信息等,并不是很详细、全面。因此,高校和研发机构可以通过不同的渠道对最新消息进行公布。比如官网、官方微博、官方微信和公众号、信息公开专栏以及各种公开会议等,公布的信息应该包括新发明的成果、团队最新构成、现有的实验设施和地方科学研究的实际能力以及以前成功转化的案例、成果目前的市场前景等。企业通过对这些信息的综合比对可以更加高效快速地找到同领域高水准的合作方。另外,高校、科研机构设备信息的公开,也从侧面反映出它们科研实力的强弱,有利于合作双方之间硬软件资源的共享和互补。

其次,要建立健全研发团队和经费收支管理制度(朱枫,2017)。高校等制定的管理办法应该尽可能的详细、周全,具体应该包括对科研人员能力的详细评判方法,并且将结果录入人才信息库以便查询、进行研究的全过程人员出勤情况、经费支出明细、票据管理办法、费用滥用监理和惩罚制度等。良好的考评制度能够帮助高校提升科研软实力,完善的监督和惩罚制度能够规范科研人员的行为,同样,详细的团队管理办法和严谨的费用使用制度等能够增加企业对研发方的信任度。

最后,需要进一步完善科研诚信管理办法。不同高校和机构所制定的信用评级标准和原则不同,使同样的评级结果可能所代表的信用等级也良莠不齐,为企业挑选合作方带来障碍,也给高校的诚信度带来了消极影响。基于此,高校需要不断地完善诚信管理制度,对于诚信有关的披露应该包含遵循的评价原则、使用的评价指标、机构的详细信息、呈现的评价结果等内容。从而增加高校诚信评级结果的可靠性和真实性,让企业更加地信任高校和科研机构。

4.2.3 价值评估

最近几年以来，科研人员对科技成果的价值评估越来越重视，其已经成为科技成果转化过程中不可或缺的一部分。对于我国来说，对科研成果这项无形资产进行价值评估还尚且属于一个比较新奇的事，从价值评估开始引入我国已经过了几十年，我国也在持续深入的改革经济体制。在这一背景下，针对无形资产的商业价值评估，我国也有了高速的发展，很多与其评估相关的法律法规和规章陆续出台。

从成果研发、转移、合作、咨询和服务的全程和特征来看，科技成果价值评估的影响因素有下面几点：

（1）科技成果的成熟度。实现科技成果的价值要把其从"室内研发"到"市场产业"的跨度问题解决好，科技成果的吸收方是否吸收、是否能创新、是否能产生价值都取决于科技成果的市场成熟程度，也影响着吸收方的投资风险、技术风险和产业化风险的大小。

（2）科技成果的价值时效性。科技成果的价值高低取决于成果与市场需求的密切程度，市场需求的波动也会影响科技成果是升值还是贬值。科技成果吸收方应该依据成果的及时性和准确性来判断利润的增加情况。

（3）科技成果的垄断程度。科技成果在市场上如果不存在能够取代其的新技术，就会出现科技成果的单项垄断，从而形成卖方市场，卖方能够从技术垄断中轻而易举地获取超高利润。同样地，具有垄断性的科技成果经过多次的市场交易，其价值也会因为交易次数而产生变化，简单来说，就是成果所能获取的利润与在市场上进行交易的次数成反比，次数越多，价值越低。

（4）科技成果吸收方的本身实力。科技成果的买方对技术的消化能力会直接影响所吸收的科技成果能否市场化和产生利益高低，对双方的交易额也会产生较大影响。这些条件包括企业自身的技术水平高低、销售和管理的能力强弱、经济实力的大小与否，以及所处的地区环境好坏、地理位置、交通是否方便和政策环境宽松与否等。

科研成果的价值评估程序包括下列步骤，如表4-1所示。

表4-1 价值评估步骤

评估步骤	评估步骤具体说明
明确评估的目的	科研成果的价值评估有以企业成本费用的摊销为目的，以作价入股为目的，以转让为目的，以资产重置为目的，以拍卖或者清算资产为目的，等等
确定评估对象	在确定评估对象时要辨认其种类。同时还要分析该科研成果是自主原创还是购买得来
调查了解与鉴定被评估科研成果	针对科研成果来说，在对其进行情况鉴定的时候我们需要考虑到其不同类型的特殊情况，对于专利和技术资产，鉴定时的注意事项也各自不同
选择适宜的评估方法和作价标准	常用的评估方法有现行市价法、重置成本法、收益现值法。这几种方法都有不同的特点、适用条件以及特定的评估程序等。只有把以上情况都考虑到，才能选择最合适的评估方法
收集有关资料	对认为在评估过程中有用、重要的资料进行收集。如科研成果研发时的费用消耗、买入科研成果时的价格和所花费用，以及一些必要的市场信息
判断资料的充分性和可靠性	评估人员应根据现实情况与经验对所收集的资料进行加工与分析
进行评估	完成前期工作后，评估人员使用所选择的方法与有关的资料，对需要进行评估的对象进行资产评估
编写评估报告	评估报告的编写应注意完成以下工作：整理资料并对应编入报告的资料进行确认、编写评估报告、审核修改评估报告、签发评估报告

公平、公开、公正的社会公信力和独立的第三方机构的判断能力可以有效推动科技成果在进行价值评估时的流程，但同时还需要考虑以下几个方面：

一是"有理"。进行科技成果的价值评估，我们需要建立一套科学、公平、客观的评价指标体系作为评价工作的理论依据。

二是"有据"。我们需要进行海量的数据收集整理，将大量技术合同（或者科技成果）的成交价格作为大数据基础，为评估科技成果价值工作提供现实依据。

三是"有力"。依据建立的科技成果转化价值评估指标体系和整理的技术合同成交价格的大数据作为评估基础，从而形成价值评估意见。同时，联合行业内有关专家的评价和市场上消费者的需求，出具可行性的参考数据和可行性评估报告。

科技成果作为一种无形资产，在对其进行市场价值评估时还需要遵循一些其所具备的固有性质：

（1）独立性。对科技成果进行的价值评估是针对某一单项成果，而不是针对多个项目。由于其具有的独立性，所以在对科技成果进行评估时需要根据对象选择不同的方法，而且我们进行评估的用途、目标和成交的方法不一样，最终评估出来的结果也会有所差异。

（2）复杂性。科技成果价值评估的复杂性出于多方面的因素。其一，科技的发展速度不断加快，学科众多，类别繁杂，产生的派别也很多，所以科技成果也各种各样，由于每个科技成果所处的技术水平不一样，导致它们之间相似度不高。因此使得可比性也不高。其二，科技成果的创新性导致不易预测未来市场对其接受度高低，替代产品是否会出现、何时出现也较难预测，因此科技成果未来能带来多少收益、能获取收益多长时间也无法预测。

（3）效益性。科技成果的评估过程是动态性的，其效益性指的是该项科技成果在将来能为研发方带来可观的经济收益。在任何一个时代，再先进的科技也会出现后来者居上的新技术，旧技术就会被替代、被淘汰，快速发展的科技无时无刻不在对科技成果的价值产生影响。同时，完善的产品营销流程和周到的产品售后服务可能会使成果的价值得到增长，但对成果不准确的市场定位也可能使成果失去价值。因此，我们想要对科技成果做出准确的价值评估，就需要密切关注科技飞速发展的方向，同时对科技成果会产生重要作用的那些外部因素进行深入的了解。

目前，在我国的科技成果市场价值评估工作中依然存在一些问题，总结来说是"三个缺少"，即缺少独立的第三方评估机构、缺少标准的评估指标体系、缺少全面的价值评价依据。

（1）缺少独立的第三方评估机构。市场对于科技成果的价值评估有大量需求，但是独立性强、有公正性、客观性的第三方评估体系和机构与社会的需求还有相当大的距离。同时，从事科技成果价值评估工作的相关人才也比较匮乏，使得科技成果价值评估整个行业缺乏活力。

（2）缺少标准的评估指标体系。《GB/T 22900—2009 科学技术研究项目评价通则》，科技部印发的《科学技术评价办法》和财政部印发的《中国资产评估准则》等是目前比较通用的评价办法和标准（林晓，2018）。但是，这些标准与实际工作仍有差距，系统科学的评价标准规范有待完善。

（3）缺少全面的价值评价依据。我国采用专利价值评估法、知识图谱分析法、德尔菲法、回归分析法、层次分析法等科技成果评价方法。然而，在实际评估工作中，仍然有对普通科技成果以定性的文字描述多，定量评价少的情况出现，主观因素对评估工作作用较大，而基于事实情况的评价依据较薄弱。

科技成果的价值评估工作是一个持续探索的过程，需要考虑其作为产品所具有的市场价值属性，也需要考虑其价值具备的时效性和交易过程的随意性。作为科技成果转移转化的价值评估服务部门，可考虑在以下四个方面提升相关工作：

一是创建专门的数据库来汇集科技成果的交易价格，以大数据分析作为现实依据来进行科技成果的价值评估工作。目前，《实施〈中华人民共和国促进科技成果转化法〉若干规定》中，明确指出，"国家设立的研究开发机构、高等院校对其持有的科技成果，应当通过协议定价、在技术交易市场挂牌交易、拍卖等市场化方式确定价格。协议定价的，科技成果持有单位应当在本单位公示科技成果名称和拟交易价格"（樊帆、李华栋，2018）。基于此，建议有关部门重视交易数据库的建立，为评估工作提供现实依据。

二是快速培养一批又一批能承担成果转化的高水平复合型人才，以此推动价值评估机构的建设。从事科技成果转移的服务人员应该拥有比较强的专业能力和复合型的知识背景。在国外，很多高水平大学成立的技术转化中心都有一支懂市场又懂科研，并且能够为中心转化工作提供信息交流、技术咨询、评估服务、中间调节、融资投资等各方面服务的复合型专业人才队伍。

三是规范科技成果价值评估机构的健康发展，提高地方政府对技术转化服务机构的重视程度。成果转化服务机构对转化这一行为起到主要作用，是参与和承担转化工作的主要人员，因此会具有明显的公共特征，需要社会的公共管理部门对其进行支持与引导。技术转化机构能够使地方的创新要素具有活力，也能使地方的经济得到巨大发展，政府应该重视其在这些方面存在的潜力，从各个方面对技术转化机构的发展进行有力支持，比如制定支持政策、帮助提供人才培养基地、投入发展资金等。把对技术机构发展的支持落实到地方发展经济的计划与规划等有关政府文件之中，贯彻落实支持机制。

四是完善技术转移转化的全链条服务，引导转移示范机构的发展更加专业。目前，我国的成果转化机构并不是很多，而且专业度也不高。因此，我们必须从建立完整体系出发，建立科学完善的评价体系，然后以较高的标准筛选出那些具有较强服务能力、杰出服务效果、新颖服务模式的技术转化机构，将它们作为典型代表进行公布，让其他机构向其学习，互相帮助走向健康发展之路。同时，现有的技术转化内容和模式已经不能完全适应快速发展的社会技术和持续创新的商业模式，所以需要不断地对从事科技成果价值评估、知识产权保护、中试等技术转化服务机构进行扩展，对国家技术转化的全链条服务体系的建设进行全方位的完善。

4.3 培育与保护

在完成基础的科学研究工作，确认高校对所完成科技成果披露的所属权明确，具有潜在的市场价值，进行市场价值评估后，就能够进行下一步具体的科技成果培育与保护工作。科技成果的技术培育和知识产权保护这两个环节相互作用，相互联系。通过对科技成果进行技术培育，我们能够提升科技成果的技术成熟度，扩大科技成果的适用范围，使科技成果的市场价值得到增值，而知识产权保护则可以在创建保护体系的同时，为规划技术培育路线提供指导。

4.3.1 技术培育

一般来说，高校研发的科技成果在技术上的先进性较强，学术上的价值性较高，但这并不能说明其同时就具备了与之般配的商业价值。诸多高校的科技成果还处于实验室阶段，相较于已经具有商业价值的成果来说，在成熟度上还比较欠缺，很难吸引企业的注意力和兴趣，即使能够转化成功，所取得的前期收益也不会很高。因此，需要对这个阶段的科技成果进行技术培育，对其进行进一步的"加工"和"包装"，使其在一定程度上将技术进一步开发的风险降到最低，有针对性地将技术与市场需求之间的距离缩短，引起企业足够的投资兴趣，提升科技成果的市场价值，促进科技成果的快速转化。

高校科技成果的技术培育路线一般可以通过专利检索分析、市场调查等方法确定，通常可以通过以下路径对科技成果进行技术培育。

第一，通过使用专利地图等专利检索分析工具，了解某一具体领域的技术分布，确定竞争对手的研发团队，掌握现有产品专利布局，洞察技术壁垒所在，确定未来技术研发和市场化的可能路径。在应用专利信息时，专利地图具有承前启后的作用，承前是指把检索的相关信息进行一系列的处理之后，把它纳入到一张图表中，其是以数据的格式存在的，可以用来帮助使用者从量和质方面进行分析；启后是比较、剖析和钻研专利地图，可以起到预测和推断的作用，因此获取可以参照的技术、动向、成长走向等信息，为高校进行技术培育指定相关战略、选定开发目标等。

第二，通过成立市场调查小组，对市场进行调查。高校应该在考虑自身情况的前提下，成立专门对市场进行调查的小组，为高校和市场搭建起一座可以传递信息的桥梁。调查小组深入市场进行实地考察，收集市场对科技成果需求及转化方面的信息，向一些单位的相关人员进行信息咨询，真正地掌握市场的发展前景，给高校提供更加有效准确的转化信息，帮助高校制定更加适合科技成果转化工作的方案，从而使高校科技成果转化的效率得到提升，进而推动国家经济的发展。另外，市场调查小组可以从不同的方面对市场进行调查，获取的信息可以帮助高校创造出更符合市场需求和更有益于社会的成果，有针对地进行科技成果研发，满足市场的需求，更加容易受到企业的关注。

第三，通过对现有技术路线与实验方法的持续改进和优化，逐步提升科技成果的技术性能，降低生产制造成本和研发风险，为科技成果进行测试和商业化开发夯实基础。

第四，通过对某些技术点的定向研发、设计更多实验内容，获得更为完整的实验数据支撑，为科技成果申请专利争取到更大的权利要求范围，实现科技成果的增值。

4.3.2　知识产权保护

知识经济的快速发展，使得知识产权已经成为一种关键的非有形资产和权利（马捷，2015），其越来越成为国家经济发展的关键动力和国家进行国际竞争制胜的有力武器，所以对知识产权的保护也逐渐成为大家关注的焦点问题。所谓"科技成果知识产权化"是指科研项目在立项、实施的过程中应明确本项目成果是否适用知识产权保护，对于适用知识产权保护的科技成果，在完成的同时应明确采用何种知识产权保护形式并给予相应的落实。

4.3.2.1　实施知识产权保护的意义

实施科技成果知识产权化，可以使科技创新产出的关键成果成为企业竞争的重要力量。科技经济的到来，使各国经济发展更加离不开技术，企业甚至国家的竞争力都通过科技的创新来体现，其已经成为竞争能力的主要元素。在这样的环境下，技术和知识的商品属性迫切要求企业和国家建立健全知识产权的保护制度，且以该制度来保护它们的竞争优势。

实施科技成果知识产权化,是把创造的科技成果变成企业资产的主要方式(贺志鹏,2008)。在进行创新的过程中,企业获取或者产出的成果不一定都和企业主营业务的发展有密切的关系,所以要更好地完成科技成果的知识产权保护。我们可以通过在技术市场上进行技术交易、交叉许可等方式,使之变成企业经营性业务的资源,为企业的发展带来巨大的经济效益。

实施科技成果知识产权化,有助于高校更加全面的对科研人员的绩效进行测评。科研人员的科技成果只有按照法律,通过专利局的审核检查,才能够获得专利权。只要是发明获得专利权,就要满足这三个特性,即创造性、新颖性、实用性(郭程,2009)。因此,对科研人员完成的科技成果进行知识产权化过程中的专利审查,实质上是把技术的评估鉴定工作法制化,同时国际上又普遍认可这种方式。

实施科技成果知识产权化,是企业进入国际市场进行竞争的手腕和方法。许多发达国家成立的跨国公司对于科技成果知识产权化的程度已经超过我们国家很远,它们通过建立起完善的知识产权保护体系来帮助公司获取超额的收益,知识产权已经成为它们参与国际化竞争的有力武器。这已经成为一种全球竞争的准则。我们要想加入全球竞争就必须遵循这个准则,不仅要对别人拥有的知识产权进行研究,避免发生侵权纠纷,还要在国际上努力打造属于自己国家的知识产权,真正的达成"走出去"的目标,完成从"中国制造"向"中国创造"的转变(陈子竹,2016)。

4.3.2.2 知识产权保护的形式

就目前的情况来看,我国对知识产权的保护方式有以下四种:

(1)商标权(Trademark)。在我国,商标注册是获得商标权最基础的方法。商标进行注册以后,就取得了商标的专门使用权,也意味着当其他人将相同或相似的商标以让消费者易混的方式用在相同或者近似的商品(或服务)时,注册商标的人可以依法进行责任追究。在中国,其有效使用年限是10年,10年以后,商标所有人可以自行选择是否续展,且不限制续展的次数。理论上来说,只要注册商标的所有人愿意续展，那么该商标就能够一直存在。

（2）著作权（Copyright）。在中国，所谓的著作权即指的版权，指受法律保护的原创作品，其中包括科学、文学和艺术领域。没有经过作者的许可，其他人不能对其复制甚至使用。就目前来看，对作者是否署名的决定权、修改他人作品的权利和保护作品不受歪曲、篡改的权利的保护在时间上没有约束。另外，只要作者健在就一直受到保护，甚至作者去世后50年内也依然受到保护。

（3）专利权（Patent）。专利权是设计人或发明人向国家提出申请，国家将设计或创造的内容以向社会公开为前提，依据法定程序，由政府在有限且特定的时间内给专利的申请人授予的排他性权利。换句话说，发明人用内容公开的方式换取国家的保护，同时还是在法定的时间限度内进行保护。根据我国专利法的规定，专利包括发明专利、实用新型专利、外观设计专利三种。第一种的保护期限是20年，后两种的保护期限是10年。

（4）商业秘密（Trade Secret）。商业秘密是指不被他人所知，能为所有者带来效益，且具有适用性并被所有者保密的技术、运营信息，其中包含产品的分配比例及成分、生产流程、设备装配、电脑的程序代码、医生处方单或者顾客的花名册、货物清单，等等。这些信息帮助企业在市场中保持竞争优势，且其是一般人不会知道或者不容易发掘的，企业可以采取合理合法的措施来对这些机密信息进行保护。

4.3.2.3 高校知识产权保护存在的问题

（1）高校知识产权保护制度不完善。我国高校对于知识产权的保护，仍然有许多的问题还未解决。许多高校从事科研管理的人员对知识产权保护的法律意识较薄弱，对相关的法律知识也不是很了解，更不能达到完全掌握。因此，在进行成果转化合同签约时，一些科研人员就会对这部分内容过分的迁就，涉及知识产权保护这方面的内容，合同中的条款一般都比较随意、简明，不够深入明确。还有一些高校，在取得科研成果的过程中，注入了很多的物力、人力、财力和精力，但由于高校未建立内部知识产权保护制度，在一定程度上对高校科技成果的产业化造成了严重的影响。学校不仅不能从转化过程中获取到收益，而且还可能会挫伤科研人员进行科技成果开发转化的积极性。

（2）高校对知识产权保护的重视程度不够。高校对知识产权的重视程度不足，就会产生很多问题，例如没有建立完善的知识产权制度体系，重视科学研究轻视科技成果转化，等等。站在学校的角度上说，许多高校认为知识产权保护在实际执行工作中较为困难，甚至有些学校认为可能将物力、人力、财力和精力消耗在知识产权保护上却得到没有实际效果，而且如今在高校中普遍流行重论文量轻转化量。站在高校老师和科研人员的角度来说，在将科技发明研究成功之后，是否发表论文、发表论文的期刊、杂志的等级高低以及对自己评职称是否有积极的作用等已经普遍成为高校教师最在意的事情，他们重视的已经不再是研究的成果是否能够产业化形成效益、知识产权是否能够得到有效的保护、转化的成果能否为国家带来经济发展等这些问题。

（3）高校缺乏合理的科研成果评价体系。高校评价体系不完善，也是知识产权保护被忽视的重要因素。科研成果不是将耗费的成本进行简单的数学加减，而是市场上潜在需求力的大小，决定了市场利润存在较大差异。美国有专门的技术转让机构，以及许多专业人员，再加上美国严密的法律保护体系，因此其已经形成了十分严密的科学体系。但在我国，科研成果的系统评价制度还没有完全建立，市场化的评估制度也并不完整。也没有健全的中介服务体系和独立进行无形资产评估工作的服务机构。另外，高校也缺少具有专业能力的成果转化和成果营销团队，所以在实际中，一般拥有专利技术的人都是通过将专利作为无形资产入股的形式形成保护，虽然这种方式也是采取自愿协商的原则，但实际上这种方式对于知识产权的保护十分不利。

（4）技术转移中管理不够科学规范。技术转移转化管理没有制度化、人员保护意识弱、专业能力不强都会对知识产权造成影响。高校每年都有很多的研究要进行，许多还属于技术秘密，有一些还是和军事领域有关的研究，可由于它们缺乏足够的产权保护意识，把研究成果公布在发表的论文里，或者在一些学术交流会议上进行使用，这些行为使科研成果的专业和安全受到了严重威胁。更严重的，一些人利用合同漏洞，为自己谋私利，最后将高校研发的成果和机密透露出去，让高校知识产权散失。

（5）国家保护知识产权的立法职能未能充分发挥。我国现已经颁布的法律中，对产权保护和成果转移的规定不全面，不能满足社会快速发展的需求。相关法律还是以《宪法》作为总法形成的《科学技术进步法》和《促进科技成果转化法》，对知识产权的保护法律也只有《商标法》《专利法》《著作权法》，而且这些法律中，对于企业、高校、第三方机构如何转化和保护的条文也不多，不成体系且缺乏应有的可操作性。在实际操作中，政府不同主管部门之间缺乏有效沟通，协调性不够，使政府部门对知识产权的保护作用还不能够得到充分的发挥。

4.3.2.4　加强高校科技成果转化知识产权保护的对策

（1）加快高校科研管理机制的改革步伐。要结合《国家中长期教育改革和发展规划纲要（2010~2020年)》中有关提升高校科研工作水平的相关要求，不断健全和完善以注重创新和质量为主要内容的科研评价机制，应该改正以前教师和科研人员评选职称、晋升职务和管理项目依据发表的学术论文数量，而脱离知识产权法律保护的一些弊病，要形成职称评审、获取奖项奖金、划拨项目经费依据其取得的发明专利、科研成果数量和科技成果转化多少、市场化及商业化程度进行综合评价，通过将科学研究评价体制进行创新和健全，进一步推动高校的产权保护制度成功建立和实施。

（2）加强高校科技成果知识产权的保护意识。高校可以组织知识讲座、媒体宣传、创办简报、发表一些公开文章等各种各样形式的活动来宣传知识产权保护的必要性，让领导、教师、科研人员甚至学生都能够充分地了解保护知识产权是必要且重要的，从而增加他们保护知识产权的意识。具体来说，就是在进行课题研究、研究新专利、新商品等工作中形成的发明和创造，只要达到专利的申请条件，就应该向专利申请部门及时申请，以便取得专利保护，然后对发明的成果进行鉴定，完成由成果概念向专利保护的转变。这样我们才能快速有效地与国际化的知识产权领域相融合，得到法律的多重保护，从而避免一些"短、平、快"

的科技成果，被人仿制，而使高校利益受到损害。

（3）进一步完善高校知识产权制度。高校是技术和知识创新的源泉，只有取得了知识产权才可以在市场的角逐中保持优势地位，同时通过转让或许可等获得回报收入，进而促进高校科研活动的圆满完成，形成技术创新工作的良性循环机制。随着国家对技术创新工作的高度重视，相关部门接连拟定颁布了一连串的法律法规及配套准则，一定程度上完善了产权保护体系。但因为存在很多的限制因素，高校对于科技成果的保护与理想还存在差距，因此需要不断健全和完善知识产权法律保护制度：一是加快完善科技成果专利制度，健全现有的成果管理、鉴别判定制度，对高校成果申请专利和产权保护着重强调，以目前已经存在的相关法律法规为基本，对高校拥有专利的成果持续性改进其评估工作；二是积极建立学校内部技术转化中心和知识产权保护证书的认证制度，制定可以实际执行的措施，将知识产权的所属权清晰确认（徐寅、周英，2016）；三是建立和完善高校技术成果的信息检索和检验平台，在该平台上，高校进行技术研发的每一个流程都可以检索到，这样有助于减少相同的成果被多次研究和产权被侵害的现象出现。

4.4 实施与转化

实施与转化是高校科技成果实现产业化最关键的一个过程，主要由技术营销、技术许可转让、技术开发与商业化、获得实施收益几个具体环节组成（彭绪梅，2008）。

4.4.1 技术营销

科技成果作为商品有其特殊性，它具有复杂性、融合性、渗透性以及系统性

(刘彦蕊，2015）。科技成果是可以在市场上交易的商品，科技成果需要市场化营销。所以，在科技成果营销模式的选择上，既有普通商品营销模式的一般特征，又体现着科技成果本身的特点。

目前，我国科技成果营销模式主要有技术市场模式、市场化的展会营销模式、定购式营销模式、直复式营销模式和产学研结合的营销模式等（申屠晓娟，2015）。但这些方式普遍不能适应科技成果作为一种特殊商品的特性和要求。例如，我国的技术市场大多采用的是登记式，一方面，科研单位将技术成果登记在技术市场上，等待企业自己上门来进行求取；另一方面，企业也要到技术市场登记，等待科研单位将科技成果送上门。双方都没有积极主动性，都在等待政府的推动，无论是科研单位还是企业，"等、靠、要"的思想都比较严重。科技成果作为一种特殊的商品必须进行营销，只有采取适当的营销策略和模式，才能变被动为主动，提高科技成果的市场化率。因此，需要将市场营销的理论和方法应用到科技成果市场化中来，建立起适合我国科研单位和技术市场状况的科技成果市场化营销模式（刘希宋、王辉坡，2007）。

（1）转让方专业人员"门对门"知识营销。专业人员进行知识营销为了让成果受让方能够全面认识和加深对成果的科学性、先进性、实用性、后续开发条件、市场前景和预期效益的理解，从而消除顾虑，促成科技成果对接决策（刘希宋，2016）。主要内容包括：①原理知识；②关键技术知识；③相关设计知识；④现场、设备、工装管理知识；⑤特殊资源及工艺要求知识；⑥消费者的外观、功能偏好知识；⑦消费者支付能力的知识；⑧市场前景知识（王桂月，2009）；⑨技术、经济、生态、社会价值和效益知识。

（2）通过展览展示活动推进高校科技成果营销。展览展示是科技成果信息流的重要汇集点，以展览展示为平台的技术市场，开拓技术交流与科技营销的渠道，将知识营销与技术贸易融为一体，是在跨地区、跨行业的科技成果转化中进行科技营销的有效途径。例如，展览展示已成为我国军工技术成果向民用转移的直接手段。自1999年以来，我国通过高新技术成果交易会、国际科技产业博览会等活动，展示交流项目超过4000余项（次），有效地促进了国防工业科技成果向民用行业的转化。

（3）有效策划新产品进入市场战略。①新产品第一次进入市场时机选择策略。新产品应该看准机会，尽早地进入市场，先下手为强，取得有力的竞争位置。但是第一次进入市场也不是越早就越好，如果产品的性能、质量还不能过关时急于过早面市，可能会好景不长而短折；而太晚面市，市场中的潜在竞争者生产的新产品可能已经抢占有利位置，进入市场的困难就会变多，甚至可能面临被踢出市场的风险。②新产品进入市场"推介平台"选择策略。一是公共中介"平台"。如大型商品交易会、贸易洽谈会、展览展示会等地区性、全国性乃至国际性的公共中介"平台"。二是特有"推介平台"，如建立领先用户群体，在行业内选择实力推评的技术领先者，在消费者群体中选择引导消费潮流的先驱者，通过示范效应，迅速将新产品推向市场。

4.4.2 技术许可转让

技术许可是指专利技术所有人或其授权人许可他人在一定期限、一定地区以一定方式实施其所拥有的专利，并向他人收取使用费用（杨洋，2014）。技术转让是指技术成果由一方转让给另一方的经营方式。所转让的技术包括获得专利权的技术、商标，以及非专利技术，如专有技术、传统技艺生物品种、管理方法等（王学东等，2004）。

技术许可一般有以下几种方式：

（1）独占实施许可。独占实施许可是技术许可的方式之一，指被许可方被授予在限定时间、领域或者地区内可以独占性的对被许可的技术进行实施的权利，其他任何人对同一技术都没有实施的权利。而且许可方在上述规定的时间、领域及地区内也丧失了使用权。

（2）排他实施许可。排他实施许可也可以称作独家许可，是指在一定条件下除了许可方和被许可方以外的第三人对该项技术在以上条件下没有实施的权利。

(3) 普通实施许可。普通实施许可也叫一般许可、非独占许可,是指除许可方和被许可方在合同规定条件内可以对该项技术有实施权利外,许可方也能够许可第三方实施该项技术。

(4) 交叉实施许可。交叉实施许可又称互惠许可、相互许可,指两个或两个以上技术权利人在一定条件下相互授予各自技术的实施权,即一方在接受另一方许可的同时或之后,向该另一方授予实施其技术的权利(何宽、张明泉、梅洪,2005)。

(5) 分许可。分许可又称再许可、从属许可,指原技术许可合同的被许可方经许可方的事先同意在一定的条件下将同样的许可内容再转许可给第三方实施。

在技术许可中,通常会涉及"技术秘密"。从专利法的相关规定看,发明人应该在技术说明书中对成果的情况进行说明,内容应该清晰、完整。但对于其全部的实施方式,专利法并没有对它作出应该公开的要求,因此,技术权利人或许会把一些最适合的实施方式以技术秘密的形式保存,且没有在专利说明书中对其进行说明。另外,在对技术进行实施的过程中,一些在对该发明或实用新型长期试验时发现的专业知识及技术信息也许会涉及。

由于转让技术的权利化程度和性质的不同,技术转让又可分为四种基本类型:

(1) 专利权转让。专利权转让是指专利人作为让与方,将其发明创造专利的所有权或持有权移交给受让方的技术转让形式。

(2) 专利申请权转让。专利申请权转让是指让与方将其特定的发明创造申请专利的权利移交给受让方的技术转让形式。

(3) 专利实施许可。专利实施许可是指专利权人或者授权人作为让与方,许可受让方在约定的范围内实施专利的技术转让形式。

(4) 非专利技术转让。非专利技术(技术秘密)转让是指让与方将其拥有的非专利技术成果提供给受让方,明确相互之间非专利技术成果的使用权、转让权的技术转让形式。

一般来说，技术许可双方都会签订许可转让合同，这是技术许可转让的一种表现方式。合同通常会包括一些比较复杂的问题，这些问题和双方的技术权利、经济效益存在关系，比如知识产权保护的方式、如何分享取得的技术成果、谁来承担研发的风险、怎样保密技术情报、侵权如何追究，等等。也会涵盖国家贯彻落实的一些优惠政策，比如在融资、奖励、税收等方面对技术市场扶持的优惠政策。合同标的物是不具有知识形态的商品，合同涉及的环节繁多、执行的周期长、价值的估算和酬金的计算、支付也不简单，所以合同一定要采用书面形式，还应该办理所管部门批准或执行的相关手续。

4.4.3 技术开发与商业化

4.4.3.1 技术开发

技术开发的特点是实验性强、经历期间短、存在风险小、耗费支出多。技术开发能够为企业直接带来商业价值，在大多数情况下被视为企业的工作。企业技术开发的具体做法虽然多种多样，但依据其路径归纳主要有以下四种：

（1）独创型的技术开发途径。这是指企业将科学技术作为引导，以进行独立的科学研究为基础来发明或者创造出新的科学技术。当代很多前端技术和初生技术的产生及发展都是基础科学研究有了巨大的进展后才发生的，而且它们不是对以往技术的简单改造和提升，而是现代科学技术制造的全新产物。这些产物的产生都经历了基础研究阶段、应用研究阶段、发展研究阶段，在第二阶段有了一些突破后再由第三阶段进行技术开发，从而推广和应用完成的技术。这种开发途径的产物一般都是科学技术最前沿的，一定程度上代表了其发展趋势，通常表现为全新的技术、全新的产品、全新的工艺和全新的材料，因此重视这种途径可以使企业在激烈的市场竞争中一直处于领先地位。另外，从基础研究开始研发会产生一些负面影响，比如增加了科研的难度系数、花费的时间久、投入资金多，且要求进行技术开发的人员具有较高的专业素养，这些只有拥有较强实力的企业才能做到。因此，具有实力的大规模企业可以选择这种独创型的技术开发途径来保持技术的领先。

（2）引进型的技术开发途径。这是指从企业外面（国外、其他地区、其他单位）引入与转化最新的技术。从其他国家引入优秀技术，可以提高我国的技术水准，缩小和发达国家的差距，加快我国现代化进程；从企业外部引进技术，可以加快企业的技术进步，提高企业竞争力；技术的先进性和经济性随着技术的引进，技术的应用也得到了证明，所以技术开发的风险较小，易于快速获取效果。引进的内容多种多样，比如技术相关的知识、设备甚至使用权，途径有"移植""嫁接""插条""交配"等。企业选择这些途径的时候要考虑其本身具备的实力，弹性挑选，应该重视引入技术的接收、消化工作，将其放在第一位。基于此，才能使引入的技术繁荣创造、创建或者归入企业的技术中。

（3）综合延伸的技术开发途径。这是指通过对现有技术的综合和延伸，进行技术开发，形成新的技术。其开发途径是将现有的技术进行两两组合或者多项组合，从而发明和产生出新技术和新产品，即技术的综合。曾经大多数专家指出这种方式是"二战"以后技术革新的关键特点。技术的综合可以划分为两种形式：①单项移植，相互组合和配对。这种形式通常都是将单项的技术或者产品作为主要技术，以此衍生出具有更优越的性能的新技术或新产品。例如数控机床和工业机器人的产生就是把电子技术移植到作为主体技术的机械设备上面。②多种学科技术的综合。通常情况下进行综合的技术都是具有高难度工艺且大规模技术的高层次技术。这种综合形式的产物一般都是比较复杂的大型技术或产品。比如，海上石油钻井装置的开发，就是集机械、光学、电学、计算机、信息传递、能源介质以及环境保护等多种学科于一体，高度技术综合的结果。

（4）总结提高型的技术开发途径。这种开发途径是在概括实际经验和提升现有技术性能的基础上，开发出新的技术。通常是指以小改造、小提议、小创造等作为主要部分进行的活动。虽然技术原理是由科学进行指导才产生的，但我们也不能无视实践经验的作用。随着知识经济时代的发展，职工的文化水平逐步提升，群众中会逐渐涌现出"小改小革"的技术成果，达到某种规模后，很可能会使企业的整体技术素质得到提高。

4.4.3.2 商业化

现如今,全球各个国家将科技成果的商业化、产业化作为其科技政策最重要的问题之一,把它称作国际性命题。当然每个国家都有它不同的名字,很多国家称之为科技与经济的合作,实际上是如何把科技成果变成现实生产力的问题。一直以来,我国政府都大力支持科技成果的转化,并且出台了很多相关的支持保护政策,甚至划拨专项经费扶持。但我国仍有很多高校产出的成果仍然很难实现真正的转化。一方面,高校缺乏有关资源,获取投资较困难,寻找不到适合的合作伙伴;另一方面,其进行科研的人员比较重视技术本身,缺乏进行技术商业化的经验等。

科技成果商业化分为科技成果商品化和产业化两个层次。从整体看,科技成果应用于市场经济条件下的社会再生产总过程,转化为市场产品的现实生产力,这是整体而言。从局部看,科技成果作为技术商品,经过技术市场的交易,实现成果所有权或使用权的有偿让渡(郑积源、李东松、张继尧、彭璇,1998)。

企业知识创新的模式由封闭向开放的发展对高校也提出了要求,其创新模式也应该向开放化发展。高校是知识创造和技术开发的源泉,高效率开展高校的科技成果商业化策略将会积极地促进社会生产,提高企业创新实力(张立宇,2009)。

(1)高校科研成果商业化产生巨大的社会效益。高校和企业进行合作将科技成果商业化会使整个社会都受到利益的冲击,尤其会促进地方产业的繁荣。包括增加工作机会,加快研发生产新产品,提高当地的教育质量等好处。比如,欧洲专利局从20世纪90年代获取专利的发明中挑选出来36个对经济做出巨大贡献的进行奖励,授予其2006年度"发明家大奖",这些专利中有将近一半的专利是被公共研究机构发现的,1/4是产学合作得到的概念的证明。还有一个例子是伦敦帝国学院,其成立的帝王创新科技商品化公司自1997年开始陆续为社会贡献了1000多个工作岗位,获利达3000万英镑以上。

(2)高校科研成果商业化有利于提升我国企业的创新能力。目前,我国创新体系的建设存在的关键障碍因素就是企业普遍较低的创新力。高校、企业、中介机构和政府等创新参与主体对网络的建设程度决定了企业获取知识的能力。地方的经济创新力主要是依靠企业的创新力推动，而在创新组织中，知识如何流动则主要是通过知识获取的能力大小来体现的。一些学者认为，在逐渐激烈的市场竞争中，市场对于高技术产品的接受度以及接受时间，还有其竞争能力高低和推广速度等都有较大的不确定性。因而开放式、合作式的创新模式更有利于有效的风险承担机制的形成。

（3）高校科研成果商业化保证自身的长远发展。从高校的角度来说，科研成果进行商业化会获取巨额利润，因而公立资助资金的不足一定程度上能够得到弥补，可以使用这些资金继续深入研究该项目，也可以投入到新项目中，以此高校自身的发展也得到了促进。但是，成果商业化带来的好处不应该只是经济上的利益，相反，主要的作用应该是长期存在和间接的。比如：研究机构与企业形成的相互信任关系可以帮助机构与企业成为长期合作伙伴，合作不是一次性的；加强研究机构的科研活动，企业为研究机构提供先进的技术有助于研究机构提高竞争优势，更加方便快速地掌握市场需求以及企业存在的问题；通过合作关系的成功和新产品的市场认可度来帮助研究机构提高声誉；可以促进研发方和企业之间进行人才交流，让企业从高校中聘用新毕业生。

高校进行科技成果创新，实现科技成果的商业化，目前应该首先关注以下四个问题：

（1）树立全面的需求观。科学发展带动技术发展，如果科学没有出现新的发现，那么技术就不会存在新的突破，这一点不可否认。另外，社会的需求也是技术发展的动力，需要重视。技术的发展很大程度上受社会与经济需求的影响，往往已经掌握了有些技术问题的原理，但因为社会需求不足或者经济能力不够，最后放弃。由于高校发展的历史原因，理工类的高校教师只关注技术的研究，不关注对成果的市场营销（何德祥，1997），认为市场营销不存在理论化，与技术不同，无足轻重，认为进行技术创新只需要保持产品技术的先进性和新颖性，物美价廉就一定能够销售出去，实则不然。

(2) 按技术创新的特点选择合作企业。高校选择进行成果商业化的合作企业时往往只考量该企业的生产技术水平、生产设备和人员能力，甚至企业具备的资金实力，却恰恰忽略了该企业市场营销组织的能力，特别是高层的市场营销观念。实践证明，并不是企业所有高层领导都具有正确的营销理念，都看重其经营销售活动。

(3) 组织上要"一体化"。以组织来说，技术创新应该将设计、开发、生产、营销四个方面在工作开始时就密切地配合起来，抓好合作，营销活动不应该是完成了测试开发或者设计工作以后才进行的。北京化工大学聚氯乙烯食品包装膜成型工艺及设备开发项目的组长对从外引入的样品机器的主要部分测试后，协同两家公司在科研项目招标时中标。签署协议后，他带队直接去江西、河南、广东等地方实际调查市场需求，对还未研究出来的成果进行营销。两年之后，他们研究开发出了三条生产线，四年后，生产线扩充制造到 31 条。根据相关报道，多个地方八个公司在生产线投入生产产品后获利达 1600 万元，使得薄膜不再需要从外国进口，大大节约了外汇。实践表明，组织上的"一体化"是技术创新成功的保证（何德祥，1997）。

(4) 培训有关人员。搞好市场营销工作，要培养企业领导和营销业务员的营销意识，让他们重视营销、善于营销。应该对他们进行相关的培训，提高他们的专业素质，健全营销组织，以更好地适应企业技术创新形象的发展。

4.4.4 获得实施收益

科技成果转化收益是指高等院校和科研单位通过成果转移转化取得的许可费、转让费、初学费、产品提成、股权以及其他与成果转移转化相关的收益。科技成果转化收益分配包括两个主要方面：第一个主要方面是指国家与科研院所之间的利益分配；第二个主要方面是指科研单位与科研人员之间的利益分配。在制定收益分配机制时，要充分考虑到这两个主要方面的利益协调。

(1) 建立科技成果权益初始分配制度。科技成果权益初始分配制度是指在科技成果刚被研发出来还未被转化时对当事人的权益进行登记固化、分配与确权

（李芃树，2018）。但目前，我国对这一制度的重视程度不足，尚未建立起相关制度。因此，国家和各地方应加强对该制度建立的研究工作，并在相关实践活动中不断进行完善。科技成果权益初始分配制度可以健全科技人员分配政策，并对其进行约束，从而保障政策法规中规定的对科技人员的奖励得到有效落实。科技成果权益初始分配制度可以有效保障科技人员享有应得的权益，从而促进科技人员积极参与科技成果的转化。科技成果权益初始分配制度属于一套司法制度，所以应由技术人员、科研团队以及科研单位共同协商。通过协商签订分配协议，不但可以保障科技人员的权益，而且对协调科研单位与科技人员之间的利益也有所帮助。当前，科技成果权益初始分配制度需要加入备案登记制度，以便政府部门对科研单位进行监督，这样才能确保协议得到有效执行，避免发生科技人员合法权益被科研单位侵吞的现象。与此同时，许多发达国家在对科技人员进行利益保障时，也主张使用行政手段进行落实。因此，为了使科技成果权益初始分配得到有效监管，引入科技成果权益初始分配的备案登记制度显得尤为重要。

（2）依法引导创新主体制定科技人员分配激励的量化规则。为鼓励科技人员的主动性和创新性，应在科技人员和成果完成单位之间建立完善的分配机制。支持科研院所、高等院校以及企业根据自身实际情况，制定专门用于给科研团队分配利益的规章制度，使科研团队也能够获得成果收益的分配，完善产权制度和科技人员长期激励机制。科技人员的贡献影响科技成果转化的收益，因此在制定对科技人员分配激励的量化规则时，应做好科研单位与科技人员二者之间的利益平衡，不但要确保科研单位的技术权利和效益得到保护，也要使科研人员的收益合理分配得到保护（郭英远、张胜，2015）。

（3）创新激励机制，激发成果转化过程中各参与主体的积极性。一是调整奖励重心，将经济奖励更多集中到成果转化的"后期"。由于成果完成人在专利授权时已经能够得到职称评审、导师聘任以及项目结题等利益，因此学校应该改变原有的激励机制，将奖励重心由"前期"调整至"后期"。如减少对"授权专利"的奖励而大幅度提高对"成功转让专利"的奖励，让每一个成功转让的专利能得到5万~8万元的奖金，从经济角度引导科研人员朝着成果转化的方面努力。二是增加奖励对象。各高校在制定文件时，可参照房产中介的做法，将"成果推广人员"（或技术中介机构）的提成给予明确（若推广人员为项目完成人，则提成归完成人所有），同时采取公示的方法防止利益输送。

（4）创新利益分配方式，试行以"校方定额获益"的方式进行分配。高校将成果转化所获得经济收益的很大部分给了成果完成的个人或者下属单位。究其原因，一方面高校成果转化收入少，另一方面高校属于公益性事业单位，有足够的资金运营。尤其是开始创建高水平大学后，各省成立了专项资金，各个高校的经费还算充盈，成果转化收入对于任何一所高校来说都是凤毛麟角，甚至可以忽略不计，多是象征性的意义。因此，建议高校特别是高水平重点建设高校先行先试，对有效专利成果进行成本计算或评估，以评估价或成本价作为基数计算学校收益，实行"校方定额获益"方式进行成果推广；若成交价高于评估价，则其余收益归完成人及成果转化机构共享。以成本价交易虽然对于学校是一种很大的让利行为，但却能避免很多专利技术因社会发展或交易费问题而荒废，即使是个别专利由于买方及发明人苦心经营而获利丰富，对于发明人及受让方却有着很大的激励作用，也能从另一方面体现高校服务社会的功能。

4.5 高校科技成果转化能力建设

教育部、科技部共同发布的《关于加强高等学校科技成果转移转化工作的若干意见》中提到，鼓励高校在不增加编制的前提下建立负责科技成果转移转化工作的专业化机构或者委托独立的科技成果转移转化服务机构开展科技成果转化，通过培训、市场聘任等多种方式建立成果转化职业经理人队伍。发挥大学科技园、区域（专业）研究院、行业组织在成果转移转化中的集聚辐射和带动作用，依托其构建技术交易、投融资等支撑服务平台，开展技术开发和市场需求对接、科技成果和风险投资对接，形成市场化的科技成果转移转化运营体系，培育打造运行机制灵活、专业人才集聚、服务能力突出的国家技术转移机构。高校要充分利用各级政府建立的科技成果信息平台,加强成果的宣传和展览展示;鼓励科研人员面向企业开展技术开发、技术咨询和技术服务等横向合作,与企业联合实施科技成果转化。

4.5.1 高校科技成果转化需要的专业能力

高校和科研院所是我国科技成果的主要来源,其培养的创新型年轻科技人才不仅是科研活动的主要部分,也是科技成果的主要创造者,更是主要的成果转化工作参与者之一。由于科技成果转化的过程是分阶段进行的,所以会存在一些相互衔接的问题,因此,我们要想提高科技人才在成果转化方面的能力,就需要从根本出发,加强培养其科研学术能力、科技成果商业化能力和对市场的掌控能力,从而让研究开发过程、成果转化过程以及在市场推广应用过程三者更加紧密地衔接在一起。

(1) 内部营销能力。科技成果转化工作的起点是拥有高质量和高水准的科技成果。我国很多高校及科研机构虽然建立了完善的成果披露制度,科研人员也会把最新研发的科技成果按期送交转化机构,但在进行实际操作时,往往对有些成果的信息披露并不完整。对于高校成立的成果转化机构来说,其主要工作不应该仅仅局限于依赖科技成果披露制度的规范化和行政化来取得高水平的成果,还应该主动出击,在转化机构内部展开营销活动。其应该积极主动地与研发人员进行沟通交流,及时获取科研活动的最新进程,发掘出那些拥有市场潜力和发展前景的成果。通过这种良性互动,他们之间的信任度也会上升,从而激发他们的积极性,让他们主动地上交质量较高的科研成果来对其进行披露。转化机构可以组织各种各样的活动来进行内部营销,其中包括自发参与科研团队组织的内部会议、提供开放免费的茶食与场所让科研人员交流、派发相关宣传资料和一些指导小手册、召开专门的宣讲会等等。

(2) 价值评估能力。评估科技成果的市场价值需要具备很强的专业性,转化机构要对成果存在的潜在性价值做出全面判断，需要在全球范围内对相关的技术进行搜索、分析，还要调查市场对于该技术的需求性，同时以价值评估作为基础，对成果的后续问题有针对性地安排，比如成果的培育、保护方法、实施转化选择的模式，等等。因此，转化机构必须精晓所转化的技术本身、熟悉市场情况，具备专利检索、文献检索和分析市场等技能。当科技成果还处于发明披露的环节时，其尚不具备较高的成熟度，进行价值评估的结果可能很大程度上不能确定，所以能否发掘出其所蕴藏的市场价值，既需要评估人员具备较强的专业能力，还需要其拥有充足的实际阅历和对技术、对市场敏捷的触觉。

（3）科技成果培育与保护能力。科技成果的培育和保护环节相辅相成。在成果披露阶段形成的成果一般成熟度不高，对企业没有吸引力，或者成功转化但是前期获得的收益较低，因此要适当地对科技成果进行"加工"与"包装"，增加其市场价值。转化机构可以通过定向研发满足市场需求的成果，提升技术本身的性能、降低研发风险和相关成本或者获取一整套实验数据以争取获得科技成果权利的更大要求范围等来为科技成果实现增值。对于成果的知识产权保护，既要和科研人员进行密切的交流合作，依靠专利检索分析创立对应的专利布局，以核心专利为中心构建保护体系，也需要转化机构在专利申请时，与代理机构深入沟通，在答复专利审查意见时，要保证专利价值达到最大化，布局最完善。科技成果的培育与保护同样要求转化机构保持在专利检索、分析、预警方面的专业性。

（4）技术营销能力。科技成果转化机构应该积极主动地去搜寻那些技术承载力强、技术开发资源多、销售网络全的合作方，协力把技术推向市场。技术营销并不是将技术情况简单地进行介绍，转化机构要搜索全球的企业信息，找出有潜在成果需求的企业，主动将成果进行推销，抓住机会进行合作，通过谈判与企业成功合作。技术营销通常离不开持久繁杂的商业谈判，因此需要转化机构拥有过硬的谈判能力。若是对外企进行营销，谈判团队还要精通英语，掌握国际上和该国家成果转化及商业领域的相关法律法规。

科技成果转化机构除了要具备以上四种主要能力以外，还应该具备一些辅助能力，比如商业运作能力，设计恰当转化模式，拟定可行性商业计划，拉取风险投资,协调科研方、企业、政府、社会资本等各利益方关系的能力。这些专业能力的高低有无实际取决于科技成果转化机构是否拥有技术、市场、法律等领域的专业人才。

4.5.2 关于高校科技成果转化能力建设的思考

科技成果转化是促进"科技"与"经济"结合的关键环节。高水平研究型大学的建设,始终要以科研成果产出为核心,科研成果必须转化为推动发展的直接因素才能发挥其效力,因而科研成果转化能力至关重要(王海宁、李珊珊、栾贞增,2018)。

为了提高我国高校的科技成果转化能力,提出了以下几点建议:

(1)加大对高校科技成果转化的资金支持。科技成果的转化通常会经历实验室研究、中试和生产阶段,因此需要保证投入足够的资金,如果没有充足的经费,科技成果的转化就只能搁置在实验室,一直处于研发阶段,不能进入下一个中试环节来测试其是否适合进入市场批量生产,最后可能出现科技成果效益高但不能转化的现象。这也是许多中西部省市的高校科技成果转化水平不高的根本原因,所以地方政府应该加大资金方面的投入,帮助高校的成果进行转化,也丰富了高校的融资渠道。

(2)完善高校科技成果转化的利益分配和激励机制。目前来说,就科技成果转化方面,我国还未建立完善的利益分配机制,虽然《中华人民共和国促进科技成果转化法》中明确规定要奖励对成果转化做出伟大贡献的科研人员给予相应报酬,但未说明对成果收益应该在其他团队成员、院系和学校之间以什么比例进行分配。因为利益机制的缺失,在实际转化工作中,造成了不少的利益纠纷。基于此,政府和高校应该进行探索和研究,建立完善的分配制度,对收益分配的执行比例明确具体地做出规定,确保成果发明人和持有人拥有成果转化的主要收益,同时也不应该忽视对科研人员的奖励。另外,科研人员的转化激励制度也需要探索,比如把科研人员的考核评价和成果转化的收益结合起来,给予科研人员薪资、晋升职务、评选职称方面的奖励，同时对成功转化的典型案例加强宣传，以此来激发研发团队进行成果转化的主观能动性。

（3）成立专门的高校科技成果转化管理机构。目前，很多发达国家的高校已经设立了专门进行科技成果转化的管理机构，例如美国的技术许可办公室（Office of Technology Licensing，OTL）、英国的工业界联络办公室（Offices for Industry Liaison，OIL）和日本的技术转移机关（Technology Licensing Organization，TLO）等。高校通过对科技成果工作进行统一策划、制度化治理，既加快了成果转化工作的进度，也促使了成果转化工作更加的专业和规范。基于此，我们可以总结转化较成功的一些国家高校的方法，加大专业机构建设的力度，建立成果转化相关制度，统筹管理成果的申请呈报、价值估算、实施转移等工作；企业与高校应该多交流、多合作，对产学研这种模式也要持续完善，合作机制也应该深入革新。与此同时，不能忽视对专利和知识产权的保护，维护各方利益，创造良好的转化环境。

（4）大力扶持科技成果转化中介机构的发展。高校的成果转化工作涉及众多，比较繁杂，需要许多中介机构的帮助。由于我国不健全的技术市场，很多配套服务不能供给，高校的融资渠道又比较狭窄，导致很多拥有商业价值的成果无法成功转化。因此，中介机构需要政府加大扶持力度，帮助其快速发展，激发市场和社会的动力，更好地提供成果转化相关服务，为高校、科研机构和企业等建立合作的桥梁，加快高校转化进度。另外，政府还应该制定有关政策对中介机构进行引导，加强对其专业能力的培养和业务水平的提升，从而促进成果快速转化。

（5）建立健全风险投资机制，实行科技成果转化的多元化投入。没有完善的风险投资体制是科技成果转化最大的障碍因素。据有关数据统计发现，风险投资在我国科技成果转化完成中只占2.3%的比例，但美国却超过了50%。所以，颁布与科技成果转化相关的风险投资制度刻不容缓，从法律上对风险投资重视，明确其法律责任，实行方法，督促措施，创造良好的法律环境；拓宽风险投资的路径，敞开科技成果风险投资的市场大门，建立从国外和民间进行融资的渠道，形成多元化的投资渠道，扩大科技风险投资的规模。

第5章 高校科技成果转化的模式

5.1 高校自主转化科技成果

《科技成果转化法》第九条规定：科技成果持有者可以采用下列方式进行科技成果转化：①自行投资实施转化；②向他人转让科技成果；③许可他人使用科技成果。该条例属于自主转化模式。从高校视角来说，自主进行科技成果转化的模式是学校依据已有的政策和所处的环境，自己创办企业，为成果转化提供条件，比如北大方正、清华同方、工大高科等。

5.1.1 高校开展"四技服务"

高校每年都会产出大量的科研成果，可是因为科学研究耗时较长，与市场已经脱节，因此高校和企业两者之间都具有较强的相互需要，企业渴望依托高校的技术开发优势来为其研发新的产品、改良生产工艺和对技术进行革新，高校则想依靠企业的资源将研发的成果转化为生产力，它们可以通过技术交易的模式来实现各自的目的。技术交易是指高校通过对专利估价或者授权许可专利权等形式，让产出的成果和市场、科技紧密协作，从而长短互补，创建产学研合作的成果转化体制。

按照技术流通和服务的形态分类，技术转移的路径有四种：技术开发、技术转让、技术咨询、技术服务，即"四技服务"。从《促进科技成果转化法》中对科技成果转化的描述来说，除了技术开发其余都属于科技成果转化，因为它们是由委托方提出条件，受托方运用本身的知识、技术、实力等产生与技术相关的行为。但是，这些行为发生的目的是帮助科技成果进行转化，即"测试、开发、推行、应用"等活动，那么其就是科技成果转化行为。

5.1.1.1 技术开发

技术开发是把科学技术转化为社会生产力的必要步骤。其特点是：试验性强、时间较短、风险性较小、所需费用较大。高校开展技术开发是指企业提出需求与要求，高等院校以此为基础将进行的科研活动所获取的相关知识或者相关技术运用在企业的新产品研发、工艺进程改良等方面的技术活动。该项服务是从企业与高校签订技术开发合同开始，到研发成果符合合同的要求截止。在技术开发活动中，签订合同各方要对合同内容承担责任与义务，同时可以享受相应权利。由于研发活动周期较长且较复杂，因此具有风险性，所以在高校与企业签署合同之前应该进行足够的交流与沟通，对双方应该承担的责任与义务进行清晰明确的列示。

另外，技术开发还涉及研发活动结束后所获成果的知识产权归属、转让、许可等问题，所以在双方签订的技术开发合同中应对该项内容进行明确规定。《中华人民共和国专利法》及其实施细则中指出，如果形成的发明创造是由不少于一人的个人或者单位共同完成或因接受委托方的委托而形成的，已经签订合同的除外，其专利所属权应该归独立完成人或者协作完成的个人或单位所有。

技术开发有两种形式，即委托开发和合作开发。委托开发指的是转化机构首先购买很多的成果，再从这些成果中选择出有市场前景且对国家经济繁荣有促进作用的成果。因为开发这些成果的资金需求量较大，企业没有能力承受，转化机构就投入资金。企业利用自身的技术和设备代其将成果转化为产品进行生产,当这些产品能够带来利润时,企业再对机构以借款的方式进行偿还。这种转化形式虽然一定程度上也加快了转化过程,但这些机构一般是由政府分派的人或者学校老师组成的,他们不了解市场,也没有足够的专业知识。同时,服务人员不善于和企业交流沟通,也会降低成果的转化效果。再者,我国法律体系不健全。这种模式的缺点和局限也跟着经济的加速转型慢慢显露出来。在这种情况下,要想能够跟上科技创新和经济转型的步伐,高校就应该对成果转化的体系持续革新健全。合作开发指的是一所高校和另外一所甚至多所高校、企业通过采用多种开发形式进行联合技术开发。要运用这种模式,也不能忽视以下问题:其一,高校成果转化没有健全的管理机制,成立的董事会有名无实,未建立有效的协调制度,合作的时间也不长,无法创造出关键产品。其二,各个合作方之间利益分配存在冲突。在此种模式下,如果不能恰当地对利润进行分配,则可能会屡次出现经济纠纷和利益矛盾,更有甚者,或许会使双方关系僵化而暂停合作。其三,很多合作都是形式主义。在合作之初,双方会签订合作合同,可是由于参与双方的合作等级普遍不高,因而无法形成长期合作,也不能创建一个互利共存、相互协作的运行机制,导致参与方的责任与权力模糊,合作效率较低。

5.1.1.2 技术转让

技术转让是指高校依靠技术转化经理人、第三方中介机构或者高校自己,把科技成果的使用权通过签订协议的方式转移给企业,因而获取收益,同时依照协议要求,后续对企业技术人员进行技术培训、技术完善以及技术服务,等等。在进行实际的转化工作时,高校也可以以技术许可合同、专利转让合同、委托开发合同和合作合同等方式把科技成果转移到企业。高校把创造的科技成果直接推向市场参与者,不仅能够得到进行后续研发活动的资金,提高其在社会上的声誉和知晓度,而且能帮助企业走出在扩大道路上的技术困境,高校企业的联合使得资金、信息、技术的不对称问题迎刃而解,最大限度地优化了资源的使用率。对于企业来说,可以利用高校的成果改良技术、改善结构,减少企业的生产成本和营业成本，获得较高的投资回报率和巨额利益。

技术转让模式的实施途径：一方面，高校专利发明人和管理人员通过各种渠道，寻找到愿意进行专利转化合作的企业；另一方面，企业因为要攻克技术问题、寻找新项目等，会积极地去高校搜罗一些有市场潜力的成果。这种模式的特点在于：首先，高校进行转化的标的物是自己研发且已被授予专利权的成果；其次，合作方只包括高校、企业，两者的交流成本不高，容易形成共鸣；最后，由于相关人员自身能力有限，在最后交易的过程中所获取的利润很少，无法从根本上发挥科技成果的自身价值。

技术转让有两种方式：第一种是通过技术中介间接实现转让，其可以在转化流程中，帮助企业和高校传递信息，通过技术转让和拍卖等形式，不仅可以帮助高校快速转让研发成果，也能帮企业搜寻技术来源，突破技术瓶颈，更是科技成果转化的"催化剂"。该模式的优势在于高校不用分散科研精力去进行转化，转化工作可以全部交给企业和中介机构进行，风险不大，投入回报高，但也存在一些缺点，高校能够获取的利益不高，接收的企业不易进行技术的后续开发。第二种是专利出售直接转让，出售专利的意思是成果研发方将所有与成果有关的资料按照约定价格一次性卖给接收方，让其独立完成成果转化工作。相较于第一种方式，这种方式具有流程简单，中介费用低，能快速获取回报的优点。劣势是需要科研方自己主动地去找接收成果的企业，这就要求他们必须了解市场情况，不然较难成功出售专利。同时，科技成果在立项时没有考虑市场因素，不具有指向性，很大概率会使技术被搁置。

现如今，中国还没有相对较成熟的科技成果转让模式，是因为下面问题还未得到解决：其一，高校和企业之间缺乏能够进行交流的平台，无法实现知识、人才、信息、资金、技术的共享，高校的成果与企业和市场的真正需要脱节，高校所拥有的科技能力也许远不能解决企业在成长过程中所出现的问题，两者还应该增加彼此之间的交流；其二，高校进行技术转让的目标是实现技术和专利的最高价值，可能存在某些成交价格太高，但企业的目标是技术具有平稳性、实际效用和最低价值，承担不了太高的价格，双方的目标不一致使得转让更加艰难，最终高校成果虽然很多，但大多都在"休眠"；其三，技术中介的管理服务完善度较低，技术的转让方式没有自主选择权，还有高校对科技成果的产权保护意识不强，保护力度不高，转让成功后，利益如何分配不明确，最后导致我国所有高校在成果转让方面整体数量偏少。高校以授权许可的方式转化成果，可以使成果完成向生产力的转化，能够在市场上应用和推行，可以促进国家的科技实力提升和科学技术创新，继而推动全社会市场经济前进。

5.1.1.3 技术咨询

高校技术咨询是指高校的老师或者科研人员利用自身的知识和信息优势，为企业、政府、社会机构等委托方提供决策所需的专业参考意见和解决方案。通常，那些拥有完备的学科、人才聚集、信息流畅、态度积极的高校会进行技术咨询活动，它们从总体上全面剖析，聚集各方面的专家共同讨论很多经济和技术方面的问题，然后拟定详细且具有可行性的建议或者举措，以便政府和企业在进行抉择时参照。

技术咨询的标的物具有丰富的内容，其中有和科学技术与经济、社会发展的软科学研究项目及专业性技术项目相关的。在技术咨询合同执行中，委托的一方应该给接受委托的一方提供所有与技术相关的材料和良好的工作设施；受托方需要利用其掌握的专业知识、本领、信息以及阅历，应用最新的研究方法和技术，进行考察探究，拟定咨询合同，提供多种选择方案，以便委托方参照。一般情况下，接受委托的是高校、大专院校和科研机构，委托方则是政府有关部门、机构和制造企业。

5.1.1.4 技术服务

高校提供的技术服务是指高校教师或者相关科研人员为企业、政府、社会机构等解决某些技术难题而进行的多种服务，比如进行非常规性的计算、设计、测量、分析、安装、调试，以及改进工艺流程、进行技术诊断等各项服务。

在技术转让完成以后，高校会与企业长期合作，组织专题讲座、现场指导等对企业的技术员进行培训，让科技成果实际转化为生产力，提升企业员工的技术素质和生产效率；在服务时，高校还要收集技术的试验数据，监督、把控、评价各个生产流程，完成生产调查报告，确保技术服务经历运行、测试和调节；在技术平稳运行之后，高校要和企业深入合作研究，发掘技术存在的改革潜力，完全体现技术的成熟性和先进性。

近几年，我国科技发展迅猛，产品推陈出新速度快，技术的精准度持续上升，技术服务也不再局限于单一的销售后，而是逐渐向销售前靠拢。技术服务的方式，依据产品在市场上的份额大小和操作简单与否来确定。再者，在签订的协议中，对参与方享有的权利和承担的义务以及失约责任的阐述应该清晰明了、详细周全，对于在协议执行中，除事先有约定之外，形成的成果和创造应该归属接受委托的一方。相同地，如果除了有其他约定之外，委托方以受托方形成的成果和创造为基础再进行研发产出新的成果，应该归委托方所有。

技术服务与技术咨询类似，都是高校教师与科研人员将所拥有的知识转化为实践，产生实际生产力的有效途径。站在高校角度来看，技术服务一方面具有促进高校成果转化的关键作用，另一方面也使人才的知识资源能够被完全运用，帮助相关人员攻克科学研究和生产制造过程中技术方面的难关，推动科技前进与创新，进而推动国家发展（潘谷平、章滢，2001）。

总体来说，高校选择"四技服务"这个模式来进行科技成果的转化，一方面，可以加强高校与企业之间的联系，帮助高校更好地获取市场需求，从而有针对性地进行科学研发，减少高校企业之间的信息不对称问题；另一方面，这种模式有助于高校和企业最大限度地发挥自身具有的科研和经营优势，同时企业提供科技成果产业化的资金，成果转化的速度较快，转让方式也较为灵活。但这种模式也有一些自身的缺陷，主要问题是该模式下高校教师和科研人员并没有真实地进入企业了解企业的实际情况，因此对于企业后续产生的技术问题不能实时更新。另外，高校也容易因企业要求研究而失去对自己科研成果的控制权。

5.1.2 高校自办企业

高校将研发的成果转化形成产业的意思是，高校将拥有的具备专业特点且较成熟的研发成果通过高校自己创建企业的形式进行转化并形成产业。以这种方式对高校成果实行转化、管理，很大程度上会提升成果的转化速率，可以在短时间内更加高效地将其产业化。在转化执行中，自己创办的企业获取技术信息比较方便，例如可以更直接获得科研项目的进程资料，也能更方便与研发人员进行沟通、交流，等等，这些都能帮助缩短成果转化周期。同时，高校可以与市场打交道，帮助企业快速搜取信息，掌握市场需求，从而有利于高校研发出更易推向市场、更易产业化的成果。总的来说，高校自己建立企业更易于高校自己管理转化工作，提升转化效率。

5.1.2.1　高校自办经济实体

自办实体模式是指高校以政府的政策文件和法律为基础，自己创建公司或者成立企业，凭借自己的实力对科技成果进行转化。也就是说，高校通过多渠道的资金筹措，自己产业化研发的成果，继而将产品投入市场，获取收益。一方面，高校能够在市场中掌握一手信息，转化率高，在短时期内以产品化的成果取得经济利益；另一方面，关键技术由研发团队控制，他们对成果的各方面性能都特别熟悉，成果商业化以后，应该怎样进行定位，应该朝哪个方向发展他们都很清楚。因此，在进行成果转化的整个过程（包括研发、转化、后续开发）中，他们都可以提供高效的技术帮助，不需要二次开发的过程，大大减少了转化期间。同时，高校具有丰富的资源，有很多复合型的人才，可以在商品化过程中，充分展示其才能，降低转化成本，提高成果转化率（陈美霖，2015）。此模式还有一种形式，高校对成果作价，以股本的形式投入企业，即将高校产出的某项成果作为根基，将科研的核心成员作为主要力量，与市场上的有关企业联合成立或者扩展成立科技企业，实现成果的转化（司云波，2010）。

在20世纪80年代的后期，我们国家那些具备科研实力和人才资源的学校就依托本身拥有的技术成果创建了经济实体，例如北京大学成立的方正集团、清华大学建立的同方股份有限公司和紫光股份有限公司，南开大学创建的戈德集团有限公司等（刘静，2013）。由于这些学校创办的企业有已经研发好的技术和成品，且高校会将高水平的毕业生持续的送入企业，使企业的成长有了不同的进程。还有一些企业以拥有的专利技术作价入股的方式创办企业，例如南开大学2018年将拥有的"以熔融纺丝纤维为骨架体内构建工程化动脉血管的方法"这项专有技术以540万元作价入股成立公司，无形资产形成的股权中20%由天津南开大学资产经营有限责任公司持有，80%奖励给开发团队。

但这种模式对高校也提出了更高的要求，即高校要具备强大的科研能力，拥有足够的资本，健全的成果管理体制和先进的运营观念。因为高校属于事业单位，没有营利性，其本身的运转资金主要来源是国家拨付额度和银行借款，没有进行生产的充足资金；研发人员重视成果的开发过程，疏于管理，也不具备企业管理和运行能力，导致许多高质量的人才都止步于理论，没有开辟市场的能力，因此，我国高校自己创办的企业很少有较成功的。很多高校自办企业的发展并不顺利，也恰恰反映出自办经济实体在运营中有许多的问题，这种模式自身也有很多的弊病。总结来看，主要体现在以下几个方面：

（1）校企不分，缺乏良好的经营机制。自办的企业进入市场与其他企业进行竞争，要具备超强的随机应变能力。因为这些校办企业是挂靠在高校经营，没有自主权，所以其通常没有活力和灵敏性，甚至继续生存都很艰难。还有，我国的计划经济也对其产生了消极作用，导致高校对校办企业的干预太多。还有一部分的高校自办企业没有依据有限责任对人员任免、经营方向、利益分配和相关制度的要求建立企业（公司），没有完善的经营体制，存在校企不分的现象（孙元花，2005）。

（2）产权不清，企业缺乏发展资金。高校自办的企业科技成分较高，无形资产所占比例高。再者，还有一些学校会将自有房产进行评估，当作初始成本，注册资本无形化，致使企业的产权不清，在对员工进行业绩评估时就会较含糊，当企业具备一定实力之后，就会引发一连串的新问题和产权冲突。其中，最凸显的是企业在发展道路上，新出现的部分就会发生产权归属不清晰的问题。与此同时，由于这些校办企业很多都没有像现代企业一样制定相关的管理制度，存在资产权利不清晰，责任权力不明确，使企业难以从资本市场获取再发展的基金。自身融资能力不足也直接影响了企业的成长，阻碍了其发展。

（3）管理薄弱，缺乏有效性的管理机制。高校形成的产业拥有资本、技术集中，增长速度快，获取收益高等特征，与传统企业相较来说，其应该更加关注组织整体性、管理灵便性和人文关怀。但我们国家都是高校委任管理人员对其创办企业进行管理，他们往往都具有很浓的技术色彩，一些可能是某个项目的主要负责人，所以在运营企业的过程中一般会过度仰赖技术而不重视管理，这导致在企业成长道路上易于出现决策上的过失，例如企业内部职责模糊、很难创建有效的鼓励制度等。

（4）发展环境有待培育，保障体系不够健全。近些年来，各层级的政府部门从社会各个角度对科技成果的转化体系加大了建设力度，比如技术经济、技术创新、咨询服务、技术服务、技术评估等都取得了不错的进展，产生了一定的规模效应。但从总体上看，还应该对体系的各个阶段、各个方面都抓紧进行完善，特别是营造学校自办企业成长的合适环境。总而言之，虽然这些企业也具有发展所必需的条件，但还未拥有继续发展必须具备的条件。

（5）市场意识不强，产品缺乏竞争力。现有的好多高校自办企业是在校办企业创建潮流中由学院成立的小型企业，它们的相同点是企业的范围小、业务不集中。经历好几年的奋斗，一些企业成功扩大，也有一些到现在还是"小作坊"式的运行模式，它们的经营效益不高，抵抗风险的能力偏弱，竞争力也不高，没有发展潜力，不易于创造规模效应。有的企业甚至于出现巨额损失，负债甚多，这对高校的名誉产生了消极影响。而且，因为利益分配矛盾或其他理由，很多的企业和高校学院之间的关系较僵硬，减弱了企业的科研能力，导致企业没有足够的创新力，产品趋于市场之后，缺乏市场竞争力。

5.1.2.2　师生自办企业

师生自办企业指高校的科技成果持有者或者科研团队，创造条件自己创办企业，实现自己科技成果的转化。采用这种转化模式的主体，一般都已经研究开发出了具有较高科学技术含量的科技成果，但由于其拥有的技术与现实生产力需求存在一定的落差,市场和其他公司或许不能立刻接受。师生自己创建的企业一般都是中小型企业,其不仅可以处理技术自身已有的转化难题,而且也能完善技术成果研究开发的进程,同时持续性研发适合销售、与市场需求契合的新成品,使科学技术和市场产出紧密结合。

师生发起企业的优点在于新创企业具有较强的研发能力,比较容易获得高校的人力、设备等资源和技术方面的持续性支持,研发人员对技术和市场发展拥有更大的控制权,如果企业运行成功,能够为研发人员带来极大的激励。对高校师生,尤其是在校学生而言,不管成功还是失败,积攒的创业经验就是一种人生财富。对地方政府而言,衍生企业能够创造新的就业机会,具备实现爆发式增长的潜力,因此备受青睐,各地政府也陆续出台各种支持教师离岗创业的优惠政策,并实施条件优越的"创新创业"资助项目,建立高校师生创新创业基地,吸引高校师生带着科技成果到当地进行产业化。然而,此模式也存在自身的缺陷,高校教师的专项是技术研究开发,在生产商品和市场推销方面缺乏专业性。所以,他们自己创建企业的过程一般会更加困难,且在目前的经济环境下,该模式还未得到高校评价政策和制度的支撑,高校教师、学生还普遍不是很认同其价值。

> **案例:上海交通大学科研团队自办企业**
>
> 在2004年,上海交通大学下属的机械与动力学院组建的科研团队创建了上海神舟汽车设计开发有限公司。他们创建企业的初心是为了把团队研究开发的节能环保型车辆以及其关键部件等核心技术商业化。他们明确地知道科研、教育、生产之间存在的间隙,知道横跨在技术和产品之间的间隔不只"一公里",而是更加深远,于是决定自己创办实体企业。
>
> 2004年12月,神舟决定研发除尘车。2005年6月,造出了一辆福田底盘改装的样车,在普通路面和水泥厂进行了性能试验,试验结果是洗净率不足50%,

舱内积灰过多、布袋滤料破损等多个问题并存。试验之后,研发人员仔细破译,找到了做好吸尘车要攻破的首要技术难题是除尘。2006年4月,接到了第一台吸尘车的订单,技术终于走向了产品。但是,没有经过市场检验的产品,还称不上是真正的产品。因为从交车的那一刻起,设计的缺陷和产品的质量就开始困扰着神舟公司。先是副发直连风机导致带载启动困难,后是滤筒褶皱过深、过密,导致夹灰严重等问题。解决这些问题的过程,也是一个技术不断成熟和完善、产品更加贴近市场的过程。在与市场的不断互动中,神舟的技术越来越成熟。2006年10月,新产品参加了工博会,一举获得成功,接着是不断增多的订单。经过几年的技术积累和进步,从2008年3月开始,神舟的吸尘车市场开始"井喷",尽管还不时地有设计的缺陷和故障出现,但因其性能的优势和差异化,其进入市场的势头锐不可挡,上交大神舟的品牌效应逐年显现。

分析:从上海交通大学节能环保型车辆及其核心部件等关键技术转化的道路可以看出,高校科技成果转化并非坦途。产品的形成普遍要经历"概念—技术—产品—市场"的环节,最终进入市场的成功率很低。在从概念到市场的漫长过程中,需要扎扎实实把技术做好、把产品做好,这是科技成果转化最先应该处理的难题。很多优秀的概念、创意在刚开始的时候需要大量的经费,但是风投机构普遍只重视投资回报周期、投资利润等报表和企业的正规性等指标,因此在科技成果转化刚开始的时候不容易获取社会风险投资基金的帮助。神舟汽车设计开发有限公司在发展起步的关键阶段,风投没有给他们提供一分钱的资金,而产品生产出来以后,风险投资公司才接踵而来。同时,在产学研的合作中,不少科研人员为了获取资源,想尽一切办法通过考评。考评的关键在于取得资源的缺口,而不是对技术研发本身负责。高校这种重视数量忽视质量、强调物质条件,看不到人的主观能动作用的考评方式,现在还无法立刻做出改变,科研团队必须拥有必定成功的信心,付出更大的努力。上海交大机械与动力学院教授团队的成功说明,高校和学院的大力支持有助于激励制度发挥其作用。所以,高校应该着手建立一套激励科研人员、教师和学生,促进技术开发和科技成果转化的制度,消除教师学生的后顾之忧。同时,高校也要激励内部的转化机构发挥其应有的作用,让其成为名副其实的产品孵化器,把具有转化价值的技术,争取孵化形成产品,而不只是止步于汇集信息和公布技术名单。政府也可以利用孵化器来对高校的成果转化进行扶持,政府采购时应该更多地注重高校成果转化的产品,尤其是具有较高技术含金量、市场前途光明的产品。如果上海市卫生部门等没有向神舟公司下订单,上海神舟汽车设计开发有限公司就不会发展。

5.2 高校借助外力转化科技成果

高校除了自主转化科技成果以外,还可以借助外在力量来实现科技成果的转化。高校可以进行人才培养与交流、与外校联合、借助第三方中介机构和政府的力量促进自身科技成果的转化。

5.2.1 强化人才培养与交流

不管是在科技研发的人才数还是创造的成果数上,我国都有举世瞩目的成绩,但却仅有15%~20%的转化率,实际达成生产力的不足5%,和发达国家比如日本的80%、西欧的70%和美国的90%的转化率相比还存在巨大的差别(贾欢,2015)。实际上,科技成果转化率低不仅仅是一方面的因素,而是受到很多方面的影响,包括政府方面制定的政策、经费、融资服务等扶持程度,国家部门的指引、管控举措;社会和所属单位的薪资报酬以及所处的社会层级等。但是,不管是出于哪方面因素的作用,都必须体现在人才方面,缺少人才这个介质,或者人才没有进行转化的能力，即使拥有再优越的外部条件都是徒劳的。因此，加强技术转化人才的培养与强化人才的交流是高校科技成果转化的迫切需求。

科技成果转化不是单纯的技术传递过程，同时是知识流动和传递的过程。我国大部分的科技成果都产出于高校和科研院所，其培养的创新复合人才不仅是科研活动的主要参与方，更是进行成果转化工作的主力军，科技成果的转化阶段是分环节进行的，由此产生连贯性问题。要想解决问题，就应该从根源上出发，加强人才成果转化能力的培养，提升人才进行科学研究的知识储备、成果市场化能力以及对市场的驾驭能力，促使成果研发、转化、应用过程能够完美连接。高校可以通过与科技成果转化成功的其他高校和企业（公司）的优秀人才进行交流甚至校校、校企联合培养科技成果转化人才，从而间接地实现科技成果转化，提高高校的科技成果转化率。主要有以下几种形式的培养与交流：

一是高校可以建立技术转移学院，系统地培养科技成果转化方面的人才，精准培育具有法律基础、专利管理、企业创办、风险投资及国际商务方面经验丰富的复合型人才。由此培育出来的人才可以帮助高校缩短研发人员重视成果的研发过程等问题，从而更加专业地提升高校成果转化率。

二是高校可以和企业沟通，给科研人员提供去企业挂职实践的机会。这种方式有助于高校的科研人员实际考察企业或者了解市场的真正需求是什么，减少因企业高校之间信息不对称造成的科技成果滞销的情况，科研人员可以有针对性和市场性地制定符合的技术方案及研究，还能够帮助其研发的科研成果在企业中进一步完善、成熟、贴近市场，甚至孵化，最终帮助科研成果进行现实生产力转化。同时，高校人员更易于和企业达成长久紧密的合作，有利于科技成果的不断创新。

三是学校和企业联合培养专业人才。两方合作，学校依据企业的回馈与需求，有指向性地对人才进行培育，以市场需求为目标，重视对人才实践能力的培养，更易于向社会传送更有用的人才。另外，两者合作也能分享各自拥有的信息和资源，企业给予学校实验设备，学校为企业培育人才提供场所，有助于学生把在学校学到的理论知识和企业实践互相结合，促使校企在技术和设备上能够长短互补。另外，高校老师与企业进行信息和知识的沟通，易挖掘企业内在或者更准确的技术需求,提高科技成果转化率。

科技成果转化能力的高低对科技成果转化率有很关键的推动作用,因此,很有必要对我国的创新人才进行成果转化服务能力的培养。

5.2.2 高校借助外校促进科技成果转化

高校借助外校是指在领头高校的主导作用下,与其他一所甚至多所高校基于一致的目标和愿景,将自己学校所具有的学科优势和研究特长充分发挥,通过创建跨学校的协同创新平台来共享资源,取长补短,一起进行人才培养、科学研究甚至为建设国家和地区经济服务。校校联合不仅能够完全发挥每个高校的学科特色和专业优势,成立高校科技创新同盟,还能共同分享拥有的优秀教育资源,协同培养素质创新人才。

2011年6月9日,由重庆大学、西南大学、中国人民解放军第三军医大学、西南政法大学、重庆医科大学、四川外国语大学六所高校联合发起并成立重庆市大学联盟。通过地方大学联盟的形式,探索高等教育改革与发展的规律,推动地方的高校合作创新。综合来看,重庆高校的竞争实力和社会影响力都得到了全面提高。联盟成立至今,已建立了科学的协同创新机制,参与联盟的高校已经在各个方面展开了实际性的合作,包括学校管理制度、科研团队建设、人才教育、科学及社会服务、公共基础设施建设、国际交流与协作等等,成效日益显著(刘泽芳,2014)。另外,该联盟还开展科学技术研究合作,定期举行科技前沿公开讨论会,建立交流学术和分享信息的平台,联合组织申报国家和地方重点、重大科研项目,联盟成员学校间优先优惠开放现有国家及省部级重点实验室。在此合作框架下,重庆大学、西南大学共建三峡库区生态环境教育部重点实验室;联盟成员学校以优势学科方向为支撑,联合组织申报和承担国家重大研究项目和国际合作项目,联合申报高级别研究成果(蒋华林、饶劲松,2012)。此外,联盟学校还积极打造"重庆市大学联盟人文社科巴渝论坛",促进了学术交流与发展。

校校联合研发是将每个学校的优质资源进行聚集、将各个学校的创新力量集聚，协作攻克重要科技难关的有用路径。多所学校联合组成一个协作主体，一起呈报科研课题和项目，会增加高校科研立项的几率，吸引更多校外的资源进入高校；具有不同教育背景和科研特长的人员珠联璧合，组建跨学科的科技研究队伍，共同协作解决项目难题，有助于高校科研创新效率的提升，显著提升高校创新能力（潘锡杨，2015）。除此之外，高校共同研究也是推动建立创新国家、服务社会、经济发展的有效方法。很多个拥有浓厚学术沉淀、强大研发实力的研究类高校以组建创新联盟的方式，合作解决大批国家迫切需要的战略难题，在核心领域获得了前所未有的进步，陆续研发成功大批里程碑式的成果，为国家走向创新道路付出很多。无数所区域高校依靠它们所处的优越地理位置，以合作创新方式帮助地方政府解决阻碍经济发展的"短板"问题，促进了产业结构的调整和战略性新兴产业的发展，成为驱动区域经济社会发展的发动机。

案例：上海国家技术转移中心联盟

2010年，中国科学院上海技术转移中心、上海交通大学技术转移中心、华东理工大学技术转移中心、上海理工大学技术转移中心共建"上海国家技术转移中心联盟"，确立长期战略合作伙伴关系（严大龙，2018）。该联盟的合作内容主要包括以下几个方面：

（1）科技成果转化。"上海国家技术转移中心联盟"根据地方的需求和产业结构，向其推荐一批科技成果项目，促进院校高科技成果向地方企业转化；组织开展多种形式的产学研活动，以"工作站"的形式定期举行企业技术难题信息发布会、科技招投标会、高校科技项目推介会、科技成果展示交流会以及其他产学研合作洽谈、考察活动。

（2）人才交流合作。"上海国家技术转移中心联盟"激励高校委派科研人员去协作的关键企业、行业、地方工作；组织地方企业到合作院校参加人才供需见面会，为企业招聘工作创造便利条件；组织院校知识产权专家为企业举办知识产权保护方面的讲座，开展有关咨询服务活动。

（3）科研载体建设。"上海国家技术转移中心联盟"创造条件，组织、引导和激励区域内的企业和拥有特色院系和专业学科的高校（院所）共同创建服务企业的博士后工作站、技术开发中心、共性技术服务平台、公共实验室或中试基地等（李刚、张艺勤、黄旭峰、张桂新，2009），提升企业技术的创新等级，促进两者进行长久合作和不断创新企业的技术。

（4）决策咨询服务。"上海国家技术转移中心联盟"组织有关专家、机构，以区域经济的产业状况，举行科技论坛、专题报告会，开展企业技术诊断、科技信息服务等决策咨询。

（5）国际交流合作。"上海国家技术转移中心联盟"借助院校对外合作的资源优势，协助地方及企业建立对外交流平台，加强国际合作交流；提供涉外服务，协助地方对外招商引资工作，吸引推荐海外留学人员来地方投资创业，指导企业引进国际先进技术实施二次开发。

5.2.3 通过中介机构实现科技成果转化

目前，在科技成果转化工作的实际进行中存在一种现象：高校和科研院所有技术，可是却找不到需求方；企业对技术存在需求，但又不知道该去哪里找；两方好不容易走到一起了，又可能由于和预先期望的具有很大差距，最后拂袖而去。一方拥有技术没有转化平台，一方有平台但无技术。科技成果转化涉及前沿技术、价值估算、财务税法、金融、法律、知识产权等多个领域，生态链条的每个环节都需要专业化的中介服务。同时，我国高校对所研发成果的知识产权服务于企业的管理主要还是依据行业内、各地方政府的管理形式在运作，在转化方面多数缺乏专业的技术转化能力，高校本身的制度体制、机制和其所具有的文化特征也阻碍了其提升科技成果转化的专业能力进程。在条件允许的情况下，高校可以挑选合适的第三方中介机构进行合作，通过将拥有的科技成果进行购买或者全外包的形式，在较短的时间内实现成果转化。

科技中介机构是对进行科技创新的主要参与方在社会和专业方面提供服务，因而支持且推动其开展创新活动的机构。该机构展开多种服务，包括技术扩散、科技评估、创新决策、成果转化、创新资源配置和管理咨询等（王静姝，2015）。这些专业化的服务一方面帮助各个创新主体和市场不断进行技术与知识的快速流动，另一方面也能减少科技创新成本，减弱进行创新面临的风险，同时加速成果的转化，最后达到创新成果整体上升的目的。

现阶段高校建设的科技中介机构一般有以下几种形式：一是大学科技园。大学科技园作为一种中介机构，其服务的方式是集成式的（王晓娟，2008），其现已成为学校为社会提供服务的关键平台。利用科技园这个平台，高校的专业人才、前沿技术和知识能够滔滔不绝地向社会输送，因而进一步激励各个领域的技术创新和经济结构更新。二是国家技术转移中心。其是大学创建的最具标志性的中介机构。高校建立国家技术转移中心不仅可以促进前沿技术革新传统产业，而且能够鼓励高新行业的技术形成产业链。三是国家工程技术研究中心。建设国家工程技术研究中心，一方面可以对成果转化为现实生产力的核心环节进行优化，缩短转化时间；另一方面以企业进行批量生产的现实需求为主，强化已有成果的成熟程度、配比成套性和模块化水平，为企业引进、消化和吸收国外先进技术提供基本技术支持。四是生产力促进中心。其是一种非营利性的科技服务实体，是国家创新体系的重要组成部分，为广大中小企业提供综合配套服务，协助其建立技术创新机制，增强技术创新能力和市场竞争力，从而提高社会生产力水平，使经济发展保持旺盛的活力，其现已成为技术创新服务的中坚力量。五是高校科技协作网。其是由我国100多所高校构成、为了能够顺应时代的发展潮流才产生的中介机构。

但是，我国科技中介的服务与科技成果转化的实际需求之间还存在较大的分歧。例如，有些高校内部设立的转化机构缺乏专业性，许多都是学校的行政部门员工兼任，职责一般是帮助科研人员进行材料申报等一些机械性的工作；有些社会中介机构则普遍驻足于专利、申请补助等这些低等级的业务上，对技术价值的判定和发掘还尚需努力，也不够深入的了解产业结构。所以，需要进行成果转化业务的高等院校和科研院所应该尽快建立起专门负责转化业务的内部机构，对其运作所需的资金给予保证，且创建合理有效的利益分配制度和激励制度，激发工作人员的主观能动性，吸引一些高水平的复合型人才；对社会中介机构，政府应该制定有针对性的优惠和评定政策来给予支持，从而激励更多的社会力量参与成果转化。

5.2.4 高校借助政府促进科技成果转化

校政协同是指大学以自身所在位置、有特点的学科、专业和人才等亮点和区域政府进行协作的创新组织形式，目标是助推地方的产业结构转化和革新，促进地方的经济快速发展；同时，增强各方自己的创新实力和提高社会地位。我国地方政府以推动当地经济发展为执政目标，拥有许多推进科技成果转化所必需的资源。高校通过校地合作和地方政府建立起长期合作伙伴关系，可以有效降低高校在当地搜寻合作伙伴带来的成本及信息不对称风险，地方政府也可以通过合作给当地导入优质的创新资源，促进当地产业的转型和升级。

因为受到落后的科技研究观念的作用，我国高等院校比较看重学术水平是否前沿、成绩是否突出，忽视了将成果产业化的使命，轻视了科研成果的效用性、效益性和企业的技术需要。最终产生高校科研人员看重负责项目、发表论文和出版著作数量的科研方向，这就形成了高校每年成百上千的成果被置若罔闻的现象。校政协同不能缺少地方政府的指引政策和制度的支撑。在全部参与协同的主体当中，政府是仅有的行政管理部门，是能够制定政策的主体。校政协同是为了地方经济产业发展而形成的协同形式，政府更应该全过程积极参与。政府对协同创新网络创建的有效干预具有黏合剂的作用。

因此，政府应该加大消除科学研究和现实生产"两张皮"的现象。真正将高等院校的科研方向进行扭转，政府也要加强对高校成果转化的调节作用，指明高校的科研应该朝哪个方向开展，即应该以科研成果的转化量和市场化为准则，重要项目以发明专利的数量和技术创新的等级作为评比条件，从根源上彻底扭转以往"立项—划拨经费—展开研究—结束课题—项目再申请"的科研模式。激励高校依靠本身的优势进入市场展开竞争，将科研工作与市场经济挂钩，营造出良好的制度和社会环境来推动成果转化。与此同时，对科研工作进行评价时，要跟紧时代步伐，转变传统看重学术、轻视应用的评价形式，创建将科技成果转化作为关键主体的评价指标体系，并以完善的利益分配制度辅佐。在进行基础性科学研究时，应该着重关注科研人员发表论文的"量"和"质"；在进行应用型的科学研究时，应该偏重申请专利和知识产权的数目；在对成果进行测试改进和转化阶段时，应该侧重产品带来的经济和社会效益。对于不同的环节应该给予不同的奖励和惩罚，极大限度地激发研究人员进行成果研究和转化的动力。健全的激励机制对政府提出了要求，政府应该对高校的成果转化工作进行积极的政策指引和评价，根据《高校知识产权保护管理规定》和高校对科研工作不同的工作划分，制定恰当的报酬比例、评定职称的标准和定义荣誉范围的准则，保证整套激励机制的公正、公开、公平、合情合理，能够高效推进高校展开研发活动，使研发成果和现实生产能够真正地结合起来。

高校应该紧握机会，积极响应国家政策和需求的号召，依靠高校本身优越的学科、专业和科研能力扭转科学研究的工作方向；作为成果转化主要参与方的高校研究人员，必须摒弃之前"学术第一"的思想，将教育学生、科学研究、转化效益一视同仁，将以学术成绩和学术地位为主要目标转变为以获得成果转化的经济利益和社会的认同为目标。高校也要采取措施激励教师和科研人员积极踊跃地踏出校园，增加与企业的交流沟通，进而展开合作，共同攻克技术难关，真正将自身研发成功的科技成果产业化，促进地方和国家经济进一步繁荣。具体来说，其一，高校以地方发展计划为方向，以普遍调查和深入研究为根基，依靠其优势学科和特色专业，创建一支和区域经济能够共同进步的科学研究队伍，作为地方政府的"智慧团"，按期为地方政府提供一些服务，促进其经济和社会的进步,包括技术指导、决策咨询和项目攻关,等等。其二,高校还应该在内部建立专门负责成果转化工作的部门,比如科技委员会、科技处,从整体上指示和调节科研工作,适当地对其工作进行查看督促和调整,在科技成果研发成功后,积极寻找路子,协助科研人员转化成果,进入市场,检查成果的实用性和效益性,依据成果转化的好坏对服务人员进行对应的奖励和惩罚。其三,高校以地方经济的发展特征和产业发展特性为依据,设立很多具有地方特性的学科和专业,有目的地培养大批可以为区域特色产业发展服务的优秀人才。比如,在赣州市委员会和市政府的带领下,立足于赣南脐橙特色产业发展及其地缘优势,创建了脐橙工程技术研究中心和脐橙学院,专门对赣南脐橙进行技术研发、研发成果规模化以及技术演示和推广,为江西乃至全国培养了大批脐橙产业技术专家。由此在高校内部创造优秀的转化环境,整顿、协调、重新组合学校的资源,从科技发展入手,激发高校教师积极进行科研的主动性,策动高校学科进步和提高高校整体教学水平。

5.3 协同创新促进科技成果转化

高校进行协同创新有助于我国解决目前在科技创新方面存在的一些问题,比如资源不集中、不开放、不高效等,其旨在利用政府政策的指导和体制机制革新,成立以高校为主的多样化创新主体,基于共同的目标实现资源互享、协同合作、优势互补,最后促进创新资源高效优质的运用和提高创新实力。"高校"协同创新是一个在"2011 计划①"实施后才出现的新名词,高校协同创新强调了

---

① 2011 年 4 月 24 日,胡锦涛在清华大学百年校庆上提出"高等教育是科技第一生产力和人才第一资源的重要结合点,在国家发展中具有十分重要的地位",提出"协同创新"的理念和要求。2012 年 5 月,教育部联合财政部分布了以"协同创新"为主题的"高等学校创新能力培养计划",简称为"2011 计划"。

高校在协同创新体系中的核心地位,强调要依靠高校的人才与科技方面的巨大优势,网络化的开放性、多样性、高效性特征,以企业的资金支持以及政府的政策支持为辅,共同合作推动转化科技创新成果工作。在科技成果转化的全部过程中,政府为模式提供和维护运作的环境,以制定支持的政策战略来创造优良的生存环境;企业作为模式运作的主导,消化、吸收高校研发的科技成果;高校是创造成果的主要力量和源头,也是给协同创新系统提供运作要素的主要方;科技中介机构在该转化模式中主要起到黏合剂的作用,为模式贡献信息和技术服务。在协同创新模式中,高校科技成果转化确立的崭新定位对这些参与方提出要求,即它们之间形成一个有效的协同模式来实现各自功能上的互补和利益上的合作互惠。

5.3.1 高校内部协同创新促进科技成果转化

高校内部协同创新是以其自身为依托,利用高校具有的优势学科和专业特点,在高校内部建立协同平台和革新机制体制,带动校内的学科、专业、教学、人才、资金等各类资源元素互相结合与互动,将学校内部具有优越性的资源进行整理组合,提升学校整体教育水平和创新实力,为高校整体革新体制机制,持续提高创新实力和培育人才指引道路。首先,激励那些除了学习本专业知识外还有时间精力的学生进行跨专业学习或者辅修第二学位,创建系统的知识体系,培养拥有很多种类的理论知识和专业能力、能够迎合时代发展需求的创新型复合型人才。其次,学校内部的制度创新也有利于各学科的交叉融合,加大培养新的学科延伸点,建立跨学科教育的公众平台,鼓动学校设立边际学科、交叉学科和新生学科的课程,主要培养学生自主发起新课题、利用新方法、化解新问题、了解心动态的能力。最后,形成建立协作学科的新观念,推动学科和专业共同发展,将浑厚的师资力量、合理的专业设立、优良的培养设施、先进的科研环境作为建立学科的主旨,使学科系统能够进行性能的良好互动。

网络化时代的快速发展,对广大人民的生活、工作都产生了很大的影响,网络已经慢慢渗入社会中的各个方面，也促进了我国信息化时代进度的加快。同时在"大众创业、万众创新"的新形势下，互联网成为加快其发展的新工具。所以，为了适应目前互联网信息时代的发展要求，应将科技成果的转化和网络联合起来，在高校"成果转化+互联网"的模式中，在同一个地区的学校可以共同创建线上转化和服务网站，尽可能地促进科技成果高效率转化。在建立的网络平台上注册的用户不只局限于企业，只要有需求，都能够在线进行咨询，并进行有效的技术交易，使科技成果得到快速利用和转化。该管理模式还能促进高校间的交流，使信息能够迅速分散，缩短了市场和高校之间的"距离"，能够积极地改进高校的研发成果过多和市场上技术过少共存的现象。高校需要结合互联网进行成果转化，持续开辟转化的新路径，从而推动高校的研发成果迅速转化。地方高校可以建立校内科技成果共享平台，将教师取得的科技成果发布在共享平台上，使全校教师了解学校取得的最新科技成果。在条件允许的情况下，也可以将与本校合作的企业对相关科技成果的需求发布于共享平台。地方高校还可以定期举办科技成果报告会，邀请拥有科技成果的教师在报告会上介绍科技成果的主要内容及教学转化的成功经验，使参会的教师了解相关科技成果的具体内容和在教学上的应用情况，并结合自身的教学内容应用相关科技成果，使科技成果从个别教师向整个专业，甚至是全校传播，进而更为有效地进行成果转化。

以"猪八戒网"为例，它是以互联网作为载体建立的服务交易平台，在这个交易平台上汇聚了各个领域、各个行业最具创意性和创新性的服务人才和好几百万的中小微企业，为人才与雇主搭建起了双边市场，给高校人才和企业提供了交流合作的机会，实现人才与雇主之间精准的无缝对接；把高校的研发成果和企业的实际需求密切联合起来，继而使高校的科技成果能够实现向生产力的转化。另外，平台在进行服务进程当中，也渐渐地变成了人才的"集聚地"。积攒各方需求和人才大数据，对数据进行整合分析，准确地找出产业链的突破口，有助于为第二次服务开拓新空间，开辟新的服务途径（孟明锐，2017）。

5.3.2 校企协同创新促进科技成果转化

目前,科技发展突飞猛进、市场竞争逐渐猛烈,校企协同创新已经成为科技不断发展的客观趋势,也是高校完成技术成果转化和增加企业市场竞争力的有利路径。高校作为知识创新的主体,其善于研究基础性的理论知识,也进行一些能在实际中应用的研究和技术开发。在市场的经济活动中,企业是产生直接行为的主要参与方,其掌握了消费者的需求和市场动态,其对进行技术创新和市场运营都拥有强大的实力。因此,高校和企业形成协同创新模式,可以优势互补,共享资源与信息,将不同创新主体的性能进行匹配融合,联合推动科学技术不断茁壮成长。

这种模式是高校产学研机制的外在形式和延伸,规模小,形式灵活,运用范围广(安沛旺,2010)。该模式又包括大学科技园和校企合作研究两种模式。

5.3.2.1 大学科技园

大学科技园是以具有较强科研实力的大学作为依托,将大学的技术、图书资料、实验设备、人才、信息等综合智力资源优势与其他社会优势资源相结合,为高等院校进行科技成果转化、高新技术企业孵化、创新创业人才培养、产学研结合提供支撑平台和服务的机构。所以,可以说"大学科技园"其本质上是一种"孵化器",而不是"养鸡场"。

在大学科技园中运营,即进行一系列与成果转化相关的活动,比如小试、中试、技术推行、开辟市场、孵育中小型企业、保护知识产权等,不仅是学生实习、中小型企业发展、大企业产品创新的大本营,也是学科成长、科技创新、服务社会、人才培育的根据地。与此同时,在其实际运作时,还能够运用科技园的优越场所,创建商业化的平台来服务转化工作,建立通信信息、计算机软件、硬件和教学装置等卖场,开拓多元化的融资渠道,吸取市场资金,提升科技园的知晓度,以支持高校成果更快的转化和商业化。譬如哈尔滨工程大学创建的大学科技园是依靠其"三海一核"科技优势,结合海军建设与船舶工业发展需求,将船舶工业、海洋工程确立为园区科技产业的发展方向，将市场运作机理作为指导，依据现代企业的规章制度运行，着力于开展多方面的经营业务。当前，以科技园发展公司和开发公司为核心的控股、参股的企业多家。科技园在很多省和市都创建了分园区和研发机构，园区规模逐渐壮大。该园区也制造了上万个就业机会。进入科技园孵化技术的企业有超过100家，正在进行孵化的项目超过60个，帮学校扩展了获取资金的途径，也为学校教师和学生加入科技研发活动提供了资金上的支持，很大程度上推进了高校科研工作的运行。科技园还创建了网络服务中心、学生创业服务中心、科技产品交易中心、教育培训中心、商务服务中心、投融资中心和博士后科研工作站等较为全面健全的创业孵化体系。同时，其地理环境优越，文化氛围浓郁，众多科研院所云集，是哈尔滨科技、信息、人才资源最密集的区域之一，并成功跻身全国知名卖场行列，获得"中国电子企业最具潜力品牌"等荣誉称号。

大学科技园在进行实际运作中，也显露出较多的问题，即高校在创办园区的过程中存在获取信息不通畅，管理方式特别凌乱，缺少有效用的保障制度。一是科技园比较看重建立的数量多少和规模大小，因而不重视园区的运作质量和效果，忽略了企业和市场真正的需要。在科学研究、园区管理、技术孵化、商业化的方面，出现了高校脱离市场的情况，成功孵化企业的几率不高，进行中期试验的硬件和软件设备都不先进，这大大阻碍了检测科技成果功能的适用性和将成果推向市场的进度。二是园区没有建立健全利益分配制度，缺乏充足的资金，导致许多科技成果在半路"夭折"，孵化企业在中途也暂停生产，再加上高校对政府政策和经费具有较强的依赖性，与企业和市场之间存在信息不对称，使社会资本无法顺利进入，大大阻碍了科技园向更高等级发展。大学科技园是企业、政府和高校进行合作、相互交流的平台，在进行合作时，如果某一个或某一类主体的行为太突出其主宰和统领作用，则一定不能充足地运用其他主体的优势资源（马永斌、刘帆、王孙禺，2010）。

综上所述，大学科技园是当前我国高等院校进行科技成果转化的主要模式，对于科技园的创建需要进一步改善和提高，应该持续健全和丰富各个学校在市场经济中的运行形式，使大学科技园切实变成助推高校成果转化的工具。

5.3.2.2　校企合作研究

高校和企业合作研究科技成果是高校面向社会提供服务，促进成果产业化的主要形式，也是组成高校"横向科研项目"的核心部分。它是指学校和企业建立合作的一种模式，对于在企业的发展过程中出现的阻碍、技术需要、管理改革等问题，由企业投入资金，建立专门用来攻克科研难题的研究机构。最后，高校把研发成功的成果交给企业，并为其提供后续技术服务的过程。换言之，校企合作又可以称作校企共建，可在很短的时间之内吸取各类资源，包括课题、资本、技术、人才、成果等，这些因素在合作过程中得到传递、分享、组合，由此产生新的创新力。对于高校来说，有利于寻找更符合市场需求的课题与研究，利用人才优势，进行成果研发；对于企业来说，有利于企业充分了解高校的科研成果，并利用自身技术、设备及管理优势，对成果进行二次开发，经历试验之后投入生产，最后完成科技成果的完美转化。

学校和企业展开深入的合作，高校教师和学生研究的理论成果不再"束之高阁"或者变成"明日黄花"，而是企业将其悉心孵化，进行市场运作，绵绵不断地将成果转化形成产业化。利用创建的校企协同创新平台，来自不同院校的权威教授、顶端科学家和企业的技术专家、首席工程师一起协同合作，协力攻克阻碍企业发展的具有行业特性的技术难题，获得大批具有绝对自由知识产权的关键技术，将明显增加产品的技术含金量和市场竞争实力。同时，校企合作也为合力培育人才产生了有利条件。企业的技术主管和管理人员按期去学校传授技术，讲授知识，有助于开拓学生的知识领域；高校安排学生去合作的企业考察和见习，有助于冲破传统以课本为中心，讲课为中心，学校为中心的教育形式，培育现代学生进入社会的实践能力和操作能力。高校企业共同申请科研项目、多主体协同进行课题研究，既能够提升学生科技创新能力，也有助于形成一支能够支持企业以后发展的技术骨干队伍。

案例

目前,众多高校已经积极和企业开展合作,探索校企协同开发的模式化道路。

(1) 中国航空工业大学与北京航空航天大学开展合作。我国航空发动机这种顶尖技术目前处于停滞不前的状态,为了突破这个瓶颈,2015年9月8日北京航空航天大学和中国航空工业大学在北京签署了协作创新的合同。它们签订的合同有两项战略合作协议,内容包含双方共同建立航空发动机基础技术研究中心和设立北京航空航天大学能源与动力工程学院。同时,两所学校约定在以后五年里,每方出资大概5亿元作为科研经费,将重心放在航空科学技术上,特别是航空发动机等核心领域内,共同展开科技研究和对人才集中培养(苏华峰,2017)。

(2) 多所高校与中国北车集团公司建立合作。由于金融危机的出现,国家加强了建造高铁的资金投入力度,京津线和武广线陆续开始运行,然而高铁的建设管理、运行、技术更新完善等一系列问题也逐渐严峻。北交大、大连交大、西南交大等轨道交通院校抓住机会,和中国北车主动开展合作,共同对动车组科研、技术创新、检修、运营等项目进行研究,其中大连交大依托本身具有的优势学科和科研实力,加大与中国北车唐山轨道有限责任公司的合作,为其管理项目和服务技术。2012年10月,两方签署合同,就关于唐车公司发展过程中所需要的技术,由企业投入资金,大连交通大学展开科学研究攻克技术难关,唐车公司以控制成本为基础,基于此展开对其项目管理体制的研究,且以项目引导共同培养硕士研究生。这种合作形式充分发挥了双方在技术、资金和人才各个方面的优势。随着双方之间的合作逐渐深入,唐车公司可以在较短的时间里创建出拥有动车制造业特征的项目运行管理体制,促进企业在该领域内快速提高竞争实力,而大连交通大学也提高了培养研究生的水平,推动了学科发展,有高效的组织科研团队,有助于大连交通大学整体发展(安沛旺,2010)。

校企协作在我国高校成果转化中还是应用很广泛的一种模式。这种模式的优点在于：第一，能够切实使高校和科研院所提升在科技成果转化中的经济收益，进一步保障高校为企业和社会培养输送优秀人才拥有充足的资金，另外也能提高研发人员个人收入，激发科研人员进行技术研究开发和培养专业人才的主观能动性，促进科技成果的大量产出。第二，可以有效加快科技成果从研究开发、投入生产到最后转化成功产业化的时间和进程。这种模式主要是以科技专项人才作为技术开发的主体，事实上减少了科技研发中介机构转化这一过程，同时防止了科技成果浪费现象的发生，有效增加了高校成果转化效率。第三，这种合作模式将行业中所有的带头企业、有学科优势和特点的研究性大学聚集起来，从而珠联璧合，强强联手，有利于消除外国垄断我国核心技术的局面，促使我国真正突破在高端、精密、顶尖技术上的壁垒。但在实际操作中，该模式也存在一些问题：第一，此模式适合在行业中具有带头作用，且可以提供实习机会的企业。同时要求高校院所必须具备完善的一流人才培养机制。第二，这种模式要求有充足的资金来源，如果政府没有拨付充足的研究经费，或者企业和高校后续没有投入大量资金，那么就很难对科研成果进行中间试验和商业化，很大程度上会妨碍科技成果转化的进程，导致成果资源的浪费。第三，政府颁布的政策也会对该模式产生很大的影响，主要因为此模式是在政府对核心通性技术的需要上创建的，一旦政府政策产生变数，将会大大影响这种模式的运作。因此，如何提高该模式运行的稳定性，还值得我们进一步探究。

5.3.3 高校与科研机构协同创新促进科技成果转化

高校和科研院所不仅是科研成果的主要创造者，也是科技成果转化过程的关键参与者。两者进行协同合作创新，可以切实使科学技术创新的资源元素得到实现，尤其是理论研究成果、大型仪器实验装备、各种科技专项人才的共同分享与优势互补，继而提升科技创新的效果和速率，促成合作双方"共赢"。即使两者都是创造知识和实现创新的主要者，都有进行科技研发、培育人才和服务社会的重要职责,然而两者都有不同的功能侧重点。

在对人才进行培育方面,高校是在学术造诣、科学研究和培育人才方面都具有优势的综合性机构,以基础性研究和创新学术为主,培育本科生、硕士研究生、博士研究生等各个社会等级工作人员和为国家建设作出贡献的人,为国家发展、社会经济出谋献策、提供技术咨询和决策服务。科研机构培养研究生的规模远不如高校,其主要是以培养博士、研究生为目的,培养出来的人一般都具备超强的科学研究实力。培养出来的人才主要是进行应用研究和技术开发研究方面的工作,着力于研究和消除阻碍国家经济发展的现实因素。高等院校则主要是传授专业知识,其更注重知识的全面性。科研机构的教育则与技术研发等活动紧密联系,在很多情况下,高校毕业生要经过一段时间的培训才能完全适应科研机构的研究工作和专业培养要求。

在科学研究方面,高校一直以来就是思想活跃开放的场所,更偏重于进行自由探索和跨学科研究。近年来,随着国家对高校经费投入的大幅增加,高校的科研条件已明显改善,正逐渐成为我国在科学技术方面创新的另外一股关键力量。科研机构是科研活动的"国家队",将科学研究视为首要职能,依托国家长期的稳定支持和自身的科研积累,科研机构相对于高校在基础研究与高技术创新研究方面具有一定的优势,面向特定领域的工程技术能力以及面对重大战略任务的集成创新能力都比较突出。

在科技成果转化方面,对科研机构而言,从事重大研究任务的国立科研机构接受政府较为稳定的财政支持,青年科研人员资源远不如高校充沛,因此更倾向于从事纵向科研活动,争取企业项目的动力不如高校。在合作形式上,科研机构也更倾向于和较高层面的院校及企业合作,合作形式较为单一,对许多中小企业而言合作门槛较高。一直以来,应用型科研机构承担服务地方经济职能,但在科研机构改制过程中,一批应用型研究院所转制后成为了行业企业,过去面向企业服务的事业单位转变成为企业的竞争对手,造成了应用技术、共性技术、二次开发等环节的缺失。高校教师拥有充沛的研究生资源,可以灵活开展同企业的合作,高校教师与企业合作形式多样,既可以参加学校层面的校企合作,又可以展开技术咨询等单个项目，从事联合研究等。企业对合作经费也没有太大要求，这样容易导致高校教师与企业的合作较为分散，院系和学校层面整体实力难以发挥。

美国作为发达国家成果转化的典范，其创建的国家研究中心和实验室的运行经营管理形式对于我国高校—科研院所协同创新具有借鉴意义。同时，国家研究中心和实验室是美国国家创新体系的核心组成部分，其承担着给美国联邦政府进行基础性研究、应用型研究和研发技术的重大使命。尽管联邦政府会对其进行资金帮助，这些研究中心和实验室大多数也拥有高端的仪器设备、高质量的研发队伍和强大的研发能力，但处于科学技术的大环境下，也不能缺少高校和其他创新能量的支撑。所以，美国的国家研究中心和实验室即使附属于美国政府，但其中将近一半都交给研究型高校来代其进行运营管理，由此促进高校和科研院所的协作。比如，约翰霍普金斯大学就代替政府管理隶属于美国国防部的应用物理实验室，高校、科研院所联合对导弹防御、空间作战技术、空间物理学、空间行星科学等领域进行研究；斯坦福大学代为管理美国能源部下属的斯坦福直线加速中心，协同合作攻克了原子和固态物理、同步加速器辐射等技术难关。

5.3.4　高校、政府、企业多方联合协同创新

现如今，社会经济趋于向专业化、国际化和科技化发展，使得企业要想开展科技研发活动就必须和外界大量互换信息、人才、物质、技术、资金等要素，同具有高智力、博大知识、丰富信息资源的高等院校和科研院所进行沟通协作已经成为企业提升技术创新实力的必由之路。实际上，目前全球性创新要素逐渐加快流动速率，技术也在持续增加其复杂性，市场环境慢慢加大了不确定性。在此背景之下，只有各个领域进行创新的主要参与者协同合作，建立创新战略同盟，促成资源共同分享，取长补短，才能跟随科学发展的时代法则，持续地提升企业抵抗风险和自主研发的能力。

上面阐述的都是高校和其中一个领域的主体协作创新的形式，当然，协同创新不应该只局限在两种或者两种类别之间的协作，产学研、官（政）产学、产

学研用、产学研介、产学研金、政产学研用金介全面协同创新等都是多主体协同创新的典型模式。多个主体协作创新有助于充足整理合并各个社会分工领域的资源要素，实现各个主体的优势互相弥补，并且不一样的行业、不一样领域的主体结合起来进行创新，有助于产生规模效应。

这种转化模式主要表现为"政府引导、多主体协同转化"模式。其指的是以国家战略为出发点，政府拟订与科技成果转化相关的政策、法律法规、战略，并承担组织实施的工作职责，为模式提供必需的运作设施，保障模式能够强壮快速地运营。企业、科技中介组织和高校创建协同交流共同体的形式有：建立科技成果转化平台和建设科技成果转化中心，利用它们之间的互相反应，继而多主体协作创造推动科技成果转化的新模式。

当前，教育部已经认定两批38家"2011协同创新中心"，其中很大部分的创新中心是归属多主体全面协同创新类别，例如"长三角绿色制药协同创新中心"是由美国UCI、浙江大学、浙江工业大学等高校，协同浙江省医学科学院、上海医药工业研究院、俄罗斯科学院西伯利亚分院，并联合浙江医药、华东医药以及美国IPS公司等多领域主体共同组成，属于产学研协同创新模式。再如，针对区域发展的"苏州纳米科技协同创新中心"事实上是一种政产学研多主体协同创新模式。在该协同模式中，苏州市政府和苏州工业园区属于政府，代表行业产业领域的协同主体有苏州工业园区生物纳米科技有限公司、苏大维格、纳微科技、吉玛基因等，学研领域的苏州大学、中国科技大学、西安交通大学、东南大学以及中科院苏州纳米仿生研究所等。"轨道交通安全协同创新中心"则属于政产学研用全面协同创新的模式。在CBTB（陶瓷薄壁涡轮叶片）系统进行研发时，由北京交通大学作为牵头大学，联合西南交通大学、中南大学、中国铁道科学研究院、中国北车股份有限公司、中国铁建股份有限公司构成协同创新的产学研核心主体，科技部、财政部、教育部以及北京市科委等政府部门提供了政策和经费支持，而作为领先用户的北京地铁运营公司、北京地铁建设公司、大连地铁运营公司提供了中试场地和信息反馈。政产学研用全面协同，最终使我国的CBTB技术取得突破性进展。

政府引导、多主体协同转化模式的优点：其一，这种模式的领导人是政府，由于政府拥有强大的协调能力、组织能力和号召能力，能够迅速高效地组建协同合作的队伍，所以能够以较高的效率开展创新活动，进行科研和成果转化。其二，参与科技成果转化过程的多主体共同合作，互相利用联盟成果等方式创建协同交流机制，取长补短，推动科技成果向现实生产力的高速转化。其三，企业是这种模式的参与主体之一，可以帮助多主体联盟及时有效地获取精确的市场需求和信息，有利于克服协作效率和利益滞后的问题，而政府在模式中扮演保护者的角色，贡献了必需的政策和法律来保护模式能够顺利地运营，也方便各方主体在保障自己获取效益的同时能够积极承担其应该履行的责任和义务。

案例：河南粮食作物协同创新中心

1. 河南粮食作物协同创新中心概况

"河南粮食作物协同创新中心"是4个国家首批"2011协同创新中心"之一。中心依托河南农业大学作物学国家一级重点学科、国家小麦工程技术研究中心等国家级和省部级科研平台，为中原经济区粮食作物持续稳定增产、确保国家粮食战略工程河南核心区建设目标提供技术和人才支撑。中心是目前全国农业院校唯一、河南唯一入选的协同创新中心，承担着在粮食作物领域提升国家创新能力和竞争力的战略重任。中心由河南农业大学牵头，河南省农业厅、河南省农科院、河南工业大学、河南科技大学、河南科技学院、北京奥瑞金种业股份有限公司、河南永优种业科技有限公司、河南平安种业有限公司8家院校单位组成（韩强，2013）。

2. 政府引导、多主体协同转化模式转化途径

该中心的运作特点是在这种模式中，政府主要是为模式运作进行指引，其余联盟主体通过政府的领导，进行协同合作和交流，是一种由政府引导、多主体协同转化的典型模式。

首先，中央政府以国家粮食安全的总体战略为基础，指导加入中心的各主体的行为，制定偏斜政策支持，投入资金，为中心的运营事先注入能量。河南省政府建立了专门对中心进行管理的领导小组。为了能够帮助中心运作顺畅，河南省政府还建立了专项基金作为应急款，同时，政府在场地、申报项目等方面对中心进行了支持，该中心紧跟国际粮食研究的主流方向，结合河南当地的粮食实际生产需求，总结出我国在粮食发展方面存在的重要通性问题，概括指出了粮食协同创新的四个发展方向。

其次，各个参与主体之间行为严密协作。2014年3月，由袁隆平院士主持，协同国家杂交水稻工程技术研究中心等参与主体，实施超级杂交稻"百千万"示范工程。2014年7月11日，该中心联合河南五谷神农有限公司和河南南阳市下属的方城县一同建立了"2011计划"现代农业试验区，在知识、科技、技术和政策方面给该区域的社会经济发展提供了支撑。同时该中心加大了以下三个方面的协作力度：其一，不断深入高校和方城县之间的合作，以试验区的发展为主，持续健全相关措施，加大智力、人才和政策方面的扶持力度；其二，将试验区的建设纳入"2011计划"协同创新中心建设范围，使该中心能够获取更多政策优惠；其三，继续拓展和方城县的合作范围，促进双方的进一步合作。

最后，中心研发成功的成果经由各行各业的企业最后为农民用户服务，实现由政府为主导，各参与主体协作转化，最后服务于农户，被政府间接使用的整体循环过程，促进科技成果产业化。所有的过程形成了以中央政府的需求为大环境的向导，各个协同主体共同合作实现科技创新，创造出科技成果为区域政府进行直接服务的平稳循环系统。

3. 政府引导、多主体协同转化模式特征

河南粮食作物协同创新中心选择由政府主导、多主体协作的科技成果转化模式，可以将多个参与方进行整顿、协调、重新组合在一起，配合发挥作用，推动创新中心系统性进步。该中心将河南农大和农业技术推广中心作为农业技术创新的载体，以种植专业合作社、种植粮食的大用户等经营主体作为中坚力量，以农民用户为中心，将中原保险作为保护，把乡镇和村民委员会纳入协作单位行列，创建现代农业共同体，探寻转化农业科技成果的全新模式。

河南是国家粮食战略工程最主要的生产区，也是中原经济区农业生产大省，具有优越的粮食生产条件，同时在国家粮食安全战略中具有至关重要的位置。该创新中心依据未来全球粮食种植的发展走向、国家粮食安全战略上的重要需求和地方粮食生产技术的实际需求，并且利用对变化环境的信息回馈，实时调节并控制参与主体间的协作结构，对本身运行进行适当的调整，创建所有参与主体的整体网络结构，有助于整体实现连接。将促进玉米和小麦"一年两熟"高产量高效率作为目标，立足与生产前、生产中、生产后全产业链条，看准国际最前线，抓牢未来中原经济区粮食生产可能会出现的科学、技术性的核心问题。

4. 政府引导、多主体协同转化模式的不足之处

(1) 交易成本和取得信息的成本大高，缺乏发展动力。河南粮食作物协同创新中心是独立的协同创新个体，其主要参与方包括地方政府、高等院校、科研机构等等，它们具有一致的目标，即获得经济效益。但因为各个主体获取的收益不相同和缺乏健全的市场机制，导致协同各方之间取得信息存在不对称的问题，该创新中心出现发展动力严重不足的难题。该中心应该一步一步地将市场运行机制建立健全，利用市场的调节作用来改变交易成本和取得信息成本太高的问题，继而从根源上激起中心的运作动力。

(2) 缺乏健全的利益分配体制。对创新中心和协作单位签署的合同进行分析，我们发现，大部分合同中对利益的分配都是这样规定的：中心的各个参与主体的利益按照主体投入的资金比例高低来分配中心获取的收益。这种利益分配方法从理论上看还是比较公平的，但是实际上却没有考虑到进行科技成果转化的过程中各主体不相等的贡献的差别。在中心的运营过程当中，高

校以较市场更低的价格或者免费地把拥有的专利技术或非专利技术投入到中心中供其他成员使用,协助中心攻克技术难题;参与的企业对资金具有较强的运转能力,大大提升了中心在运营过程当中资金运转的效率等,在中心的运营中也具有很大功劳。但是也有一些成员只想利用中心获取对自己发展有用的技术、政策、政府补助等,并没有想要对中心贡献自己的力量,不积极主动地配合和完成中心给他们分配的工作,而是互相推脱,直接妨碍了创新中心对技术进行研究和开发。因此,鉴于加入中心的各个主体对中心的发展和获取收益所付出力量的不同,中心对利益进行分配时必须综合考量各个参与主体对中心做出的贡献大小或者在中心运营过程中的重要程度。

第6章　陕西高校科技成果转化问题分析

6.1　历史回顾及现状

6.1.1　专利申请量、授权量持续上升

随着市场经济体制的逐步完善，各项知识产权政策也陆续出台，总体上陕西各个高校专利技术的发展成果喜人，呈现出逐年增长的态势。众所周知，经济想要持续、稳定、健康的发展，必然离不开技术的进步，而高校是技术进步的主要推动者，每年都有大量的理论成果产生，但技术进步不能只停留在理论层面上，只有在转化为现实生产力时技术才具有真正的价值。由国家知识产权局和教育部的各项统计资料综合可以看出，就全国高校而言，专利的申请数量一直呈现出持续上升的趋势，授权量也随之不断增加，数量也相当可观，但是作为重要评价指标的专利转化率却一直萎靡不振。陕西相较于全国而言，不管是科技还是资源方面都呈现出良好的发展态势，按理说科技成果的转化应该不存在特别严重的问

题，但事实却并非如此，陕西科技成果转化甚至都达不到全国的平均水平。观察 2001～2017 年的有关科技成果转化的各项数据就可以得出，陕西省专利的申请量和授权量（见表 6-1）一直呈现持续上升的态势，从 2001 年到 2017 年共申请专利 513100 件，授权专利 221410 件，授权率达到了 43% 左右。具体来说，2017 年专利的申请量从 2001 年的 2326 件增长到了 98935 件，增幅约 42 倍，2017 年专利的授权量从 2001 年的 1354 件增长到了 34554 件，增幅约 25 倍。同时从表 6-1 可以得出的是，2001～2017 年，陕西省各个高校的专利申请量和授权量也都实现了突飞猛进的增长，十七年间专利申请总量达 96567 件，授权总量 55037 件，授权率为 57% 左右，较高于陕西的授权率水平。2017 年的专利申请量从 2001 年的 147 件增长到了 23308 件，增幅达 158 倍。另外，2017 年的专利授权量从 2001 年的 79 件增长到了 12353 件，与全省相比，远高于全省专利申请量和授权量的增长幅度。从以上统计数据不难看出，陕西各高校对申请专利的积极性越来越高，相应地，对研发专利的保护意识也有所增强，从专利的质量方面来说也有了很大的提升，高校成为陕西科技创新板块的中坚力量。

当然，事物都具有双面性，在专利的申请量和授权量"璀璨"的成果面前，专利的转化率未免显得有些黯淡无光，大量的专利经过申请、授权之后就被搁置，根本无法发挥其真正的社会价值，这已经成了陕西高校科技成果转化中不可避免的问题（王丹，2017）。从图 6-1 和图 6-2 来看，虽然陕西和陕西高校专利的申请量和授权量都是持续增长的，但增长幅度较全国平均水平来说还是存在一定的差距，具体原因为何，还需深思。同时，在现行体制下，高校专利的数量是政府部门分配高校科技资源的投入比重以及评价高校科研力量的重要指标。在这种大环境的影响下，高校也就比较难做到合理评估科技成果的前景以及现实价值，被"利益"蒙蔽了双眼，自然就会去做一些急功近利的事情，比如纯粹为了充数量而去申请一些完全没有应用价值的专利，继续把有限的科技资源消耗在对社会的发展没有实际意义的所谓的"科研成果"上，进一步加剧了专利数量的膨胀。专利的申请量和授权量持续增加，一方面说明我国的科研能力逐渐强大，另一方面说明如此快速的增长量，其中所含的泡沫必然是巨大的。

表 6-1 2001~2017 年高校专利申请及授权情况统计表

类型 年份	专利申请量（件）			专利授权量（件）			陕西高校 授权率（%）
	陕西高校	陕西	全国高校	陕西高校	陕西	全国高校	
2001	147	2326	3800	79	1354	1534	53.74
2002	281	2530	5981	89	1524	1710	31.67
2003	487	3421	10252	131	1609	3416	26.90
2004	523	3217	12997	295	2007	5505	56.41
2005	929	4166	19921	326	1894	7399	35.09
2006	973	5717	22950	518	2473	10457	53.24
2007	1456	8499	32680	711	3451	14773	48.83
2008	2054	11898	45145	954	4392	19160	46.45
2009	3069	15570	61579	1243	6087	27947	40.50
2010	3953	22949	79332	2069	10034	43153	52.34
2011	5014	32227	110136	2841	11662	56484	56.66
2012	5588	43608	132648	3932	14908	77283	70.37
2013	6867	57287	167656	4994	20836	85038	72.72
2014	10315	56235	183969	6137	22820	92488	59.50
2015	12770	74904	235162	8230	33350	136334	64.45
2016	18833	69611	314514	10135	48455	149760	53.82
2017	23308	98935	336185	12353	34554	170421	53.00

资料来源：《国家知识产权局统计年报》。

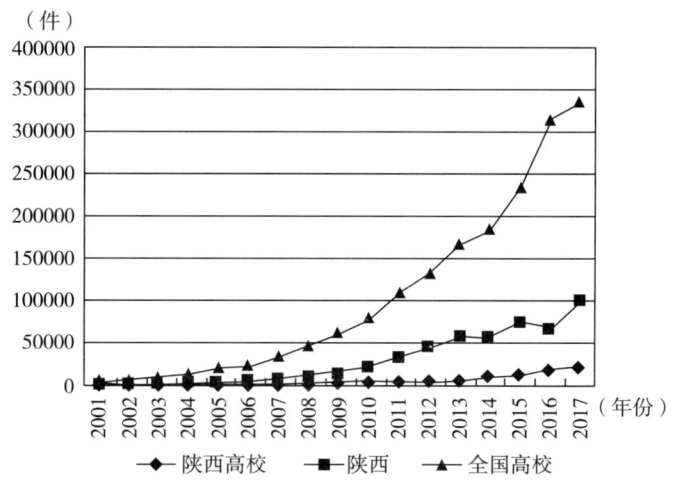

图 6-1 2001~2017 年专利申请数量概况

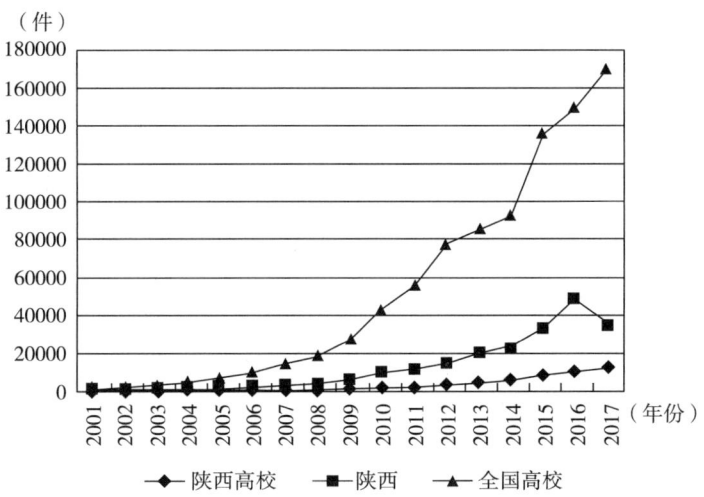

图 6-2　2001~2017 年专利授权数量概况

6.1.2　陕西高校发明、实用新型、外观设计三类专利统计情况

在《中国专利法》中有明确规定，在我国受到专利保护的类型有发明专利、实用新型和外观设计专利三种。发明专利是指人类在利用自然、改造自然的过程中所创造出来的具有积极意义并表现为技术形式的智力成果，且在三类专利中占据主导地位。在评价一个地区的竞争力时，这三类专利都有不可磨灭的作用，但在核心竞争力方面，发明专利首屈一指。发明专利有着最高的授权标准，相对于另外两类专利而言，不易获得授权，专利授权率较低。通过对一个地区这三类专利的数据统计以及分析，就可以看出此地区核心竞争力所在（王丹，2017）。

从表 6-2 就可以看出，近年来陕西专利申请量呈现出持续高速增长的态势，专利申请量总体的分布态势为：发明专利的比重在逐年增加，2017 年的申请量将近占总申请量的 1/2。由表 6-2 可得出，陕西专利申请量从 2001 年的 2326 件增长到 2017 年的 98935 件，增幅约 42 倍。其中，2017 年发明专利的申请量从 2001 年的 476 件增长到了 46607 件，增幅约 97 倍，2017 年实用新型专利的申请量从 2001 年的 1449 件增长到了 31595 件，增幅约 21 倍，2017 年外观设计专利的申请量从2001年的401件增长到了20733件，涨幅约51倍。从图6-3不难看出，发明专利的申请量占比从2001年开始一直处于稳定增长的状态，并且增幅在三类专利中是最大的，从2001年的20.46%增长到2017年的47.11%，发明专利的申请量占专利的总申请量的比重一直在稳步提升，这说明专利申请的结构正在往合理化的方向发展。实用新型专利与发明专利则正好相反，从2001年的62.30%下降到2017年的31.94%，呈现出逐渐降低的趋势。外观设计专利所占比重较低，近几年来一直维持着这种状况，提高与下降的幅度也很微弱。自2013年有较大程度的下降，只有8.10%，后面数年有所恢复，但相对于发明专利和实用新型两类来说，还是不太乐观。一个城市的创新能力主要看发明专利，由以上数据可以看出，陕西的创新能力正在不断提升。2017年发明专利的授权量是2001年的66倍左右，从2011年激增之后，这6年一直保持平稳增长。近年来，发明专利的申请量一路上升，尤其是2017年达到了47.11%，占将近总申请量的一半，但是授权量占总授权量的比重却一直在20%左右徘徊。而另外两种，即实用新型和外观设计专利的授权量占比近年来却接近或者超过80%（见图6-4），尤其是实用新型专利授权量一直居于高位，而对地区发展起着核心作用的发明专利却一直徘徊不前。这在一定程度上说明了陕西在专利分布结构上存在着一定的不合理之处，专利申请和授权的结构需要调整。另外，基于数据可以看出，陕西科技创新处在不断持续增长当中，自主创新的实力越来越强大。

表6-2 2001~2017年陕西三类专利申请量统计表

年度	专利申请量合计（件）	发明专利申请量（件）	发明专利申请量占比（%）	实用新型专利申请量（件）	实用新型专利申请量占比（%）	外观设计专利申请量（件）	外观设计专利申请量占比（%）
2001	2326	476	20.46	1449	62.30	401	17.24
2002	2530	684	27.04	1470	58.10	376	14.86
2003	3421	1191	34.81	1737	50.77	493	14.41
2004	3217	1099	34.16	1587	49.33	531	16.51
2005	4166	1693	40.64	1817	43.61	656	15.75
2006	5717	1815	31.75	2166	37.89	1736	30.37

第6章 陕西高校科技成果转化问题分析

续表

年度	专利申请量合计（件）	发明专利申请量（件）	发明专利申请量占比（%）	实用新型专利申请量（件）	实用新型专利申请量占比（%）	外观设计专利申请量（件）	外观设计专利申请量占比（%）
2007	8499	2412	28.38	2779	32.70	3308	38.92
2008	11898	3775	31.73	3961	33.29	4162	34.98
2009	15570	5858	37.62	5798	37.24	3914	25.14
2010	22949	8138	35.46	7939	34.59	6872	29.94
2011	32227	13037	40.45	11643	36.13	7574	23.50
2012	43608	17043	39.08	16392	37.59	10173	23.33
2013	57287	26487	46.24	26157	45.66	4643	8.10
2014	56235	24399	43.39	16067	28.57	15769	28.04
2015	74904	17322	23.13	21449	28.64	36133	48.24
2016	69611	22565	32.42	27149	39.00	19897	28.58
2017	98935	46607	47.11	31595	31.94	20733	20.96

表6-3 2011~2017年陕西三类专利授权量统计表

年度	专利授权量合计（件）	发明专利授权量（件）	发明专利授权量占比（%）	实用新型专利授权量（件）	实用新型专利授权量占比（%）	外观设计专利授权量（件）	外观设计专利授权量占比（%）
2001	1354	132	9.75	959	70.83	263	19.42
2002	1524	146	9.58	1053	69.09	325	21.33
2003	1609	169	10.50	1105	68.68	335	20.82
2004	2007	459	22.87	1193	59.44	355	17.69
2005	1894	445	23.50	1131	59.71	318	16.79
2006	2473	602	24.34	1443	58.35	428	17.31
2007	3451	755	21.88	2034	58.94	662	19.18
2008	4392	962	21.90	2774	63.16	656	14.94
2009	6087	1342	22.05	3446	56.61	1299	21.34
2010	10034	1887	18.81	6093	60.72	2054	20.47
2011	11662	3139	26.92	6958	59.66	1565	13.42
2012	14908	4018	26.95	9158	61.43	1732	11.62
2013	20836	4133	19.84	13936	66.88	2767	13.28
2014	22820	4885	21.41	15405	67.51	2530	11.09
2015	33350	6812	20.43	16151	48.43	10387	31.15
2016	48455	7503	15.48	23868	49.26	17084	35.26
2017	34554	8774	25.39	17003	49.21	8777	25.40

资料来源：《国家知识产权局统计年报》。

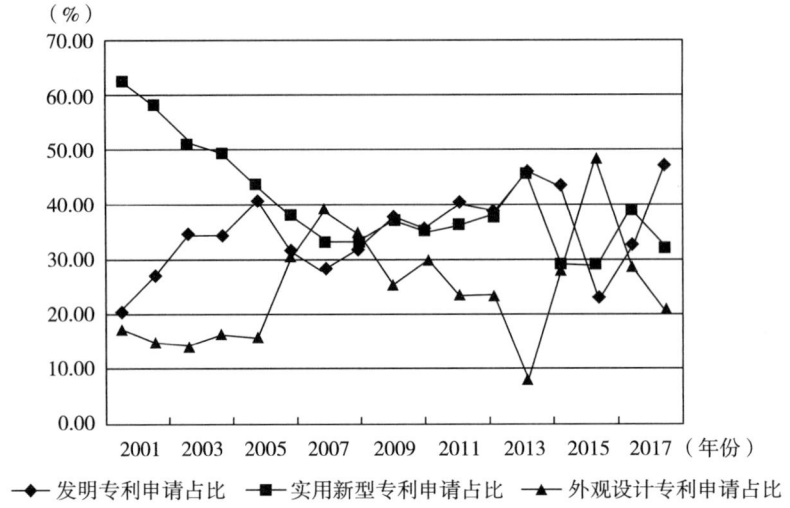

图 6-3 2001~2017 年陕西三种专利申请占比趋势

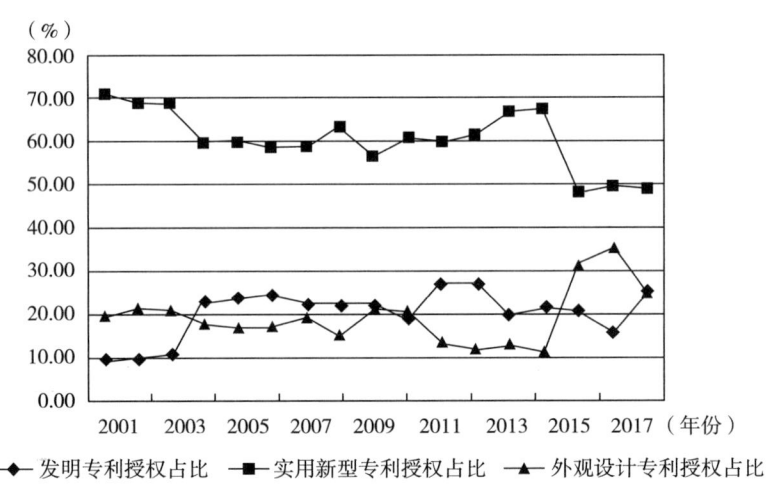

图 6-4 2001~2017 年陕西三种专利授权占比趋势

6.1.3 陕西高校专利成果的转化情况

一个国家或地区的综合创新能力一定程度上可以体现在专利成果的转化上，通过研究某地专利成果的转化趋势及动态发展，可以帮助我们了解一个地区的科技发展水平以及核心竞争力。陕西作为科教大省，各高校的专利成果资源较为丰富，但是转化率却不尽如人意。从表6-4中可以看出，2008~2017年，陕西高校专利授权数和转化数一直处于持续增长中。授权数从2008年的954件增长到2017年的12353件，增长了13倍左右，转化数从2008年的25件增长到2017年的203件，也有了8倍的增幅。但专利转化率却一直是处于低位徘徊，从图6-5可以看出，专利转化率在2010年达到了最高峰，也仅有3.67%，2016年低至1.20%，2017年转化率稍有回升，但转化率的上升速度却远远不及专利申请量和授权量增长的速度，而且2016年和2017年还呈现出了较大的下滑趋势，整体情况实在不容乐观。据教育部门有关数据显示，中国的高校科技成果转化水平相对于西方发达国家50%~70%的转化程度，处于极低的位置，仅20%左右，实施率水平更是低至15%，美国和日本的专利转化程度均超过了80%，差距如此之大，令人深思。根据国家知识产权局公布的数据可以分析得出，近几年来陕西高校的专利申请量和授权量每年都在急速增加，而作为核心力量的转化率却不升反降。2017年，陕西省高校专利得到授权的数量达12353件，订立技术合同的数量却非常少，只有203件，这些合同中有相当一部分还是单个成果的多个合同或者是以前的专利订立的合同，转化率低的程度可见一斑。陕西高校科教资源的充足与科技成果转化水平的低势呈现出了较大的反差。而且，陕西高校专利转化率与全国的平均值尚且存在着较大的差距，原因几何还有待探讨。高等院校是各类高科技人才聚居地，是科技成果生产和供应的主力军，对于科技成果转化这项工程来说，有着不可替代的作用。从人力、资源和设备等方面来说，高等院校有着雄厚的科研力量，科研人员不仅数量庞大，而且高学历人员也应有尽有，相应地设备相对来说也都处于较高的水准。高校每年的发明创造量也相当可观，但是和"高高在上"的创造量相比，科技成果的转化实在不尽如人意，有相当一部分发明创造没有实现其真正的社会价值，没有带动现实生产力的发展，形成了"高产出、低转化"的现状，浪费了大量的科研资源。所以，对于陕西省的经济发展来说，分析各项利弊所在，解决专利转化率低的问题应首当其冲，转化率的问题一天不解决，当地的经济就不能持续稳定健康地发展。

表6-4　2008~2017年陕西高校专利转化情况统计表

年份	专利授权数（件）	专利转化数（件）	转化率（%）
2008	954	25	2.62
2009	1243	43	3.46
2010	2069	76	3.67
2011	2841	97	3.41
2012	3932	49	1.25
2013	4994	101	2.02
2014	6137	149	2.43
2015	8230	168	2.04
2016	10135	122	1.20
2017	12353	203	1.64

资料来源：《教育部高等学校科技统计资料汇编》。

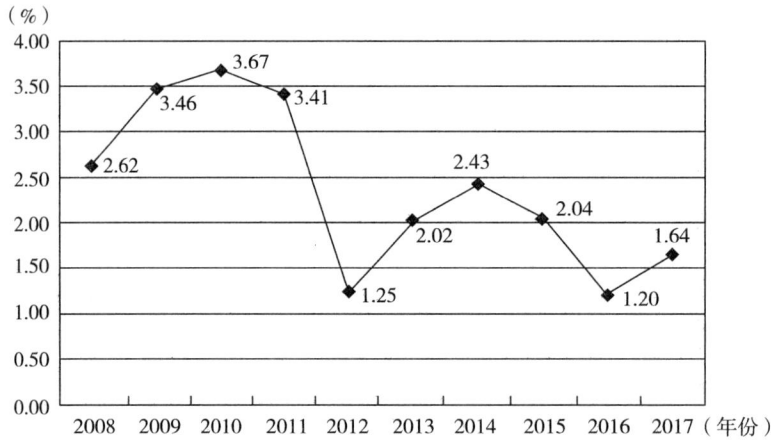

图6-5　2008~2017年陕西高校专利转化率趋势

6.1.4　陕西部分高校专利转化情况

陕西作为我国拥有众多高等院校的诸多省份之一，在科技、人才和资源等方面均有着不容小觑的实力。截至 2017 年，教育部公布的陕西普通高等学校共 93 所，其中本科院校 54 所，专科院校 39 所。全省各类科研人员规模甚大，总体为 400 万人左右，两院院士总数将近 100 人，并且科研人员数量处于不断上升的态势，这使科研成果的质量有了一定的保障，为专利的转化奠定了良好的基础。高校在省内科技力量中占据着主导地位，人才聚集度高，但从事科技成果转化方面工作的人员较少，大部分都致力于基础的理论研究。表 6 – 5 为 2017 年陕西高校专利授权量排名相对靠前的六所学校的转化情况，从图表数据上可以看出，陕西高校的专利申请量和授权量都是十分可观的。西安交通大学、西安电子科技大学、长安大学等直属于教育部，其科技资源的投入，无论是资金还是人力，投入数量和质量都是全省的佼佼者，专利合同数在陕西高校中排名靠前。其中，西安交通大学转化率最高，达到了 9.69%，长安大学紧随其后，有着 9.29% 的转化率，但这样的专利转化情况跟全国的平均水平以及国际水平比起来，其在转化程度上还是存在相当大的差异，自然地，其他各所省属高校则存在着更大的差距。切实有效地促进科技成果的转化，通过引导企业和高校，利用各种方式方法，使各项科技成果能转化为现实的生产力，具有真正的价值，避免其被束之高阁，是目前推动地区经济发展的新方向。目前来看，陕西各高校都进行着规模较大的课题研究，科技成果的数量也相当可观，无论是专利的申请还是授权，数量都很喜人，但这些科技成果大多数都未能转化为现实的生产力，也没有发挥出其真正的价值，当然这种现象在全国各高校中普遍存在。纵观陕西 6 所高校的专利转化程度，专利的转化数量较少，转化率更是不尽如人意，这与其自身的综合实力极其不符，科研成果不能物尽其用，带来了大量的资源浪费，这也是我们下一步要解决的问题。

表 6 – 5 2017 年陕西部分高校专利转化情况统计表

	申请量（件）	授权量（件）	合同数（份）	转化率（%）
西安交通大学	1687	1022	99	9.69
西安电子科技大学	1417	766	7	0.91
西北农林科技大学	479	307	19	6.19

续表

	申请量（件）	授权量（件）	合同数（份）	转化率（%）
长安大学	1248	1303	121	9.29
陕西师范大学	392	210	6	2.86
西安理工大学	681	190	8	4.21

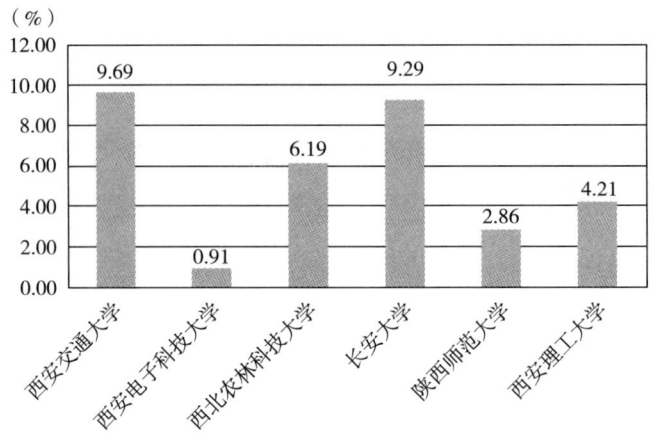

图 6-6　2017 年陕西部分高校专利转化率

6.1.5　陕西与其他部分省份高校专利转化情况比较

表 6-6 选取了我国 10 个较有代表性的省份，分析其高校专利的转化情况。从表中可以看出，2017 年各个省份高校的专利授权量都相当可观，尤其是江苏，达到了 20227 件，是 10 个省份之最。当把目光放到专利的转化率上时，却是另一番景象。北京、上海作为一线城市，经济繁荣，教育资源充裕，江苏和浙江是全国综合发展水平最高的省份，各项资源也是应有尽有，科技成果转化的"地基"在全国也是名列前茅的。但从表中的数据可以看出，2017 年，这几个省份的专利转化成果也不敢恭维，只有上海、北京和江苏的专利转化率达到了 5% 以上，江苏最高，达到了 7.36%。虽说这在全国来看已经算是"好成绩"了，但放到更大的环

境看,这种水平依然很低。陕西属于西部地区,科技资源投入等与一线城市必然有一定的差距,专利授权数量排名较靠前,但和前几个省份一样,专利转化率同样处在极低的水平,2017年,陕西高校专利转化率仅有1.64%,这与自身的综合实力极度不符。陕西应该借鉴国内高校专利转化率较高省份的经验,更应该向西方有着高转化率的国家学习,汲取经验、教训,然后总结出自己的模式。

表6-6 2017年部分省份高校专利转化情况统计

省份	专利授权数(件)	专利转化数(件)	转化率(%)
北京	10564	745	7.05
上海	6210	312	5.02
广东	7459	224	3.00
江苏	20227	1488	7.36
浙江	12121	344	2.84
天津	2688	47	1.75
河北	3165	57	1.80
陕西	12353	203	1.64
山东	8396	94	1.12

资料来源:《教育部高等学校科技统计资料汇编》。

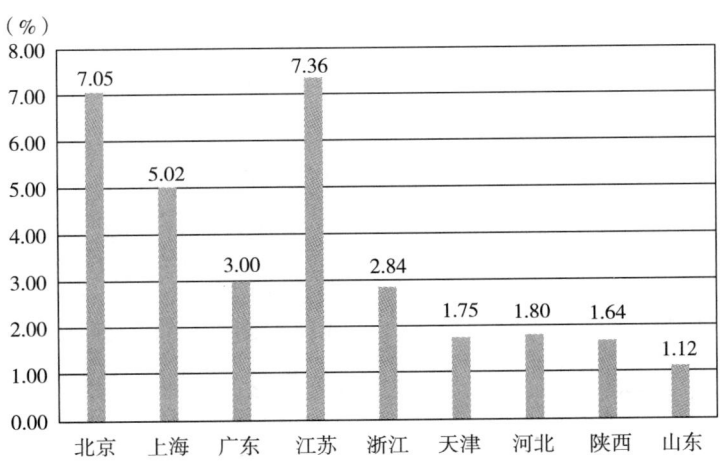

图6-7 2017年各省份高校专利转化率

6.2 陕西高校科技成果转化中存在的问题

6.2.1 受到高校考核体制的影响，科技成果转化率低

在我国，高等院校按照各自的功能可以分为教学型大学和研究型大学，两者的目标相差甚远，前者旨在实践型人员的培养，后者重在研究型人员的培养以及发明创新能力的不断提升。既然有研究型和教学型的区分，本该各司其职，发挥各自最大的效用，共同促进社会的发展，但就研究型大学来说，大多地方政府也都制定了各种具体的考核方式、考核原则和考核内容等对领导干部及高校教师进行考核评级。普遍存在的问题是，没有把科技成果的转化作为重点工作来进行，也没有纳入考核体系，最终依靠科技创新带动当地经济发展的目的也没有实现。陕西乃至全国范围，大部分高校对科研人员进行考核和评价时，依然把论文的发表数量、成果申请专利情况和著作出版等作为重中之重，对于论文及专利本身有多大的社会价值则不做过多的考量，由于人都有利己性，这会导致科研人员在进行科学研究时，着重考虑某项研究是否对自己有利，评定职称以及现实的好处等诸多方面，而把市场需求抛诸脑后。自然地，会造成大量的科研成果都是脱离实际的，不能被转化为现实的生产力，科研人员进行发明创作的价值也就没有了（李辉等，2017）。

高校教师科研工作的方向主要受到职称评审和考核体制的影响，目前来看，陕西大部分高校都是以科技成果的数量对科研人员进行评审和考核。也就是说，不论科技成果的质量如何、有没有转化为现实的生产力，只要科技成果的数量达到标准，就可以通过考核或者职称的评审。高校对科技研究的评价过程中重点强调数量，而轻视了成果的质量和在现实中的生产应用，社会大众普遍都以此标准

来对科研项目进行评估，并没有对产出成果的后续工作建立适当的评价体系。科技成果转化与否和自己的切身利益不相关，自然而然地就被忽视了，这样很容易就会形成"重数量，轻转化"的"陕西现象"。另外，制约高校科技成果转化的另一个重要的因素是高等院校科技研究分类评价的体系不尽完善。各个高校当下在职称评定和科研成果的审核中，不论是基础研究，还是应用研究，抑或是技术开发，其考核标准都是论文发表的数量和级别。大量的论文发表在诸如 SCI、EI 等高级别的期刊上，但基本都是发表之后就不了了之了，没有进行后续的转化工作，对当地的经济发展也没有起到应有的推动作用。据有关统计资料，我国目前论文发表数量规模庞大，成为了论文大国，已直逼美国，位居世界第二，但这些研究成果却并没有很好地推动我国走向创新大国的行列（王丹，2017）。

综上所述，陕西各高校长期以来深受本地考核体制的影响，对科研人员的职称评审以及科研成果的评价主要看发表论文的数量和级别，而对科技成果的转化逐渐忽视了，久而久之，会造成科研人员越来越重视科技成果的数量，而忽视其市场化，进入一个"恶性循环"系统。基于此，陕西专利申请量和授权量逐年增加，而转化率却远远落后的原因所在也就不难看出了。在高等院校普遍存在的"重数量，轻转化"的行为以及高校科技分类评价制度的不完善是造成"陕西现象"的一个重要原因（马治海，2016）。

6.2.2 科研经费不足，资金管理不善

高校科技成果的转化离不开各项人力、物力、财力等资源的支撑，其中，财力即科研经费是整个项目前进的基础。从近些年陕西的科研经费使用状况看，总体存在着科研经费不足和使用过程中的管理不善问题（马治海，2016）。科技成果的转化需要一定的经费保障，并且一些科技成果的转化还必须通过中试阶段，这样才能提升科技成果的转化率（达到80%左右），否则转化率仅能维持在30%左右。所以，中试环节是科技成果转化过程中不可或缺的重要过程。中试环节需要投入大量的科研经费，单纯地依靠传统的高校、政府和企业几方的投入并不可

行，资金的匮乏使得中试环节无法顺利进行，科技成果的转化也变得止步不前。各个高校的科研经费有限，面对资金的匮乏，未免显得有心无力，企业都是以利益最大化为自己的经营目标，过多的资金投入到科研项目中，必然会面临较高的风险，毕竟不是每一个项目最终都会成功。政府虽说每年都会给高校有专门的科研项目拨款，但金额实在有限，科研经费的投入是把实验室的科技成果转化为现实生产力的重要前提和保障。陕西科研经费投入不足，中试环节无法进行，在很大程度上制约了科技成果的顺利转化（李辉等，2017）。陕西科技成果科研经费的投入不足，已经成为制约本省科技成果运营发展的首要问题。资金的投入不足，尤其是中试环节经费不足，实际上，陕西大部分高校是无法进行中试环节的，这在很大程度上影响了科研成果的转化（王丹，2017）。

国家投入的科研经费是科研单位组织科技创新、完成科研项目的保障，进入21世纪以来，我国政府对科技的投入不断增加，与此同时，违规使用科研经费的问题也明显增多。本该是一心搞科研的高校也难免在"河边湿了脚"，违规使用经费的情况也是层出不穷。2014年审计署对陕西22所高校的科研经费使用情况进行了审计，从其审计调查的结果可以看出，陕西高校在经费使用方面存在着很严重的问题，有高校以虚假经济事项报销科研经费，也有高校擅自增高了差旅费的报销标准，还有高校未经政府采购、违规收费、未及时发放奖学金助学金、少缴税费、违规收费，等等。也许这些违规使用的经费单独拿出来看，并没有占到总经费的很大比例，但积少成多，由此带来的问题也会越来越多（人民网，2015）。高校的科研经费本就不足，各种违规使用经费的行为使得原本就极为紧张的科研经费更加捉襟见肘。没有足够资金的支持，科研之路必然更加艰难，偷工减料以及学术造假的行为也会络绎不绝，这进一步阻碍了科技成果的转化之路。另外，违规使用科研经费还会严重败坏高校的学术风气和社会声誉，今后争取项目和经费的难度将大大增加。

总之，科技成果的有效转化离不开科研经费的支持，由上述的分析更加可以看出，陕西不仅存在着科研经费投入不足的问题，经费使用过程中的相关管理问题也亟待解决。对科研经费使用过程中的违规使用，要加强风险防范，使科研经费用在真正需要的地方。从科研的层面来说,微观影响科研项目的质量,中观影响科研单位的科研水平,宏观影响一个地区乃至国家的科研实力。因此,经费不足的问题固然重要,但经费使用过程中的管理问题则更加迫在眉睫。

6.2.3 科技成果的使用权、处置权和收益权的改革相对滞后

除了上述科研经费及考核体制的问题,科技成果的"三权",即使用权、处置权以及收益权的改革跟不上社会科技发展的步伐是目前科技成果转化面临的又一大难题。自1996年10月1日起施行的《中华人民共和国促进科技成果转化法》是我国首次从法律上为科技成果的转化提供了相应的保障(李辉等,2017)。随后,在2005年陕西省政府依据国家的《转化法》,出台了《陕西省促进科技成果转化条例》,2010年对其进行了第一次修订,然而在内容上仍然难以适应实践的需要。高校院所等科研机构考核科技评价体系以及科技成果处置、收益分配机制没有充分体现科技成果转化特点;在科技成果转化中对付出努力的科研人员没有给予其应有的奖励、荣誉和报酬,大大降低了各单位及人员进行科研创新的积极性;科研成果的供需双方也存在信息不完全的状况,等等。2016年9月,通过召开全省科技创新大会,出台了《陕西省促进科技成果转化若干规定》,2017年又起草了《陕西省促进科技成果转移转化行动方案》,逐步完善科技成果转化政策体系,但就施行的效果来看,在"三权改革"方面还是有所欠缺。

部分管理部门普遍存在对高校科研成果的使用、处置和收益等方面事项的问题,诸如审批过程中环节众多、周期过长,这不仅会减慢科技成果转化的速度,也会极大地削弱科研人员进行发明创造的积极性。比这更重要的是,对科技成果的处置收益分配问题,存在诸多不合理之处。一些地方政府要求高校的科研成果处置后,获得的收益必须统一上缴国库,但给科研人员的奖励资金要通过单位工资,科研人员付出的努力没有获得相应的报酬,科技成果的转化并不能给自己带来收益,这在一定的程度上严重打击了科研人员的热情和积极性。陕西一些高校

的科研经费是在上级部门下达指令或者确定课题后，经过申报、评审等一系列的过程，流程较为复杂。自有了科技计划项目以来，我国一直都把科技成果的知识产权判定为国家所有，而事实上知识产权是属于科研单位的，因此就出现了权利与义务、权限与职责模糊不清的情况（李辉等，2017）。有些科技成果的形成涉及的科研人员众多，研究周期较长，最终形成的知识产权，有着复杂的资金来源。各个主管机构之间更是有着错综复杂的关系，进而造成了产权关系的复杂，最终科技成果的产权也无法界定清楚，实施保护的责任人缺失，专利权保护最终难以落实。很明显，高校各项科技成果的知识产权不明。首先，这会影响科研单位主动保护知识产权的积极性。其次，国家对一些重要的科技成果没有很好地管理，无法形成自主知识产权，这必然会影响专利的申请和授权，进而对科技成果的转化造成影响，阻碍其向现实生产力的转化。因为在没有法律明确的情况下，造成了形式上国家所有、事实上单位所有的情况，比如国家把科研项目的收益权下放给高校，但高校在完成科研成果后又会把知识产权划分为国有资产，而高校又没有国有资产的处理权（马治海，2016）。

总的来说，陕西专利的使用权、处置权和收益权的改革方面还存在着不可忽视的问题，国家以及各单位权利义务、权限职责等模糊不清，与四川等省份的"三合一"改革还是有一定的距离，借鉴学习再转化为自己的模式才是正道。

6.2.4 高校科技成果研究与企业需求不对接

我国大部分高校科技成果转化的市场配置较低，急需改善科技成果的供求对接机制。全国高校普遍存在科技成果转化率低下的现象，重要原因是高校科技成果供给与企业需求不对接，从研发到实际的生产应用没有相应的体制去支撑。同时，受到高校考核体制的影响，大家追求的大多是科技成果的数量，至于内容与质量是否符合实际生产的需求，显得无关紧要，这导致很多科技成果无法转化为现实的生产力（李辉等，2017）。

我国高等院校和各企业之间信息不对称的情况普遍存在。首先，各高校的科研人员缺乏对企业实际的技术以及市场需求的调查及理解，高校的科研成果一般都只在实验室进行，没有真正在实际中应用，基本处于"原始状态"。其次，从企业的角度来说，许多公司对高校的科研成果也不甚了解，有些很超前的科研成果，企业根本无法消化，在这种状况下，企业若是贸然引进高校的科研成果，必然会伴随着巨大的风险。尤其对一些基础性的研究来说，前期进行的市场化分析对后期科研成果的市场化有着决定性的作用（郭梁等，2015）。那些具有前景的研究成果要通过什么样的方式推向市场，进而产生巨大的经济效益，仍需要后续的大力开发。一直以来，由于各种原因，高校普遍存在着重理论轻实践的现象，注重理论研究而忽视了现实的应用价值。高校科研人员在进行科研创作时，大多是从自己熟悉或是感兴趣的选题着手，几乎不会考虑这项成果是否能转化为现实的生产力，由此便出现了大量的专利成果"压箱底"的现象，研究出来的成果便放在一边闲置，不能真正地指导生产实践，带来现实的生产力，造成了大量的浪费。长此以往，高校的实验室成果与实际生产不能很好地联系在一起，理论与实际严重脱节，实验室的成果不能直接应用于现实生产。因此，高校的科技成果必须进行中试环节，该环节可以为各项科技成果向现实生产力的转化提供桥梁。高校与企业之间的供需严重不对称，导致多数科研成果不能转化为现实的生产力，也就不能发挥其真正的价值，自然也就没法产生巨大的经济效益，对当地的经济发展也起不到推动作用。虽然陕西最近几年成立了诸多促进高校科技成果转化的中介服务机构，但从其实际运营的成果看，还是不尽如人意，存在着诸如紧缺专业的人才，单一的服务功能以及行业还不规范等各种问题，要想更好地解决此问题，还需下更多功夫。

总而言之，市场和高校之间的产业化平台不健全，导致高校和市场的信息不对称，从而研发与生产脱节，高校科研项目与市场需求不对接，相关的体制也不尽完善。相应地，高校科研成果转化渠道不通畅，必然会导致高校的科研成果在实际市场中不能形成应有的价值，进而导致众多高校科研项目困在实验室里，陕西就目前来说，完善专利产业化平台，是需要抓紧的关键一步。

6.2.5 科技成果转化政策尚未完全落到实处

近些年来,围绕着科研资源的统筹、科技成果的转化以及科技与经济融合等相关问题,中央和各省级地方政府也陆续出台了多项促进专利技术转化的指导性政策,旨在鼓励各高等院校积极进行科研创新,进而为当地的经济发展提供服务。这些政策为企业进行各项融资投资活动提供了诸多优惠,也使得用专利进行抵押贷款便利了许多,专利在公司的生产经营过程中展现出了极大的优势所在。但是,这些政策对于推动高校科技成果转化方面的力度还较弱,政策太具有宏观性且不太具有可操作性。虽然诸多政策都规定了科研成果转化成功后,对相应的科研人员要给予一定的奖励,进而鼓励技术人员进行发明创新及科技转化的动力和积极性,但政策中却并没有明确规定若是不给予科研人员奖励将有什么样的后果或是要承担怎样的责任,而且也没有相应的监督管理部门。实际中大多数高校并不会真正给予科研人员奖励,这使得高校更不愿意进行科技成果转化工作(李辉等,2017)。

究其原因,一方面,在于科技成果转化成现实生产力需要较长的周期,相关政策发挥效果也需要一定的时间;另一方面,虽然出台了诸多的相关政策,但由于大多数的主管部门并没有深切认识到科技成果转化的迫切性和重要程度,对这些政策的执行尚达不到要求。目前,我们已经充分认识到了在科技成果转化的过程中制度是多么重要,为此中央和省级政府制定了诸多促进科技成果转化的政策及制度,但是具体的实施过程却并不理想,"最后一公里"的问题始终存在。比如早在十年前就已经有了一些促进科技成果转化的鼓励性政策,但在 2015 年出台的《科技成果转化法》里面又提了一次,这说明虽然有相关的政策支持科技成果的转化,但政策执行不到位的问题依然存在。导致这种现象的原因有很多,一方面,政府部门在政策执行过程中的不作为,各项新的政策出台,后续实施过程必然要有一系列的配套设施来支撑,但政府部门似乎呈现出消极的状态,实际中配套设施有非常明显的滞后性;另一方面,相关政策之间还存在着自相矛盾的地方，比如科技成果转化过程中的审批权，国家将投资收益权益下放给高校，但高校在完成科研项目后，却把知识产权归为国有资产，而高校对国有资产并没有处理的权利，这就导致了知识产权的模糊不清（马治海，2016）。随着与科技成果转化密切相关配套政策的逐步出台，科研机构和高校也结合自身实际情况先行先试，但目前省市相关配套政策还没有与国家政策形成有效对接，依旧按照"一刀切"和"推广一个模式"出台"上下一般粗"的政策文件，与高校和科研机构的实际需求之间不可避免地存在着一定的偏差。进一步说，相关政策只能为科技成果的转化确定一个大致的方向，具体的实施过程还要下级部门诸如陕西省科技厅以及财政厅等根据本地的特色制定更详细的实施方案。

所以，由上可以看出，中央和省级地方政府出台有关促进专利转化的文件及政策固然重要，政策的下达与实施则更为甚之，陕西目前就存在着政策实施不到位的问题，严重影响着科技成果转化的步伐。

第7章 科技成果转化——如何推进"三权改革"的问题研究

7.1 高校"三权"机制

在2014年9月,国家知识产权局、科技部、财务部三方共同下发了这样的文件——《关于开展深化中央级事业单位科技成果使用、处置和收益管理改革试点的通知》,这项文件的下发标志着"三权下放"的序幕正式拉开了(胡兆燕,2015)。"三权下放"文件中清晰地说明了什么是高校科技成果转化的"三权",它们分别是科技成果的使用权、处置权和收益权。目前,我国的高校与职务的科技成果转化率一般情况下不到10%,但在美国的高校中,它的科技成果转化率却能超过25%左右!因此,如何学习国外大学中科技成果的处置权、收益权成功配置经验,并提升我国高校成果科技成果转化的效率一直作为研究热点,无论是国内学者还是国外学者。我国现有的研究的观点是,我国高校应该借鉴美国科技成果转化模式,构建更加专业的科技成果处置机构,而且在科技成果收益权配置情况下,要兼顾到发明人、高校和企业各方利益,建立具有激励兼容作用的收益分配制度。但对于应该如何合理地配置科技成果处置权,如何建立具有激励兼

第7章 科技成果转化——如何推进"三权改革"的问题研究

容作用的收益分配制度等具体细节和操作层面的问题探索,当前相关研究内容较少。

"三权下放"极大地激发了高校科技资源无限活力,为高校科技成果转化的体制和机制改革、高校科技成果转化的促进提供了非常难得的发展机会。但现实中,高校科技成果的管理部门在转化管理中遇到了很多问题,导致高校科技成果转化的相关工作开展并不顺利。据统计,在我国高校中专利的收益能力与科研经费投入幅度的比值低于5%。根据有关资料显示,2016年,我国高校专利因为未能成功转化无法产生任何收益而失效总量为67545件,其中约有66967件专利是因为没有缴纳专利权该交的年费而终止,并且这是主要原因,这充分说明了高校的专利许可权转让频次比较低。我国的高校科技成果转化能力整体上看发展比较迟缓,当前并未形成成果转化的完整服务体系,且功能单一,以科研管理为主的机构居多,但仅限于信息层面上的牵线搭桥式服务,难以满足我国科技成果转移转化的根本需要。因此,如何去推进高校"三权改革"的问题迫在眉睫。

7.2 高校"三权"的分配现状

高校科技成果的使用权、处置权和收益权的法定范围以及当前我国的高校科技成果转化中三种权利分配的现状,我们将在下文进行阐述,由于北京地区为我国的经济、文化、政治中心,并且在北京地区拥有大量的高校资源,因此更多实验的政策及实行都将会在北京高校进行,所以对于我国高校"三权"分配现状将以北京地区高校的现状为研究中心。

7.2.1 高校"三权"的权利的法定范围

随着在高校的"三权"——科技成果的使用权、处置权和收益权的下放同时，对于学校、合作企业以及专利知识产权持有者"三权"的分配及归属形成了新的研究问题。中国人一直讲的是适合的才是最好的，三种权利对应不同对象进行分配，让合适的对象获得合适的权力才能解决根本的分配及归属问题。

"三权"包含的权利范围都是什么？

（1）使用科学技术成果的权利，对使用权法律的解释是指所有人以自主方式使用或使用自己的东西的法律可能性。使用所有权具有最广泛的普遍性，每个人都可以将其用于任何目的和法律限制。因此，科技成果的使用权就是使用科技成果去做所有人想做的研究、转化和实践。

（2）处置科学技术成果的权利是指所有者在自主意义上最终确定自己的财产或所有权的权利。一般意义上的财产权、行使处置权可以转让给他人，但是，不符合法律或者所有人意愿的处置是非法的，应将处理权归还给所有人。如果不能归还或造成损失的，应当给予纪律处分，包括处置科技成果、专利权处置、无形资产所有权的授予或转让等。

（3）受益于科技成果的权利是指以所有者的科技成果的专利权为基础获得经济利益的可能性，是获得附加财产所产生的权利与义务的关系。收入权是经济上实现所有权的形式。所有权的存在旨在实现经济利益和增值，最终反映在收入权上。收入的力量是指权利的力量。作为实现财产价值的基本手段，在市场经济高度发达的现代社会中，它已成为所有制的核心。

随着"三权分散"文件的实施，科技成果的使用权、处置权和收益权真的落在了学校和科技工作者手中，他们面临的问题就是如何行使处置权对科技成果的专利知识产权的所有权进行处置？是进行自我创业所有权归属自己，风险自我承担？或是将所有权售卖给企业，将风险进行转移，使科技成果研究者获得收益权？对科技成果研究者而言，既使自己的劳动成果得到认可，并通过企业让自己的劳动成果奉献社会，又能获得经济利益的收入；对学校而言，既完成了行政教学任务，又能从社会层面获得称赞的声誉，扩大影响力，还能收获小部分的收益，使其投入再研发之中，等等。究竟问题该怎么解决，便成了高校科研成果转化过程中全权归属问题的当务之急。

7.2.2 高校"三权"分配现状——以北京地区为例

在我国，本书认为目前高校科技成果转化问题，还处在制度困境之中。当前在我们国家成果处置主体权责不对等，国家出台政策——《促进科技成果转化法》，将科技成果的处置权、收益权和使用权下放至高校，由高校管理，但拥有成果处置权的高校在科技成果转化中却没有能力和办法承担主体责任。

首先，对于高校院所所有科技成果的所有权，它属于国有资产。先定价后处置是科技成果转化必经阶段，但定价的高低会导致产生国有资产流失问题。假设科技成果定价过低，则会产生国有资产流失的现状，使专利人受益过少；但如果定价过高，又会导致科技成果转化率降低。即使国务院已经出台了定价免责政策为科技成果服务，但责与免有前后顺序，这对于风险规避者来说，会产生"宁可放旧，也不放手"的结果，而对于高校科技成果中专门管理科技成果的管理部门来说是他们的主要心态。

其次，角色扮演中高校所饰演的是吸收、传播、创造知识的角色，而且比较擅长科学研究和创新性研究，它所拥有的权利是拥有权利去实现科技成果转化但却缺乏能力和动力去推动；与之相对应的是，既有能力又有动力的职务发明人却无权利能使科技成果转化，因为高校科技成果是属于国有资产。因此，合理配置科技成果的产权处置和使用才是关键，将科技成果权属真真正正地落实在职务发明人的手中，才能促进效益最大化的科技成果转化，才能更加有效地推动科技成果转化的成功。

再次，科技成果转化在其收益分配制度方面不健全、不清晰，尤其是高校科技成果转化在收益分配制度上的缺失是导致成果转化难的重要原因。即使我国正在不断地完善高校科研利益分配机制，但对于高校科研人员来说，依旧无法在科研团队中准确衡量个人贡献率，这种情况会影响成果转化分配收益。同时，高校科技成果属于国有资产并被限制在国有资产管理体制之中，专家学者通过评估职务科技成果之后再进行估价，并形成国有股份，职务发明人只能通过国有股权交易系统才能实现它的职务发明奖励。由于奖励过程过于复杂冗长，进一步抑制了发明人科技成果转化的积极性。因此，制定相对健全的科技成果转化收益分配制度是提高高校科技成果转化率的重要措施之一（李玉梅，2005）。例如，美国麻省理工学院就将其职务发明人的科技成果进行落地转化之后收入规定的15%作为研发基金，为了技术再发展而备用，剩下的部分收益再由学校、学院以及职务发明人按照简单的"三三制"分配原则进行利益分配。由于结合其完善合理的收益分配制度，近些年来美国麻省理工学院科技成果转化率不断提高——平均水平达到80%。

最后，什么是科研人员的指挥棒呢？这就是科技成果转化的考核评价机制，对于高校来说，完善的科技成果转化考核评价机制，会产生良好的导向作用。当前，国内高校对科研人员并不能准确地去考核评价，大多专家学者重视理论研究，主要导向定位在于追求在国内外一流刊物上面发表论文，却忽视并且无法满足社会发展真实需求，而且存在只重视论文产出而轻视转化的现象，只有理论不实践是不行的。在绝大部分高校中，科研人员考核的主要指标是论文的发表数量和科研项目数量等，所以导致科技人员在科技成果转化方面的成就在考核制度中未能得到充分认可，这严重地影响到科研人员的积极性，致使越来越少的人从事科技成果转化工作。由于高校在针对科技成果化率方面未作出明确的考核规定，因此没有考核压力，所以高校往往选择规避科技成果转化的风险甚至放弃，从而达到更好地减少国有资产流失的风险责任。

北京地区拥有89所高校，其中36所高校是真正的部属高校，市管高校有37所。由于我国高校实行行政、财政和国资管理体制，导致不同高校归属不同层级部门，所以对于不同高校，它们的主管部门对处置权和收益权的处理规定也不同（张超，2012）。其实在中关村"1+6"政策出台之前，部属高校和市属高校在处理科技成果的"三权"基本方面手段都非常相似。根据之前的2006年和2008年的资产处置管理暂行办法中说明，科技成果转化的相关收益需要上缴国库并且将其纳入财政预算。因此在"1+6"政策出台之后，明显表示部属高校仅需报财政部备案的处理范围是价值800万元以下的科技成果，并且只要单项科技成果

第7章 科技成果转化——如何推进"三权改革"的问题研究

的价值不超过 800 万元,其收益应完全由单位自身自主地去分配,将科技成果转化收益按付出进行合理分配,而针对收益在价值 800 万～5000 万元区间的,将其收益的 90% 留归单位进行收益分配。但市属高校并没有纳入此次改革试点,其授期权和处置权依照往常一样需要上级部门进行审批和审核管理。由于市属高校和部属高校在科技成果转化的政策上的差距与分化,致使这些高校在行使科技成果处置权和收益权时有了明显差异。

截至当前,北京高校在科技成果处置和收益方面的管理工作取得了一些发展,科技成果转化的相关部门、处置权限、收益分配等相关规定渐渐的更加清晰,但当前不规范现象等问题依然存在,比如,有高校在处置权限方面相对有限、股权激励比例相对于企业来说依旧偏低、处置过程与流程运营起来不流畅和不清晰等问题。

进行高校科技成果的处置权、收益权的改革确实可以较少地提高高校科技成果转化率,因此我国借鉴国外比较成功的经验,让高校得到实在的科技成果转化的"三权",最好的方法是通过行政规章或者法律的形式将其作以硬性规定和明确。按照 2008 年国家财政部《中央级事业单位国有资产管理暂行办法》的规定,只要下属高校处理一次性的单位价值或者具有批量价值的国有资产 800 万元时,在进行外商投资的国有资产时,需要向上级主管部门报财政部批准。现阶段,处置价值不到 800 万元的北京高校可以自行决定,但价值在 800 万元以上的,处置权还是由上级相关部门进行决策和管理的,相比之下,市立大学的权力较少。2010 年,北京市教育和财政局颁布了《北京市教育委员会预算委员会国有资产租赁、出借、外商投资和担保管理细则》。对于这些市级学院和大学,占用和使用的国有资产将被租赁和借出。外商投资和担保必须由单位、市教育委员会和市财政局按照审批机关事先实施。"《实施细则》明确规定,市财政局和市教育委员会应加强对国外资产的使用,以进行对外投资和租赁。对贷款和担保等行为进行风险控制,并严格批准。"科技成果收益权管理还有另外一项规定——《北京市事业单位国有资产租赁、外商投资和担保管理暂行办法》。根据这项临时措施,对于市级高校,"国有企业"按照政府的非税收入管理规定,实行"两线收支"

管理。国有资产租赁，出借或者外资发生后，财政部门应在单位内分配预算，资产需要进行严格控制。所以对于上述规定，北京地区市属高校需要进行一系列流程到各个相关部门进行审批和审核才能进行科技成果转化。一般情况的操作中，相关部门为了减小国有资产的流失风险，市级相关管理部门对科技成果转化的落地项目总是持比较谨慎的态度，导致审批周期过长，给转化过程和产业化过程带来较大的消极影响，科技成果转化和产业化难以顺利进行。而在科技成果转化成功实施后，转化的相关收益又要上缴国库，作为财政预算，同时财政部门又严格把控高校实行科技成果转化的财务预算，导致的结果是，不仅高校在科技成果转化中收益较少，而且高校的科研类教育财政拨款也受到影响，从而大大削减了高校转化科技成果的积极性与热情。

从上述的内容可以看出：科技成果入股股权激励比例偏低而无法引起科研人的积极性和热情；科研院所职务发明人更加侧重学科前沿研究、攻关研究与外界企业注重应用研究不同且不相适应的问题；大学主要从事基础研究；大学研究大多数为国家要求的基础性研究，得到的是基础性研究成果，与实际情况中的产业化及投入实际应用还相差甚远，具有一定的距离感。这些问题都是我们需要解决的重要问题。科技成果转化中包含的科研成果蕴含很多隐性知识，一般人没有深厚的科学知识技术基础，让企业自身去单独转化科技成果，同时后期没有后续工作的跟进与支持，很容易导致转化成果失败。因此，若靠简单的技术转让、许可等将技术转移给企业是难以提高科技成果转化成功率的。所以，需要高校中科技成果研发人员参与进来，去帮扶企业进行转化自己的科技成果，通过这种行为能更好地解决好科技成果未来会发生的后期开发、各种需要的技术支持等。在实践过程中，调动大学教师的参与积极性从而提高科技成果转化率，相关部门准备将成功转化的科技成果的股权奖励给做出突出贡献的教师们。2010年颁布的新法规中的分红措施并没有得到大家的认可。通过相关调查分析得出，大部分教师并不满意此次的奖励幅度，并且认为此次的改变反而降低了之前20%～50%的奖励比重。这一比例通过和国外的大学相比确实过低，与日本的东京大学相比较，东京大学科技成果转化的转化收益在扣除必要的费用之后，30%归大学所有，30%

归研究团队及其学院所有,剩余40%归发明人自身所有。这些数据表明,在东京大学,研究人员真正能够自主支配的实际收益可以达到70%。2011年,我国在481家单位进行了股权激励试点改革,其中,民企和上市公司占据总体数目的78%,但高校事业单位等在其中所占比例相对较少。调研显示,由于部属高校和市属高校进行试点大都只选择一两个项目,这相对于高校多如牛毛的生物科技成果来说较少,远远不能满足现实中科技成果转化的高校需求。

尽管国家相关法律已明确规定,由于部分高校在申报、审批流程等方面不明确和管理的随意性导致不规范行为的不断出现。部分高校的教师在进行科技成果转化时,并没有向学校主管机构上报,这样就导致了国有资产的流失。因为教师把一些科技成果通过不正常渠道进行私下的售卖或者转化,将其变成教师个人创收的一种灰色途径。教师为了减少审批烦琐环节,扩大自主权,总是倾向于通过横向课题与企业横向合作,虽然这种方式使教师的积极性明显得到提高,但造成高校的科技成果处置和收益管理困难加大,导致国有资产流失。

7.3 "三权"归属对科技成果转化的分析

7.3.1 "三权"归属的制度思路

科技成果作为无形资产却不同于有形资产。因为作为技术类无形资产,科技成果的价值有很强的时效性,假如得不到及时的转化,一旦新成果迅速发展就会被取代,与此同时,其价值也会伴随时间的流逝而迅速降低乃至于彻底失去(黄蕙静,2013)。这就相当于对科技成果而言,实际上就是"一天不转化,天天在贬值,直到最终贬值为零"。由此可见,科技成果如果长期不转化并置之不理的话就会产生难以挽回的浪费,这间接意味着国有资产在隐形流失,同时也使原本在科技创新和市场之上具有的竞争力缺乏动力和主动权。对于国家来说,放开一定程度的科技成果所有权并不是一件坏事,可能极大地激发高校科研工作者的参与热情和工作积极性,使国有资产得以保值甚至增值。其实问题的根本矛盾就在于如何去平衡国家利益、集体利益还有个人利益,找到三者的平衡点是科技成果改革的重心!对于科技成果"三权"的改革,多个省份已经开始了它们的探索,如湖北、吉林、四川等,它们都出台了相关政策进行尝试。湖北已经出台的实施细则——《高校院所科技成果转化资产处置与收益分配实施细则》,细则规定,明确了"荣誉权归高校院所,知识产权归属研发团队"的中心思想,将科技成果权和知识产权完全划归于科研团队(李金惠,2016)。因此,必须要坚持为国家、单位、个人三者利益均衡,并坚持互利共赢的原则下,积极探索高校科技成果转化"三权"机制体制改革的研究和设计,要在一定条件下分阶段地把科技成果的"三权"分配给高校或者科研团队或者成果完成人,进行合理可行的政策设计和制度安排。

第一,把高校的科技成果"三权"落实给高校手中,这种情况下高校可以优化转化流程与收益,将收益的50%直接落实奖励给成果完成人。而对于财政性的资金立项支持下产生的科技成果所有权交付于高校所有,此后高校应按照成果产生顺序在接下来的两到三年里优先实施科技成果转化,如若转化成功应从收益中拿取不低于50%的比例用于奖励成果完成人和研发团队。

第二,高校若无法承担转化或者不转化时,高校应该将科技成果的"三权"转移授予成果完成人,并要求成果完成人进行转化。高校中的科研团队在完成科技成果后两到三年内得不到实施科技成果转化的,可以通过双方进行合同约定,将科技成果的"三权"授予研究团队,该研究团队应在取得科技成果所有权的两年内积极进行科技成果的转化工作,高校应该把科技成果转化作为一项衡量教授职称评价指标,进而调动科研人员和大学教授的动力。

如果科研团队成果完成人成功进行了科技成果转化并且已经取得一定收益,成果完成人应该拿取收益的30%作为回报给予学校。为什么还要返回30%的回报给予学校呢?将科技成果的"三权"授予个人后,需要考虑的就是如何保证高校的合理利益并且防止国有资产流失，就是如何更好地平衡个人和集体的利益问题。所以，在研发团队和成果完成人实现了科技成果转化的时候，应该从收益中拿出至少有30%的比例返归于高校，这样的反哺机制就是为了防止高校成果完成人为了更好地获得科技成果所有权进行自我转化而故意不配合高校的进行转化的对冲机制，是为了更好地保障科技成果转化率。这样的话，配合高校成果转化，高校成果完成人在此过程可以获得收益的50%，可以支配的奖励至少60%，而自行转化高校成果完成人能够获得最高70%的成果转化收益，尽管自行转化获得的收益可能略高于高校转化，但相比于自行转化，通过高校集体转化成果完成人投入的精力、物力、财力面临的市场风险也会大大降低，如若等候三年再进行转化的话，成果的价值与三年前对比也将大大降低。因此，这样的制度设计既可以防止成果完成人为了获得科技成果的"三权"恶意等候三年后再自行转化的忧虑，也可以减少高校因为懈怠不转化现有的科技成果而导致国有资产的隐形流失，由此形成一种相得益彰互相补充的制度。与此同时，将科技成果转化工作作为职称评价晋升的一个指标，也会极大地调动大学中科研人员的积极性。因此，这种制度设计很可能有效地打通成转化体制机制上的全部通道。

7.3.2 美国斯坦福大学 OTL 模式

美国斯坦福大学科技成果处置权和收益权配置的经验如下：①科技成果处置权完全下放给技术转移办公室（OTL），全权委托技术转移办公室进行职务科技成果商业化活动，保证了科技成果转化处置的专业性和独立性。②采取了发明人披露、技术转移办公室转化的处置方式，一方面，将科技成果披露的主动权交给发明人，激励其参与成果转化的主动性；另一方面，建立并全权委托专业化的技术转移办公室处置科技成果，通过分工协作，提高了科技成果转化效率，使大学成为技术市场上集研发与营销为一体的独立主体（郭英远、张胜、杜垚垚，2018）。③以经济利益为纽带，采取了激励兼容的收益分配模式，将学校、学院、科技人员及技术转移办公室等部门纳入到分配主体之中，并通过建立相对均衡的分配比例，有效激励了参与科技成果研发与转化各类核心主体。美国斯坦福大学科技成果转化效率高的制度优势是采取了发明人披露、技术转移办公室转化的成果处置方式和激励兼容的收益分配方式，这促成了美国大学科技成果转化的专业化和规范化。大学科技成果转化涉及发明人及团队、学院、学校及技术转移办公室等多个利益主体，在各个利益主体之间合理配置科技成果的处置权与收益权，有利于激发各方参与成果转化的积极性，形成转化合力，提高成果转化效率和成功率。美国斯坦福大学科技成果处置权和收益权的权利配置方式不仅为大学科研人员专心科研创造了良好的环境，有利于实现分工协作，也激励了学校、学院和发明人持续不断地投入科技成果研发与转化，激励了技术转移办公室（OTL）主动寻求校企合作。

在斯坦福大学，首先，发明人拥有披露所属自身的科技成果转化要求，由技术转移办公室接转要求并处置；其次，技术转移办公室对成果的商业潜力进行评估，决定其授权策略；再次，技术办公室起草并得出由斯坦福认定的产权申请书，形成一定的有法律保护的产权，与此同时，产权办公室向社会企业推送相关成果；最后，若科技成果成功申请知识产权，可以直接授权给企业或者依托发明人创建新公司。大学科技成果的收益权主要涉及4个核心的分配主体：学校与学院、技术转移办公室、发明人及其团队。因此，在斯坦福会将科技成果转化收益的15%留给技术转移办公室，主要用于该部门的转化奖励以及负担专利申请、专利保护等费用（万小丽、张传杰，2009）。其余收益为科技成果转化净收益，美国斯坦福大学职务科技成果转化转移收益在大学、学院（系、实验室）、发明人及团队，以及技术转移办公室之间按照固定比例进行分配。其中，技术转移办公室先提取15%的收益比例，作为提前扣除，主要用于技术转移办公室的运营管理以及其他科技成果转移转化的费用。其余85%的收益在学校、学院和发明人及团队之间采取比较均衡的分配方式进行分配，美国斯坦福大学固定比例收益分配模式大学分配对象分配比例占净收入比例。

对于处置权的分配问题有如下方式：

首先，将科技成果申请专利的主动权交予成果完成人，也就是发明人要向技术转移办公室主动地交付研究成果的内容,而且必须在处置科技成果的时候充分听取发明人的意见,这样可以提高成果完成人参与科技成果转化的积极性,鼓励更多的教授拿出自己的成果尝试进行成果转化,提升成果转化的成功率和效益。职务科技成果的发明人往往是相关领域内的专家,对科技成果需要转化的相关领域有着比较深入的见解,且了解行业未来发展方向。因此,发明人能够帮助技术转移办公室申请知识产权保护,快速定位潜在的授权公司,签订合理的授权合同,从而大大提高科技成果转化效率和成功率。

其次,在大学中正式建立商业化的机构专业地进行科技成果转化的工作——技术转移办公室,将高校中科技成果转化工作统一交给该机构完成,解决了大学科技成果商业化"所有人虚化"的问题。传统大学行政机构缺乏实施科技成果转化的专业技能和素质。为此,我们大学应建立专业的技术转移办公室以弥补传统大学行政机构的不足。在具体执行过程中,高校需要统筹各方利益。因此,要将科技成果的处置权交付给技术转移办公室去处理,这样可以确保处置科技成果的专业化、独立性、可靠性和高效性,使得大学里存在一个机构既有能力又有权力去实施科技成果转化。

再次,高校中的成果完成人和其团队与技术转移办公室要在实践中实现协调与分工,这样有利于科技成果转化过程更加的专业化、市场化、商业化和组织化。高校既需要科技人员研发具有前瞻性的科学技术和创新成果,还需要技术转移部门来推动优秀科技城的市场化和商业化,两者相互匹配才能够推动高校成为科技成果的研发与转化中心。科技人员及团队是科技成果的研发主体,其创新性的研究发现是推动新技术研发与应用的根源,其本质上是成果的生产部门;技术转移部门主要负责科技成果的商业化运营,其实质是成果的营销部门。科技人员负责向技术转移部门披露科技成果信息,技术转移部门负责向科技人员及其团队反馈市场需求信息,两者相互配合共同推动科技成果面向市场需求实现研发与转化(张翼、王书蓓,2018)。

最后,大学通过技术转移办公室的运作成为了技术市场上的独立主体。我国大学,一方面委托专业的技术转移办公室处置科技成果,另一方面支持发明人研发,并且两者分工协作、相互沟通和交流,使大学能够独立进行科技成果的生产与销售,从而成为技术市场上独立主体。高校有能力亦有动力去主动对接市场,了解企业需求,努力生产高质量、贴近市场的科技成果。因为美国斯坦福大学通过技术转移办公室主动对接市场需求,所以我们应该借鉴与学习,通过这样的模式借鉴可以促进我国大学的科技成果转化效率,并且突出了大学在国家技术创新系统中的主体作用,在某种程度上,促进了传统的国家三元创新体系向三螺旋式创新模型转变。技术转移办公室专业化、独立运作的营销团队赋予了美国大学主动对接企业需求的能力,成为连接大学和企业的纽带,使得企业和大学的研究边界交叉融合。

大学职务科技成果转化的收益分配政策需要实现了激励兼容。大学科技成果转化的主要利益相关者可以归纳合并为学校、院（系、实验室）、发明人及团队和技术转移办公室四个利益主体。在成果转化中,虽然这四个利益主体的目标函数不尽相同,并且相互关联,各有所长,相互作用难以替代,但其共同目标是获取经济效益,大学通过利益纽带将其连接在一起并设置了合理的收益分配比例,从而形成了激励兼容的收益分配模式。在大学职务科技成果转化过程中,学校是职务科技成果的所有人和一级法人,其作用表现为组织投入和资源投入（郭英远等,2018）。组织投入包括:①建立学院、系、实验室等基层研究单位,委托其进行科技研发活动;②建立技术转移办公室,委托其处置科技成果、进行商业化活动。资源投入包括:①提供良好的资源支持,包括研发环境、配套资产、研究设备、高效的行政管理水平等;②提供良好的平台,发明人申请项目时需要借助学校的平台。以学校名义进行申请,并且在技术市场上出售成果时,也需要借助学校的平台和影响力,而实力雄厚的学校会拥有更大的品牌效应和影响力。学院、系、实验室等基层研究单位,对上受学校委托进行科学研究,对下雇用科技人员进行研发活动,是科技成果的生产场地,为成果研发提供平台,同时也是知识积累的平台。首先,科技成果的研发需要学院、系等提供设备、场地、资金、行政等的支持。其次,学院或者专业拥有品牌效应,有些大学尽管综合实力较差,但如果某一专业实力雄厚,也能受到社会各界的认可。最后,科技成果的研发，尤其是高科技、前沿、尖端技术的研发，是一个长期积累的过程，需要几年，甚至是几代人的投入。学院为科技人员及团队研发科技成果提供了必要的实验设施和实验场所，并通过学院长期的知识与技术累积，为科技人员及团队研发前沿科技成果提供必要的研发平台。科技人员及团队是大学科技成果的研发源泉，其通过知识创新与技术突破，将原型成果研发出来；同时，科技人员及团队在科技成果转化过程中，通过参与科技成果的专利申请与改进改型，成为推动成果市场化的重要力量。技术转移办公室是大学委托推动科技成果商业化运营的部门，其延伸了大学的传统职能，使得科技成果市场化成为大学的新职能，实现了科技成果研发与产业化的有序衔接。技术转移办公室主要将大学的科技成果推向市场，同时将市场的技术需求信息反馈给科技人员，成为连接校内外科技创新需求的重要桥梁。美国斯坦福大学将以上四个利益相关者均纳入收益分配体系中，实现了收益共享和激励兼容。激励兼容的收益分配模式能保证四个利益主体均能在科技成果转化过程中获取收益，以经济利益为纽带激发四个利益主体的积极性，让四者各司其职，分工协作，共同致力于促进科技成果的成功转化，最终提高职务科技成果的转化效率。

大学应建立专业化、市场化与组织化的二级科技成果商业化管理部门，通过将科技成果的处置权进行授权与委托管理，实现科技成果转化的统一管理。我国大学科技成果转化的权利相对分散，科技处、学院、科研院、技术转移办公室、资产处等部门均具有一定的科技成果转化管理权限。同时，由于我国大学科技成果涉及国有资产运营与监管的问题，导致大学推动科技成果转化与收益分配面临国有资产流失的风险。因此，在我国将科技成果处置权和收益权下放给大学的制度背景下，大学应该将科技成果转化的相关职能与权限进行统一管理和授权，以推动大学推动科技成果转化的组织化和专业化，同时有助于避免多部门协调和创新科技成果类国有资产的运营与管理体系（郑建阳，2017）。大学应该将科技成果转化的核心利益主体，学校、学院、发明人及团队、技术转移部门等均纳入科技成果收益分配之中，通过建立相对均衡的分配比例，以实现各利益主体的激励兼容，科技成果转化收益分配50%以上分配给科技人员及团队的制度约定背景下,在确保科技人员及团队转化收益得到保障的条件下,建议将其余收益在学校、学院与技术转移部门之间进行科学合理的分配,以激励各类转化主体的转化积极性和主动性。同时,应给予技术转移部门转化收益足够的分配比例,以鼓励技术转移部门实现自收自支的独立运营,避免"收支两条线"造成技术转移部门缺乏分配激励的现实困境。

7.3.3 我国对高校科技成果产权管理模式的探索

我国在探索科技成果转化方式与科技成果的"三权"方面一直保持积极进取的心,根据资料查阅,在2008年的《专利法》修订案中,就有规定高校在进行具体操作时要遵循"合同优先原则",要最大限度上根据高校和成果完成人的意愿进行自我操作,这样会促进高校和科研人员自主性,更好地去落实科技成果转化政策归属的要求,并增强其现实意义。虽然我国有关科技成果转化方面的法律在不断完善,但同时我们也应该看到,科技成果的所有权归属问题依旧存在很多需要改进的地方。我们可以借鉴美国高校的先进经验,通过借鉴进而推动我们国家高校在科技成果转化中收益权方面的分配,从而制定合理的收益分配制度。应该在法律中明确优先去保护成果完成人或者发明人的权利。在我国制定的《专利法》中规定:归单位的所有权的范围是职务类发明,也就是说非职务类发明是归属于成果完成人或发明人所有,如果事先有明确订立了契约或者其他约定,则按照约定进行执行。但从实施的实际情况来看,法律并没有对职务类与非职务类进行明确的法律意义上的界定,而在实际情况中,机构更注重高校或集体的利益而忽略了发明人或成果完成人的权益。因此,对于上述规定,在美国《专利法》中是有明确规定的:除特殊情况外,专利申请应由发明人提出。该条款规定,无论如何,成果的发明者或者完成者将拥有科学技术成果的所有权利。与美国的法律相比,中国的专利法并不能很好地保护发明人的权利。这意味着无论如何,发明者拥有科技成果。与美国相比,中国的专利法在保护发明人权利方面仍有待提高。在法律层面加强对发明人权利的保护,可以有效提高发明人的积极性,因此是中国在后续法律修订中的必要条件。中国许多大学在结果转化实践中存在以下问题：一些研究人员将科技成果私下转移到企业，因为他们担心自己的合法权益得不到保证，导致大学的无形资产失利。另外，由于分离、退休等原因，一些发明人无法获得随后使用结果的好处，并且发明人将因缺乏合理的补偿而感到沮丧，从而导致对研发和转型的热情丧失。造成上述问题的主要原因在于，我国高校普遍缺乏科技成果转化的收入分配机制，在现有的收入分配政策中，保护知识产权的问题比较严重。在这种情况之下，成果完成人在收益方面就会受到极大的损害，这样的话，不仅不利于发明人在科技成果转化之上的热情和激情，同时也不利于学校对它的管理。综上，国家应该制定相关的法律法规去更有效地激发研发人员、高校教授的转化积极性，利用发明人利益最大化的原则来协调二者的利益。

处置科学技术成果的处置权。在制定具体的收入分配政策时，学校应当按照有关法律严格遵循公平、合理、激励、可持续的原则。扣除相当的管理费用后，所得款项在发明人，部门或中心、大学按规定比例合理分配。收入分配自治的权力下放在现行的收入分配法律规范中，大部分关于分配比例的规定已经明确，大学有少量的自由裁量权。在实际科技成果转化中，各大学面临着不同的具体情况，收入分配的比例应根据各所大学的实际情况确定。因此，国家应该将科技成果分配决策权下放到学校。这种规制的不一致将给高校特定收入分配的实施带来很大困难。一方面，大学政策制定的法律基础将变得非常模糊；另一方面，当对收入分配感兴趣时，如果出现争议，裁判的法律依据将不明确。因此，有关法律法规对收入分配的规定应当统一。例如，专利法将科技成果转化收入定义为补偿，分配主体为发明人，发明人可以获得不低于补偿收入的10%。在《科技成果转化法》中，成就转化的收入被定义为奖励。分配的主体是完成科技成果的人和做出重大贡献的人。成就的获胜者可以获得不低于转换收入的20%作为一次性奖励。2014年，《中华人民共和国科技成果转化法促进法》修订草案对收入分配进行了较为科学的解释。上述法律法规的颁布，无疑是对中国成果转化所带来的收入分配的更明确、更科学的规范。尽管中国不断完善有关收益分配的相关法律法规,但转型成果,收入基础,主体收入分布和比例不均匀。例如,如果股份制企业实现转型,重要贡献人员将按照国家标准给予一定的份额或出资比例。通过1999年《中华人民共和国合同法》的实施,再次强调一定比例的使用和转让收益将用于奖励和奖励结果的获胜者。

扩大科技成果收益权。长期以来,中国科技成果转化率一直低于西方发达国家。这种现状越来越受到国家的重视。1996年通过的《中华人民共和国科技成果转化促进法》,明确规定该单位应提取不低于转让净收入的20%(杨万福、李红波,2008)。在这种模式下,不仅科研人员的精力会分散,而且科学研究工作也会受到阻碍。此外,研究人员的知识主要是他们研究领域的专业知识。科技成果转化所缺乏的谈判能力、法律知识和市场运作能力将降低转换效率和质量。这种科技成果转化的建立,可以将科技成果转化收入与研究经费分开,并在收入分配前补偿科技成果转化所产生的管理和经营费用。这种方法可以更清楚地定义可分配的利益,从而确保分配工作可以公平合理地进行。另外,我国大多数高校实行以科研人员为主导的科技成果转化模式。这种方法有效地简化了审批程序,有利于降低转换成本。因此,国家可以采取激励措施,扩大备案制度的适用范围,引导各省市根据自身条件进行不同层次的备案制度改革(迟宝旭,2005)。目前,我国大部分省市仍采用逐层行政审批制度,2007年《中华人民共和国科学技术进步法》作出如下规定:"除具体情况外,应当取得利用财政资金建立的科技基金项目和形成的知识产权。由项目承办人依法处理",一些科技成果的所有权由大学正式拥有。然而,实际上,大学对结果的转变仍需要各级的行政审批。我们应该给予高校足够的权利去自行分配其科技成果转化权益,根据各自高校的特色,制定不同水平的分配制度,完善体制机制的制定,进而使收到的权益更好地可持续运转起来。

第8章 科技成果转化的经济支撑问题研究

我国高校科技成果转化一般需要经历四个过程，分别是理论成果阶段、技术成果阶段、产品化阶段和产业化阶段，每一个阶段都需要资金的支持与帮助才能成功完成科技成果转化（孟劼等，2016）。从理论到产业化，随着阶段的递增其对应的资金支持是呈几何倍数增加的，完成科技成果转化这个过程需要大量的资金，因此科技成果转化过程中的经济支撑问题成为问题研究的重中之重。

8.1 科技成果转化与经济支撑

科技成果要想顺利地转化必定需要大量资本的融入才能完成。目前，我国大学的科学研究活动主要由政府资助，高校要想得到来自企业的资金资助和其他的金融贷款，就要提升本校的科研能力，凭借自身实力拿到除政府以外的科研资金。虽然来自企业的资金资助每年都在增长，但在总体经费比例中仍然较低，来自金融机构的贷款却在逐年下降。风险投资、私人资本又没有大规模用于高校科研，所以对于高校来说，其科研资金来源比较单一，没有多方的投入，尤其是企业的投入。这个问题的根本原因在于我国独特的高校体制和研究成果为国有资产有着密不可分的关系。伴随着改革开放，我国的经济发展非常迅猛，取得了辉煌成就，但科研体制并没有紧跟时代的发展速度，使科研在发展中有很多方面的阻碍。因为没有健全的科研体制，科研立项、调研、研究、评价、调整等机制落后，使科技发展无法与经济要求相符合。高校在落后的科研体制中开展各项科研活动，导致的结果是"研究是未来的研究"，市场需求急需当前可以立即投入使用并产生实际效益的科技成果。对于高校来说，他们遵循的过程是"课题项目立项—政府基金下达—研究开始—结题—再申请"的传统模式，研究过程是研究者自身封闭的思考，没有与产业化和市场化结合起来，虽然科技成果应用前景很大，但当下与社会实际情况相差甚远，无法投入。因此，落后的科研经济体制不利于科研成果转化的成功性。

因此，从宏观角度看，国家与银行基本上没有设立专门帮助高校科技成果转化方面的资金项目申请，科技成果转化需要大量经济资本注入的条件无法满足，从而制约了科技成果转化的成功率；从社会角度看，当前我国的企业经营者比较倾向于追寻短期利益，寻求快速回报，对于周期长、投入资金大且风险高的项目往往资金投入较少；从学校角度看，缺少资金注入，导致学校无法为科技成果转化提供大量资金支持，无法筹集到足够资金支持，也无法承担科技成果转化失败带来的风险责任，所以阻碍了科技成果转化的进程。因此，科技成果转化的经济支持对于能否成功转化有着非常重要的影响。

8.2 经济支撑模式研究

8.2.1 高校科技产业转化基金的设立

为了使高校科技成果和市场接轨，更好地满足市场需要和促进科技成果转化，从企业的长远战略角度出发，设立了科技产业转化基金的设想，由企业从自身实际问题出发设立科研课题或者科技成果要求，由企业投资，高校科研队伍进行研究，高校将各个企业投资的资金设立为科技产业转化基金，为学校内部的研发团队进行经济支持。项目基金主要解决前三个阶段：

（1）理论成果阶段。科技成果的转化都是从理论成果开始的。这个阶段由高校研发人员主导，他们需要根据实验结果和相关理论，提出新的概念和成果，并通过整理和归纳形成一个相对完善的理论体系，为后续阶段的开展奠定基础。为了支持理论成果阶段更好地进行，国家为高校科研项目的开展提供了众多的政策和资金支持，以支持科研人员开展各类课题、项目。

（2）技术成果阶段。在完成了第一阶段的理论研究后，就需要形成技术成果。这一阶段仍主要在实验室中完成，并由科研人员和相关研究者主导。在技术成果阶段，高校常与其他科研机构或企业进行合作，实现理论与实践的结合，使科技成果具备更高的可行性。在这一阶段，学校和国家会为科研项目投入一定的资金，还有一些民间投资者看到科研项目的潜力从而进行投资，为项目的开展提供更多的资金支持。

（3）产品化阶段。实验室的研究项目成果还无法真正产生市场和经济效益，要使科技成果真正成为能创造价值的商业产品，还需要经历产品化这一过程。因此，在科技成果转化的过程中，产品化是最重要的一个环节。这一阶段由多方共同参与和主导，通常包括高校科研人员、企业工程师、产品运营团队等。在产品正式投入市场前，需要先进行市场试验，主要测试产品的合理性、可操作性、经济性、生产工艺、市场效益、生产成本等，确保产品能以最低的生产成本获取最大的经济效益。

这种模式借鉴于市场中产业基金的设立与投资，为了企业更好地发展和项目的更好完成，通过一定量的投资"四两拨千斤"，达到使企业产生跨越式发展。比如，重庆两江新区战略投资基金（以下简称"两江战略基金"）与中金资本、武岳峰资本签署投资协议，将在重庆两江新区分别设立军民融合发展投资基金和先进制造产业投资基金，两只基金合计规模达100亿元。据悉，两江战略基金与中金资本、中船重工、渝北区临空开发投资公司等机构合作发起成立中金科元股权投资基金,该基金将聚焦军民融合,重点围绕电子信息、物联网、新能源、航天航空、电动汽车、高端制造、船舶等战略新兴产业进行投资,基金规模达50亿元(王德利,2018)。同时,两江战略基金还与武岳峰资本、中国诚通等发起合作设立两江诚通鼎峰先进制造产业投资基金,该基金将聚焦半导体、清洁技术方向、工业自动化、智能化方向、新材料及新工艺方向等领域进行投资,基金规模达50亿元。为加强助推战略性新兴产业发展,2015年10月,两江新区管委会批准发起成立了两江战略基金(张惔,2012)。目前,基金规模已近80亿元,该基金已经形成了由两江战略基金、两江承为基金、两江润益基金、凌励资本等一系列子基金组成的两江战略基金系。在直接投资方面,已投资了两江新区的万国半导体、博奥生物、神华太阳能、天骄航空、鑫景特种玻璃等一批高精尖项目;在合作设立子基金方面,参与由国家发展改革委、工信部、财政部组织设立,由国投创新投资管理有限公司管理的先进制造产业投资基金。

8.2.2 政、校、企三方出资的 PPP – U 模式

PPP – U 由政府引导社会企业主要资金注入、以学校为平台,政府、社会和学校三者合作,打造和突破高校科研成果与市场现状不符,企业无法利用,科研成果无法及时转化的局面,从而使科研工作者名利双收,政府与高校获得声誉、企业获得利益的共赢局面。

PPP 英文全名叫作 Public – Private Partnership,翻译过来就是政府资本与社会资本之间的合作,这种项目运作模式是一种专门做公共基础设施建设。政府在这种模式之下,鼓励私企、民营资本承担起社会责任并参与到基础公共设施的建设之中去。从广义的角度解释这个 PPP 的含义,那么 PPP 就是使社会中非公共部门参与到社会中公共产品提供的活动中去,与此同时,政府和私企个人进行合作的过程,目的是为了实现双赢,达到单独行动无法达到的水平。与 BOT(建设—经营—转让,私企参与基础建设,向社会提供公共服务的一种方式)相比,PPP

中不一样的点是企业会在立项阶段、前期的科研阶段参与得比较深入，相对于政府而言，更加注重中后期项目建设的运营管理。但政府跟企业都是从项目开始一直参与到项目结束，双方互相了解的时间长，信息相对比较对称，这样可以使双方获取共赢的局面。

本书认为政、校、企三方出资的 PPP-U 模式主要可以解决以下三个问题：

（1）由于我国组织模式要求产出目标，致使科研成果更注重于中长期发展从而与市场脱节。现在我国高校科研项目主要分为纵向和横向两种项目研究，这也是高校科研经费的主要来源。横向的项目跨度比较大，往往是结合了产、学、研的性质，解决问题主要是以社会中企业发生的实际问题作为研究突破对象，使高校帮助企业解决制约企业实际发展的技术阻塞问题，目的性比较强，成果转化压力几乎没有。相对于横向项目而言，科研纵向的研究项目一般要通过项目论证、项目申报、可研批复、成果认定等流程，从而获得政府的财政经费支持，进而推进纵向项目的环环深入、层层推进。实际中，这种项目往往注重于基础的理论研究和追求科学最前沿的问题，这些研究方向是国家的中长期的战略发展规划需要，不追求利益，不追求成本低，因而导致企业参与度不高甚至无法参与，这样的科技成果它往往不适用现实中的真实需求和操作（黄祥嘉，2015）。

（2）高校封闭式研究与成果评价体系致使高校的科研成果科研环境与社会真实需要不同步。高校中大学教师科研过程中，高校对教师研究成果的评价体系导致项目层次、经费数量、成果（论文）奖励是主要评价指标，从而引导高校教师研究方式更加靠近评级体系要求，所以实际情况中，高校教师对科技成果的推广和现实应用根本不重视，致使自我的研究成果造成浪费，这种评价体系也致使更多教师在科技成果转化和开放方面积极性不高、没有激情，进而阻碍了高校科技成果转化的进程。从国家对横向项目和纵向项目的投入经费比例看，政府投入的科研经费主要集中在科学前沿的研究或基础科学，但政府对高校中已有的研究成果应用方面并没有多少投入。我们再看看西方发达国家成功的经验，可以发现，西方发达国家在进行科技成果转化并成功应用于社会生产这个过程中，开发、中试、成果商品化的经费投入比例为 1∶10∶100，越到应用阶段经费投入应该越多,而我们国家的研发、中试、商品成果化比例不协调,并没有像国外那样呈几何倍数递增(杨珍等,2013)。不合理的经费投入比例导致大部分高校科技成果转化都停留在了中试阶段,技术实践不成熟,成果转化难以彻底完成,最终导致高校科技成果转化率低的结果。

(3)高校中科研工作者追求学术地位和科研成就,与外界交流较少,从而运行机制较为封闭,这就导致校企之间不能合作产生协同效应,从而造成资源的隐形浪费。在高校这个自由且宽松的研究环境中,高校教师更加地倡导学术研究的独立性还有自由,他们进行着客观事物本质的探索与研究,他们最擅长单兵作战或者师徒联合,就为了能发表更多的论文,获得更多的项目和促进自我人才梯队的上升,科研目标是柔性指标,科研成果偶发性高,这样的科研成果并不利于在实践中推广与应用。因为社会中企业的技术革新都会以市场的实际需求进行研究开发,对商业利润和前景是有指标的,都希望能够直接获得成熟的技术,直接进行产业化、商业化和规模化,并源源不断地产生利润。由此可见,高校科研的"高、精、尖"是国家战略需求,这与企业现阶段追求的短期利润相差较远,因此,高校和企业合作会产生较大的价值观念冲突,使科技成果转化难以顺利完成,合作契机也难以转化。

8.2.3 高科技企业与高校科技转化的协同作用

我国高校的科技产业的优势在于它的主要渠道之一是可以连接高校和高科技企业进行协同创新,它可以帮助产、学、研更好地契合,同时不断培养社会所需人才。简单地可以归纳出以下几点内容:

首先,通过高校发展其科技产业,嫁接高新技术企业直接进行科技成果转化。在我国,高校不仅仅是吸收有能力并将其培养成社会所需要的高素质、有创造性的人才,还将解决帮助国家战略层次的需求问题;通过不同高校擅长的不同领域、不同行业,发挥高校的特色和优势集成性的解决重大科学问题。高校自身就是一个拥有各种各样的科技成果和产业化资源,充分利用这些资源和科技成果必然会产生巨大的利益,才能真正地把知识转化为效益,进行知识创新、技术创新,将知识转化为生产力,并且直接参与到社会经济、发展之中,成为社会不断前进的重要力量。学校之中的高科技成果与高科技企业结合起来,可以促进高校的科技成果更好地适应市场真实需要,更有利于科技成果转化成功率,从而直接实现了转化。比如,在南京工程学院与其控股的南京尼康机电有限责任公司进行的校内协同创新成功转化了地铁自动门的这项科技成果,并且建立了生产流水线,其产品一时占领了市场份额的一半,被称誉为"中国第一门"。

其次,推进高校中的科学技术成功转让给高新技术企业。在现今的这个技术不断更新与革命的时代,企业高新技术部门都有着巨大的压力。作为高新技术部门,承担着创新和创业的双重任务,需要进行创新并产生科技成果去成功转化,这无形中极大地增加了企业的成本,但如今科技成果转化为生产力是大势所趋,所以科技成果转化的过程就是创新与再创业的过程,也是技术转移在同一主体进行实现的过程。创新与再创业的过程整体上解决了科技成果市场化的滞后性,其是高校与企业结合起来,把在高校中解决的科学研究和技术开发,与企业参与的产品生产化结合起来进行,进而加快了科技成果转化的效率,提高了知识转化为生产力的速度。相对于高校来说,自身强大的科技成果优势和科技资源优势使其具有巨大的潜力供企业开发和挖掘,高校紧密地依托高校本身的科教研究优势领域,形成具有高校自身特色的科技成果,这样在推进自己科技成果转让的同时,也可以自己开办企业,通过技术入股的形式或者参股的方式创办属于自己高校的校办企业经济实体。高校可以自办中型或者小型高新科技类企业的形式进行内部技术吸收,实现科技成果转化。高校将此企业作为高校科技成果的开发平台,集中校内所有科技成果、学术成果,进行自我孵化或者将技术进行转让,从而达到科技成果转化的目标,并且为社会提供社会所需的胚胎企业去吸引消费和投资。从高新技术企业来看,高新企业想要购买的技术最好已经在高校中完成了科技成果转化的中试阶段,属于比较成熟的阶段,高新技术企业再获取到技术时时间成本会大大降低,风险也会降低。现如今,全球化愈演愈烈,企业面临的市场经济竞争不仅仅是本地区或者本区域,竞争对手也可能是世界其他国家的跨国企业,因此企业的技术竞争压力是非常大的，时间就是生命。但我国企业普遍存在的问题是：企业追求短期利益，对技术的长期选择和吸纳学习能力不是很强，更加缺乏的是集成应用能力，降低了企业的信息搜索和获取能力的评价，以及选择能力。与此同时，高校在科研阶段是盲目的，清楚地预测科技成果应用的领域和具体用途，也没有考虑科技成果的实用性到底强不强等问题。企业购买这种成果，担心其具有很多风险。如果让高新技术企业去帮助承担科技成果的中试阶段，那么科技成果转化率必然将大大提高，因为中试之后的实验成果有了更加明确的市场导向，而且在技术的成熟程度和实用性上都会比理论阶段进步非常多，这样，对科技成果价值的投资、收益和估值会更加的准确。企业在这个基础之上进行商业化的运作处理，进行产业化、规模化的生产，同时产生相应社会经济效果。由此看来，高校创办高科技型企业是在此基础上建造一个符合市场的、能够吸收全校技术资源的平台，凭借高科技产业平台可以使高校中的有转化可能性的科技成果进行孵化中试，在有限的时间内有效地把科技成果变为社会经济增长的原动力，使科学技术进入社会不再发生与市场情况不符合等情况，这样的程序化一步一步形成了更加完善的产业体系。

最后，企业与学校协同创新，共同在产、学、研协同发展上进行技术合作，使高校的科技资源为企业吸收。高校所建设的高科技产业群能为高校在产、学、研联合发展提供不错的技术服务，由于高校的科技成果技术含量较高、比较复杂、难理解等特点，导致企业短时间内难以吸收而产生经济效益；对高校来说，中试阶段的费用比较高，对市场情况摸不清，自身完全转化科技成果需要付出比较大的代价。若能够将产、学、研结合起来进行协同创新，那么高校和企业便是互利共赢。高校与企业相互的技术输出和资本输出形成的作业链技术合作，可以帮助高校在技术创新输出方面和企业新产业技术规模化、市场化（魏梦凡等，2018）。

8.2.4 股份制模式推进高校科技转化

高校中的科技产业是与高校内相关的专业紧密结合的，应号召形成"产业合作教育班",高校的科技产业可以通过校办企业创建实训中心或者与相关企业合作,使他们成为高校中学生实践实训的地方、高校教师进行科研和实践的基地,也可为本校毕业生提供就业基地。这是对高校科技产业自办方式的探讨假设。我们从校办企业的角度来看,它具有社会企业无法比拟的优势,其自身可以吸收大量高校的科技成果,可以促进科技成果的转化,也是符合政策导向的,是产、学、研协调创新的可选道路,对高校科技成果转化有着无法轻视的作用。本书认为,在当前及以后的高校科技转化之路上,一定要同时发展好高校科技成果和高校科技产业,这样会更好地促进高校科技成果转化为真正服务社会、促进社会经济增长的生产力。

高校应该与企业充分合作起来,并组建股份制有限责任公司,高校部分则以技术部分作价股份,通过这样的规范操作,更加规范化、正规化、科学化地进行高校科技成果转化,这条通过股份制模式合作的新道路是科技成果转化值得探索的,这条路可以突破地区、行业的限制,可以更加有效地配置人才、资金和技术,从而产生比以往更加大的效益。高校与企业成立股份制有限公司是将双方的利益捆在了一条船上,这会产生高校科研机构和企业之间的合作更加紧密、长久,也会更加的稳定。通过股份制企业,高校的科技成果不仅能得到合理的转化与推广,还会通过这种良性的运营机制去反哺科研成果的开发和再开发。这里所说的合作已经不是简单的交换合作而不考虑全局利益,而是通过科技转化的正规流程进行成果转化,从项目的选择到科技成果中试,再到最后的产品化和产业化,包括销售及售后服务也要全权参与和配合,这样能最大限度地促进高校科技成果的转化和运行。

第一,实现股份制的企业可以充分地筹集到成果转化过程中需要的大量资金,同时降低高校所承担的风险。科技成果转化过程中参与的资金就好像 VC,投入之后很难保障资金回归的可靠时间甚至血本无归,所以科技成果转化就像创业,它具有风险高、收益高等特点,投入比较多,同时资金周转周期长,这个过程中,需要在短时间内注入大量基本资金。但在我国情况中,科技成果转化资金一直不容乐观,尤其是中后期即中试期和产业化期间的资金相当缺乏。由于资金的短缺，一些前景比较好的、市场效益较佳的科技成果难以真正转化成企业产品，导致这些科技成果产生的科技项目形成的科技产业规模不大，难以形成规模经济、推动社会经济发展，更不要说去参与国际竞争了。但若是通过股份制的企业则会产生不一样的结果，股份制企业可以向市场发行债券或者发行股票向市场融资，这样就会为科技成果转化项目在短期内筹集大量资金，从而使社会筹集资金变为企业永久生产资金。高校与企业成立股份制企业，一方面，更好地通过企业这个平台吸引VC、其他金融机构、民间金融组织、社会其他组织以及个人参股，这样可以实现股东类型多元化，极大程度上分散了企业和学校承担的风险，也分散了投资者的风险；另一方面，股份制模式下的企业可以为那些有创新创业精神的、敢于拼搏的人提供一个展现自我的平台，通过平台获得各种社会资源、生产要素，并得到优化组合，与此同时还为科技成功地再开发提供了足够的资金支持。

第二，股份制的企业可以更好地界定产权归属，能在制度基础上更好地解决各方利益冲突、利益分配的问题。科技转化过程是一个漫长而烦琐的过程，因为环境、能力、参与方利益等自身问题，产权归属问题往往难以明确，导致在投资形式上也可以说是含糊不清的。当增值资产产权问题难以明确时，那么各方利益就难以进行协调，每个对象都难以调动起积极性来参与企业运行当中。股份制不仅可以帮助企业得到融资，还可以作为一种产权模式，它可以保证企业在原有的基础之上，让产权关系变得更加符合社会人的需要，更加符合在资本经济和市场经济的要求。通过企业所有权和经营权的分离，确认企业才是真正拥有经营权的产权主体，使企业成为单独法人，能够为自我发展负责，是自我经营、自我盈亏、自我发展的生产者。只有通过股份制模式理清企业中应明确的产权关系，高校通过正规流程将科技成果作价入股，真正地成为企业的所有者或股东，从而通过股权份额领取分红，把科研机构的利益与企业完完全全地连接到一起，这样可以最大限度地调动科研人员的积极性，进而加快科技成果转化的速度。与此同时，股权的员工化会让整个企业的员工都活跃起来，让员工觉得自己是在为自己干活，这样不仅可以增强企业的凝聚力，还为企业未来长远战略奠定了基础。整体上说，股份制模式的应用会使企业与投资者和企业所有者、经营者及员工之间的关系得到明确规定，使科技成果转化成功后不会产生利益分配混乱、纠纷等问题。

第三，当企业作为股份制企业时，更有利于保护科技成果的知识产权、专利等。在现在这个社会当中，高校科研成果、专利权等经常会受到社会其他不良分子侵害，导致其原本能体现的权益得不到保障和价值得不到体现。所以，在高校与社会企业进行科技成果转化时，会发生企业履约不完整导致高校成为受害方或者由于知识体系不健全、保护意识不到位等导致高校科技成果产权受到损害。除此之外，原本高积极性的职务研究人，或专利拥有者，或者创业者在自己的权益得不到保护的情况下，会对现行体制失望，极大地打击他们的积极性。但是若是在股份制的企业之下，科技成果专利权已经作价入股，科技成果相关者的权益得到充分保护，并能一定程度上获得补偿，充分体现出对知识的尊重和认可（步国旬等，2013）。所以，高校在与企业合作时，采用股份制模式可以最大限度地保护科技成果相关者的利益，既保护了知识产权拥有者的利益，又保护了科技成果的核心技术，这可以加强企业、学校以及科研机构的合作长期性，有利于高校科技成果产业化、规模化与社会化。

第9章　构建科技成果转化服务平台

9.1　科技成果转化服务平台

科技成果转化的具体含义究竟是什么？广义来说是各种劳动成果应用总是伴随着素质的不断提高，技能不断的加强，生产效率的提升等。从狭义的角度看，科技成果转化这个概念代表创新型的技术成果从教学单位或者科研单位生产化，进而完成科技成果转化，同时促使新产品的质量、数量、工艺创新、效益得到一定的提升和进步。那么服务平台的含义又是什么呢？通常来说，通过为别人做事，使他人从中获得好处的一种需要付出代价或者免费的虚拟平台，不通过实际物质形式但却通过劳动服务形式去帮助他人完成某些需要的平台。因此，对于科技成果转化服务平台这个概念是指帮助科技各类成果进行实际应用，并完成科研单位转移到生产部门，从理论转移到实践的转变而提供的土地、资金和政策等有偿或无偿支持的服务平台。

9.2 国内外服务平台经验借鉴

在美国地区，为了提高各所大学的技术创新能力，会加强与学校办的企业进行交流，特别是建立很多用来加强联络的机构，专门负责学校和企业之间交流的事情。这些用来联络的机构有很多名称，例如，咨询公司、联络办事处或者大学专利公司，还有被叫作综合服务机构，等等。当然，在美国很多的高校除了有高校高新技术创新中心之外，还有专门去做科技技术创新和基础理论研究中心，做实际开发实践工作，还有一些部门做有关科技成果转化工作，甚至有些高校院校专门做科学技术转移的相关工作。在其他国家也有类似的机构，比如在英国的剑桥大学办的工业技术联络办公室。在这些机构从事的相关人员，他们的职责一般都是为高校的科技成果寻找市场，为高校教师所属的科研成果寻找成果购买者；与此同时，将得到有关企业需求解决的问题和经营实际情况反馈给高校和高校教师及科研人员，从而起到高校与企业之间的桥梁作用。在英国，政府还提倡各个地区构建高校与社会合作的专业俱乐部，这样会增加高校教师及科研人员与企业人士进行沟通交流的平台，也为科研人员和高校教师提供展示自己成果的平台。英国是让学校和企业直接建立合作关系，但在瑞典则是由政府牵线在国立大学里构建由学校、产业部门、政府共同组成的工业联系办公室，共同服务高校科技成果转化，提高学校与企业的合作（徐军等，2018）。德国柏林大学的情况是，由学校设立的科技技术转让处，这个机构的主要职能是管理学校与企业合作的项目，为需要解决难题的企业提供对应的技术，向外界宣传本校所拥有的科学技术成果，促进高校与企业的合作交流等；与此同时，学校还专门建立科技成果比较完善的数据库，如果企业对大学中相关的重要技术和成果感兴趣，可以直接找高校的科技技术转让处，同时也可以与学校的教授直接联系与合作。加拿大地区里的大学基本都成立了校企调节办公室，他们专门负责与工业界的企业家联系，将高校中所产出的科技成果推送到企业家手中,实现科技成果转化;与此同时,将企业所需要的科技信息带到高校中,由学校成立课题专门攻克(谷德斌等,2013)。科技园的作用主要是将高校中产生出的科技成果进行转化,进而孵化出能推动社会经济进步的高新技术企业。这种高新技术园区在英美国家被叫作科学园,在德国又被称为技术工厂。不同国家称呼不同,在日本又被称为研究开发产业复合中心,当然还有的国家叫作科学城,在我国就被称为科技园。美国加州出现了世界上第一个科学园,就是加州斯坦福的研究园,它主要从事与计算机相关的研究与开发,无论软件或者硬件的开发,最后发展为世界上著名的"硅谷"(黄本笑、李鄂,2007)。由于斯坦福大学有名的称号,吸引了超过百余家企业来硅谷创办一大批世界最先进、最一流的计算机企业,就像惠普公司、微软公司等,这些巨型公司为增强其产品在世界上跨国时的竞争力,为斯坦福提供了大额的研究经费,远超过联邦给予政府的支持和帮助。这些大公司还经常派企业中的技术人员到斯坦福大学,针对企业所出现的问题以及企业发展所需的技术与高校教授一起做研究和开发,因此斯坦福大学的科技技术就是通过这样的途径从硅谷走向世界。随着时间的前进,美国波士顿以麻省理工学院为中心再次发展联合科技园。美国北部地区的北卡罗莱州三角研究院也主要利用其周边的三所大学发展起来。在西欧国家中,他们对科学园的看法是:这是一个把高校中的科研技术加速推向市场、社会的重要平台,建立科学园是一项必要措施。英法国家是西欧地区最早建立科学园的国家。意大利、瑞典、德国、比利时等国也通过政府建立不同形式但相同作用的科技工业园区作为科技转化加速器。这样看来,建立一个科技成果转化加速器平台是时代势不可当的国际趋势。

9.2.1 国外科技服务平台

9.2.1.1 威斯康星大学的 WARF 模式(20 世纪二三十年代)

威斯康星大学为了更好地处理校内专利工作,成立了威斯康星校友研究基金会。该基金会的特别之处在于,它虽然是大学的附属机构,但实质上是一个完全独立的机构，不论法律地位还是日常管理方面全是独立的。威斯康星校友研究基金会诞生之后，本校的专利收入得到了极大的增加。随着威斯康星校友研究基金会功能的展现，越来越多的大学开始模仿其建立了专门负责管理专利事宜的附属机构。该模式至今仍为上述大学所采用。但在当时，大学作为非营利的教育机构，其涉足专利管理的做法并未得到推广。

9.2.1.2 麻省理工学院的第三方模式（20世纪30~60年代）

美国的 MIT（麻省理工学院）是全球闻名的高校，同时该学校也是大学科研成果转化概念最先兴起的地方之一。早在 1886 年，MIT 的一位学生就建立了专业的咨询公司，这也是美国最早出现的一家咨询公司。这家公司也是后来科技成果转化机构的榜样与典范。这家咨询公司的创立不仅开辟了市场先河，同时还突破了一直以来科研活动与现实生产活动之间的鸿沟，自此之后高等教育不再局限于单纯的教学与科研活动，开始逐渐涉足工业生产领域。经过十几年的发展，一位名为 Frederick Cottrell 的学者于 1912 年成立了美国第一家专门管理大学专利事务的校外公司（Research Corporation，RC），帮助各所大学处理自己的专利管理事务。

时至今日，RC 仍然在运作。1937 年，麻省理工学院与 RC 签署协议，双方通过该协议明确规定，RC 要负责解决 MIT 各项发明的专利申请与许可等相关事务，然后专利收益的 60% 归麻省理工学院所得，剩下的 40% 由 RC 所得，从而开创了大学科技成果转化的第三方模式。在该模式的运作下，学校既完成了科技成果转化，获得了专利授权的收入，又不会因为涉足专利的管理事务而受到非议。因此，许多大学，也包括斯坦福大学纷纷效仿，与 RC 签订协议。但第三方模式也有缺点：一是很多大学都慕名而来，请 RC 帮助处理专利事务，但 RC 规模有限，难以同时管理过多的专利事务；二是 RC 要求的利益分配比率过高，双方难以达成一致，从而影响了最终合作。由于上述多方面因素的综合影响，在 20 世纪 60 年代，MIT 停止了与 RC 在专利管理领域的继续合作。

9.2.1.3 斯坦福大学的 OTL 模式（20世纪70年代至今）

很长一段时间，斯坦福大学科技成果转化一直都和 MIT 一样，选择第三方的模式负责具体的专利管理事务。采用这种模式进行成果转化,自20世纪50年代至其后的十几年内,斯坦福从专利授权中仅仅得到了寥寥几千美元的收入。1968年,时任该校自助项目副主任的Niels Reimers先生经过仔细的研究发现,有很多该校的专利其实拥有极大的商业价值,但都只停留在技术层面,均未被商业化。他考虑若是学校自己对这些专利进行管理,即自己将这些发明申请专利,然后再将专利许可出去,将会得到可观的收入。而Reimers本身就是一位技术工程师,并做过合同经理,而且还有在高新技术企业工作的经验。因此,在征得校方同意后,Reimers开始了为期一年的试验期,并取得了相当大的成功,仅仅一年的时间,他就通过专利授权的方式为学校增加了5万美元的收入(冯琳,2011)。面对该情况,1970年1月1日,斯坦福正式成立了专门的专利管理机构—技术许可办公室,Reimers为首任主任。恰逢当时斯坦福所处的硅谷正在崛起,取得了巨大成功,因此斯坦福大学开创的这种新OTL模式迅速在各大高校中得到了效仿与推广。甚至当时和RC结束合作关系的MIT还特意请求斯坦福,希望可以借调Reimers到该校指导一年。与RC结束合作关系后MIT的科研成果转化已经陷入了僵局,但是采用OTL的新模式之后,很短的时间内该校的科研成果转化就取得了巨大的进展。OTL刚成立时只有2人,截至2000年已经发展成为一个拥有26名工作人员的机构。统计显示,截至2000年,OTL一共受理披露了超过4000项发明,申请的专利超过1000项,专利的总收入超过4亿美元。因此,到20世纪90年代初,多数高等院校都和MIT一样,结束了与第三方机构合作的模式,开始采用全新的OTL模式。

经过多年的优化与发展,当前美国各大高校在科研成果转化方面普遍开始采用OTL模式。可以说,该模式当前已发展成为美国各大高校科研成果转化的标准模式。调查显示目前美国多数研究型高校都已经成立了专门的技术许可办公室,这些办公室目前负责处理本校科研成果转化的全部事务,同时多数高校为了提升成果的转化速度还制定了专门的规定与制度。

针对科技成果转化工作的开展,美国的各大高校联合起来成立了一个覆盖全国的技术转移协会,该协会简称为AUTM,其主要任务为加速和协调成果转化工作的展开，同时对行业的自律情况进行强化。截至今天，该协会不仅拥有了超过200个会员，同时还制定有严格的工作章程。

9.2.1.4　剑桥大学的剑桥科技园模式

剑桥之于剑桥科技园，犹如斯坦福之于硅谷（孟克、陆连军、王娟，2009）。"剑桥现象"的出现，剑桥大学在其中扮演了独一无二的角色，与其说是剑桥科技园发展的成功，不如说是剑桥大学利用剑桥科技园，推进科技成果走出实验室、走向商业化的成功。当年，三一学院创建剑桥科技园的初衷是：为创业者提供短期的、质优价廉的小型用房；促进教师与产业界加强联系，让学校的科技成果与企业结合，加快产品化，实现商业化（蒋洪新等，2018）。

在40多年的实践中，剑桥科技园为剑桥大学科技成果转化提供了一个转化"容器"。在这个"容器"中，一方面，剑桥大学的科技成果能够独立孵化成企业；另一方面，科技成果也可以与科技园中企业实现合作共赢，提高转化的成功率和质量。可以说，剑桥科技园切实发挥了剑桥大学科技成果转化"孵化器"和"加速器"的功能。

与中关村等国内典型的大学科技园区相比，剑桥科技园的规模相对较小，园区安逸而宁静。在建立之初，它就恪尽职守地发挥着科技转化和产业化的功能，谨慎低调地参与市场活动，专注于生物技术、纳米技术、通信技术等自身所长稳步前进。剑桥科技园最成功的经验是：在政府、企业群的支持和协同下，构建交互协同的"生态系统"（Ecosystem），并且使之发挥巨大功效。这个"生态系统"的核心要素包括：一流的大学和科研机构，提供学术与人才资源支持；浓郁的商业化企业文化；成熟且健全的社交网络文化，促使大学和企业紧密融合；大学与商业机构的合作，为创业提供资金支持；众多的成功案例，激励着大量师生投入创新创业。而这个系统最大的特色在于，以"剑桥大学"为核心，构建起一个完整的"闭环"，即剑桥大学兴建并主导科技园建设，政府在政策、资金上的支持，以及各类社会资本的涌入，实现"大学政府企业"的三方互动，促使园区发展越发专业化和集群化，在"反哺"剑桥大学发展的同时，更加促使剑桥大学从传统人文领域逐步开始转向科技领域发展,进而源源不断地为园区的发展提供动力,推动科技成果的转化和商业化,使科技园能更好地循环。值得注意的是,这个生态系统强调科技创新,重视与产业界的"亲密合作",但是,这并没有导致剑桥大学过度商业化,反而通过科研和教学并举、大学与产业融合,发挥出多元领域联合培养人才的优势,同时这种优势还转化为产业的多样性,使区域经济的生命力和竞争力得以显著增强。

毫无疑问,在这个生态系统里,剑桥大学的作用是独特而显著的。各个环节都离不开剑桥大学的参与和支持。为促使生态系统平稳运作,剑桥大学专门制定一系列的具体政策。下面几项政策颇具代表性:①灵活的人才流动机制。剑桥大学实行教研人员短期聘用制,同时鼓励教师兼职,规定只要很好地完成教学科研任务,就可以让教师自行决定是否兼有第二职业。此举为教师在大学与园区之间的流动提供了便利。②降低科技园入驻房租。入驻剑桥科技园的企业,支付的房租比商业租房要低得多。③宽松的知识产权制。学校规定技术的知识产权由教师个人所有。而对于发明产生的收益或专利技术商业化的收益共享,剑桥大学在技术发明者、学校和院系三者间作出清晰分配:第一个10万英镑,发明者占90%,学校和院系分别占5%;第二个10万英镑,发明者占60%,学校和院系分别占20%;超出20万英镑,发明者占34%,学校和院系各占33%。此举营造了鼓励开展科研和积极创业的制度环境和良好氛围,有力提升了成果转化和商业化的效率。④开放地与产业界建立深度互动。剑桥大学与产业界在人才培养上实现联动,定期引进产业界人士来校授课或开设讲座,鼓励学生既要融入教授们的科研实践中,又要到企业一线实习或兼职;积极承担企业委托的科研任务,为企业提供咨询服务和技术支持;开放地与所有的经济实体开展实质性交流,与不少大跨国公司或集团合作建立科研机构等。

与此同时,为配合这一系列政策的实施,剑桥大学创建了两个至关重要的机构:一个是剑桥企业;另一个是创业学习中心。

剑桥企业是剑桥大学专门的企业孵化器。企业孵化器机制是剑桥生态系统中一个非常重要的机制,它为技术转化和初创企业创造了一个良好环境。剑桥企业与斯坦福大学的技术许可办公室功能类似，目的是安排专门的一班人去做专门的事，既能让实验室的教授们安心研发前沿科技，不必担心技术转化与利益纠葛，也可以为有意创业的教授以及其他创业者、企业等各类主体提供包括法律、资金、经营服务等全方位支持。剑桥企业提供的服务主要有以下三类：

第一，专利授权服务。为研发人员在专利申请、寻找技术购买者、技术成果商业化运作等方面提供服务，同时对技术转让过程中的每个环节给予详细指导。

第二，提供科技创业服务。帮助有创业意愿的师生提供咨询、指导、资金、场所等方面资源支持。比如，剑桥企业会为初期的创业者提供专门的孵化空间（Incubator Space）、单独的创业导师和"专家门诊"，并专门印制《创建一家科技公司》（Startinga Technology Company）以详细介绍创业流程。更为重要的是，剑桥企业还能为企业提供风险投资基金以帮助企业解决创业资本问题，这个基金叫作剑桥企业种子基金（The Cambridge Enterprise Seed Funds），由剑桥企业自己运营，主要包括风险基金（资本额240万英镑，1995年成立）、大学挑战基金（资本额400万英镑，2000年成立）和大学发现基金（资本额500万英镑，2008年成立）。这三种资金会根据不同的目的分成不同的层次，并按初创企业不同发展阶段分别加以支持。

第三，提供对外咨询服务。剑桥企业是剑桥大学全资拥有的有限公司，除了对剑桥大学内部的师生提供创业服务之外，也对社会提供专业的技术咨询服务（张华，2017）。创业学习中心是剑桥大学创业教育机制的核心体现。它设立在剑桥大学贾吉商学院，建立了一套先进的创业学习机制，以必修课、选修课或培训项目的形式在全校范围内开展创业教育，倡导一种积极性的创业文化，着力培养学生的合作精神和交流能力，帮助师生习得商业知识、培养商业能力、储备创业经验。创业学习中心课程经典而又广泛，涵括创业和经营的方方面面。很多课程还直接为剑桥工商管理硕士和工程管理专业的本科生开设。著名的课程有：点燃、加速剑桥、企业星期二等。比如，企业星期二，该课程邀请各领域的领导者授课，是非选修的免费晚间课程，面向剑桥大学全体师生开放，课程修完后由创业学习中心颁发结业证书，具有很高的公信力；点燃项目也叫作点燃创业集训营,是剑桥大学商学院组织的开放式培训项目。近10年来,点燃项目成效斐然,在全球25个国家和地区促成170多个公司成立。

9.2.2 国内科技成果转化平台及相关经验

9.2.2.1 上海交通大学自办企业模式的成效

上海交通大学机械与动力学院教授团队于2004年成立了上海神舟汽车设计开发有限公司。他们成立公司的初衷就是为了将自己研发的节能环保型车辆及其核心部件等关键技术进行转化。作为技术研发团队,他们清晰地看到了产学研之间的断层,看到横亘在技术和产品之间的距离,不仅仅是"一公里",而是更长更远,于是决定自己创办实体企业。

2004年12月,神舟决定研发除尘车。2005年6月,造出了一辆福田底盘改装的样车,在普通路面和水泥厂进行了性能试验,试验结果是洗净率不足50%,舱内积灰过多、布袋滤料破损等多个问题并存。试验之后,研发人员仔细破译,找到了做好吸尘车要攻破的首要技术难题是除尘。在2006年4月接到了第一台吸尘车的订单,技术终于走向了产品。但是,这个没有经过市场检验的产品,还称不上是真正的产品。因为从交车的那一刻起,设计的缺陷和产品的质量就开始困扰着神舟公司。先是副发直连风机导致带载启动困难,后是滤筒褶皱过深、过密,导致夹灰严重等问题。解决这些问题的过程,也是一个技术不断成熟和完善、产品更加贴近市场的过程。在与市场的不断互动中,神舟的技术越来越成熟。2006年10月,新产品参加了工博会,一举获得成功,接着是不断增多的订单。

经过几年的技术积累和进步,从2008年3月开始,神舟的吸尘车市场开始井喷,尽管还不时地有设计的缺陷和故障出现,但因其性能的优势和差异化,其进入市场的势头锐不可当,交大神舟的品牌效应逐年显现。

9.2.2.2 西安理工大学的科技园模式

西安理工大学科技园是西安理工大学教育科研事业延伸发展的组成部分,与学校教学、科研、产业三位一体，达成互为支撑、组合发展的战略目标。西安理工大学科技园地处西安市高新技术产业开发区创业研发园管理区域，位于丈八六路、瞪羚路十字东南角。产业园西邻西三环，南靠南绕城高速，周边环境优美、道路宽敞、市政设施配套齐备、企业聚集。理工大金花校区至科技园约30千米车程，驱车前往仅需40分钟左右。

西安理工大学科技园规划用地93.05亩。一期开发建设约47.63亩，由原西安理工大学工厂整体迁入并改制为西安理工晶体科技有限公司。二期45.42亩，规划总建筑面积3万平方米，已完成的建筑面积约2.5万平方米，由四栋单体建筑组成。园区现已进入全面运营阶段，可满足科技型企业生产、研究开发、产品试制、检测试验、产品装配及办公等生产经营的使用需求。

9.2.2.3 西南交大职务科技成果混合所有制

为推动高校科技成果转化，近年来国家出台了系列法律政策，但对于高校科技成果转化难的问题始终没有得到有效治愈，究其原因，所有权归属等根本性制度障碍没有完全消除（赵雨菡等，2017）。西南交通大学从成果所有权改革入手，结合我国国情，2010年开始进行职务科技成果混合所有制改革的探索与试验，2016年学校在总结过去五年职务科技成果混合所有制试验的基础上，正式出台了《西南交通大学专利管理规定》（简称"西南交大九条"）创新开展职务科技成果混合所有制改革，使职务发明人成为科技成果转化的主体，保障其职务科技成果所有权（吴寿仁，2018）。西南交大职务科技成果混合所有制改革主要通过既有专利的分割确权和新专利的共同申请来实现。针对既有专利，通过将学校职务发明专利所有权转让给西南交大国家大学科技园，再由科技园向国家知识产权局出具专利权人变更申请，进而实现将西南交大独有的专利权变为西南交大和科研团队自然人共同所有，即混合所有。针对新专利，则由学校与职务发明人共同向知识产权局申请，以实现对职务发明人的产权奖励。

（1）先确权、后转化我国现行制度下高校科技成果转化通常采用的是"先转化、后确权"路径，而职务科技成果混合所有制以所有权改革为核心，采用

"先确权、后转化"的转化路径。成果转化之前确定所有权可有效消除"后确权"转化模式的不确定性和延迟性,避免了国有产权交易的复杂手续,减少了职务发明人的利益损失。

(2)变奖励权为专利权西南交通大学将《促进科技成果转发法》规定的职务发明人在转化后享有的股权奖励前置为产权奖励。相比转化后的股权奖励,前期产权奖励程序简单,可以在短时间内实现职务发明人拥有对科技成果未来商业价值的所有权,可以鼓励职务发明人面向市场需求与生产实践,产生出更多的可转化科技成果。

(3)职务科技成果混合所有权当前,对于知识产权确权主要有两大流派:"投入派"认为,资本设备很重要,谁投资谁拥有,谁雇佣谁拥有;"产出派"认为,谁能产生最大的收益,就归谁。而西南交大认为,知识产权既有资本设备的贡献,也有职务发明人的贡献,理应由双方共同所有。新制度经济学中的科斯定理指出,明晰资源产权是有效利用资源的前提。职务发明人拥有产权,就有了科技成果转化的主体意识,可以极大地激发其进行科技成果转化的内生动力。

职务科技成果混合所有制改革是推动高校科技成果转化的重要举措,只有赋予职务发明人、成果所有权,保障其成果转化的主体地位,科技成果转化才能有效进行,进而使得"有权利转化的没有能力、动力转化,有动力、能力转化的没有权利转化"的现象得以根除。加快了科技成果转化速度西南交大通过职务科技成果混合所有制改革,明确了职务发明人的成果所有权,承认了科研人员的创造性劳动,极大地激发了科研人员研发转化的积极性,加快了科技成果转化速度。"磁浮二代"项目在职务科技成果混合所有制正式出台后3天内完成了分割确权。此后,该项目与中车大连迅速达成了合作开发协议,一年内完成了工程样车的设计、制造、调试、下线,极大地提高了科技成果转化效率。自从职务科技成果混合所有制改革开展以来,两年时间内180多项职务科技成果已完成分割确权,16家高科技创业公司成立,知识产权评估作价入股总值超过1.3亿元,带动社会投资近8亿元(律星光,2018)。其中,西南交通大学衍生创业板上市公司成都运达科技2016年销售收入达4.59亿元。科技成果的有效转化,避免了国家和地方科研投入的流失，同时为当地提供了更多的税收与就业机会，推动了地方经济的发展。

9.3 搭建科技成果转化服务平台

搭建科技服务平台就是为了提升科技转化效率，更好地服务于初创企业及更好地帮助科技成果转化为现实需要，波尔斯基中心将解决三个基本服务问题。

第一，教育服务功能。创新创业教育是波尔斯基中心的首要服务功能。波尔斯基中心每个季度都会安排数十个不同主题的创业课程供会员选修，将金融学、经济学的基础原理与创业的实践学习相结合，具有极强的实用性和实战性。如课程"如何建立一个新的企业"通过课堂讲座、以游戏任务再现案例的方式，教导学员如何筹集初期种子资金、组织有限的人力和财务资源、建立初始品牌、确定合适的采购与销售渠道、制定产品开发和公司运营计划等。除通用性的课程外，还有很多专门针对某个技术领域的创业技巧课程，如医学领域技术成果如何从实验室走向商业化，新能源领域如何包装一项清洁技术等。此外，波尔斯基中心还会组织各种类型的论坛、主题峰会、创业实习研讨会等，为创新创业师生在私募股权、风险投资、企业收购等方面提供实践交流机会。如每周三举行波尔斯基创始人论坛，参与者围绕不同的话题开展讨论，包括筹款、市场营销、产品开发等，通过头脑风暴寻求问题解决方案。波尔斯基中心的导师以及入驻波尔斯基孵化器的企业家也会加入讨论，进行经验交流或提供指导。

第二，融资服务功能。波尔斯基中心主要通过各类创新基金、风险投资、奖学金等方式为创新创业人员提供资金支持。其中，芝加哥大学创新基金是由芝加哥大学校友捐赠支持的创业慈善基金，资金规模达数百万美元，主要对以芝加哥大学科技成果为项目源的创业公司进行投资，帮助研究人员将其尖端技术商业化。该基金迄今为止已向56家初创公司投资600万美元。芝加哥大学创业投资计划是一只资金规模达 2500 万美元的风险基金,主要对芝加哥大学师生及校友基于学校科技成果转化的初创公司进行首轮投资。芝加哥大学设有许多奖学金项目,如波尔斯基创始人基金奖学金计划、Vashee 希望企业家奖、Moulder 学生企业家奖、麦迪逊 & 迪尔伯恩合伙人私募股权奖学金、海德公园天使风险投资奖学金、坎菲尔德私募股权基金会奖学金和 Khosla – Booth 私募股权奖学金等。不同奖学金项目支持的方向各有侧重,但基本都是对杰出的创新创业学生进行鼓励。这些奖学金不仅可以增加学生创新创业项目的启动资金,还可以扩展他们的商业人脉,对于处在创新创业起步阶段的学生来说十分重要。

第三,合作服务功能。波尔斯基中心通过与美国本土及海外的大学、企业、基金公司、社区及政府部门等合作,开展各类创新创业支撑服务,帮助创新创业团队提升业务能力、拓展社会资源。波尔斯基中心广泛与企业、基金会等合作,为创新创业学生提供多种类型的实习和培训机会。如创业实习计划为创新创业学生提供到小型企业进行为期 10 周的实习机会;创业夏季计划则为创新创业学生提供暑期到初创公司进行实习的机会等;还有金融科技、保险科技、监管科技支持计划等针对垂直行业领域的实习机会,充分满足创新创业学生的各种实践需求。波尔斯基中心的合作培训项目更为丰富,如与 Rustandy 创新中心合作开展的 MBA 影响力投资网络培训,为创新创业学生提供一个针对早期投资的体验式学习机会;与国际私募股权公司合作的 Svider 私募股权培训则为学生提供私募股权方面的体验式课程。此外,还有一些"反向"合作项目,摩根大通资助的波尔斯基小型企业成长计划,重点利用波尔斯基中心创新创业人员的力量对芝加哥西南部的小企业进行扶持,创业人员在导师(商学院教授或大型企业的高级主管)的带领下为这些公司提供咨询,帮助他们应对关键业务挑战。此过程也是创新创业学生的实践教育过程,是校企双赢的合作模式。

9.3.1 创新创业服务平台

9.3.1.1 大学科技园企业孵化器

构建大学科技园就要做到如下几点：

第一，健全高校科技成果转移体系。目前，影响国内高校科技成果转化最主要的因素是转移体系不健全，原因较多。主要有：缺乏像剑桥大学的剑桥企业、斯坦福大学的技术转移办公室等专职负责成果转化的组织或机构，从而导致实验室成果难以"走出去"，更谈不上实现产业化；想要创业的师生缺乏精准而专业的技术咨询、市场分析、风险评估等配套支持服务，成果转化和产业化率低、失败率高；缺乏对接科技园中企业的"中介"服务，各院系无法获悉企业真正需要的科研技术，导致研究成果脱离市场。因此，高校有必要建立专门的成果技术转移机构，可将它建立在校园中，也可以将它建立在大学科技园中，甚至还可以由"大学群"中的几所学校联合建立。这个专门机构，要实现高度专门化和专业化，既要最大限度地将科技成果推向市场，促成企业和高校师生的合作；也要依照国家的政策法规，建立符合学校科技生态的成果转移转化利益分配机制，最大可能规避成果转化中的利益冲突；还要与社会资本、政府机关、企事业单位、大学和研究机构等社会各界建立广泛联系，发挥好成果转移、转化的中介功能。

第二，完善创新人才管理机制。人是一切活动的关键因素。剑桥大学为了鼓励教师到剑桥科技园去创业，采取灵活的人事制度，对教师专门实行的短期聘用制，并且鼓励教师兼职，从事相关研究开发和经营活动，这为剑桥大学的成果转移、转化提供了极大便利。目前国内现行的人才管理机制，一定程度上限制了大学教师的创业行为。基于此，高校应该在国家政策范围内，积极探索建立起一种全新的人才管理机制，鼓励教师在大学科技园的创业行为，让他们同时拥有"大学人"和"园区人"的双重身份，从而使老师们能心无旁骛地去搞教学科研、去创新创业。这样必将大大加强高校和大学科技园之间的人员互动，不仅有利于高校科技成果实现加速转移，也有利于老师们不断深化学科前沿知识，进而应用到教学和科研实践中去,实现科技成果既能"顶天"也能"立地"。

第三,大力发展创新创业教育。可以发现,剑桥科技园企业的创始人许多都来自于剑桥大学,这种现象完全得益于剑桥大学一直以来高度重视师生创业教育特色。目前,在国家的强力推动下,全国上下掀起了"大众创业、万众创新"的浪潮,但落地有效的举措推广得还不多。高校要采取切实措施将创新创业教育融入人才培养的全过程,鼓励学生参与到创新创业教育的学习中来;要重点培养和储备一批既有完整的教育理论知识体系,又有创业实际经验的专职创新创业教育队伍;要建立类似于剑桥大学的创业学习中心的创业教育机构,并充分发挥好它作为创新创业教育实践平台的作用,让师生能在大学科技园中有充裕的学习创业的时间,切实感受创业实战氛围,不断提升自己的创业能力。

9.3.1.2 企业众创空间孵化器

众创空间创造的空间基于大数据时代,"互联网+"和创新2.0,它可以通过网络、集成和专业化等有效渠道为企业家提供良好的网络空间、资源共享空间、社交空间和工作空间。创业综合服务平台可以有效地满足和适应创新创业的主观需求和互联网环境中的"双重创新"策略。

创建空间平台,在政策环境、资金引导、投融资机制等方面提供必要的帮助和支持,这样,可以促进自主创新和企业家的创业意识和能力,这些行为将有助于促进我国社会和经济的发展。对于大学生的初步成果收益,政府部门不分享收益,但可以参与30%的份额拥有所有权。完善创新和创业投资、融资机制,为创业、天使、股权等投资的发展提供必要的支持,大力建设和启动互联网股权众筹试点。通过促进大学生更好地开展创业活动,他们可以增加企业家的信誉并更好地支持工作,如为个体经营的大学生提供小额申请,小额贷款30万元。对于已经建立稳定业务的学生,他们可以提供贷款并为他们提供支持与帮助。最高金额不得超过50万元,还款期限为2年,与此同时,要求贷款人支付一定数额的贷款利息,这可以在一定程度上促进借款人和贷款人的双赢。

加强财政资金的引导。鉴于各高校教育的有效供资和创新创业教育需要一定的资金投入，政府部门需要加强对公共创造空间的资金支持，并归类于公共机构。众创空间提供100万~500万元的财政补贴，使其能够成功推出人群创造平台。对于众创空间经营者，有必要引导他们设立不低于300万元的种子基金，为首次创业者提供配额（吴平亮，2018）。超过5万元，还款期不到2年的借款和利息。

优化创新和创业环境。由于大学生对创业资源的拓展有限，并且能够与创业渠道建立联系，地方政府部门应该提供一定的支持政策，例如为高校开辟政策绿色通道。在科学技术委员会和财政部门的共同支持下，将为高校创建良好的政府服务推广和财务支持平台。该空间平台可以更加有效地帮助学校整合大学生在创业教育和实践方面的培训教育，可以不断推动大学生创业教育模式的改革和教育的效果，从而帮助学生继续创业和实践。如何创造创作空间？为大学生创新创造服务创造新平台，加快创造空间。学院和大学需要充分利用学生活动中心、科技园、孵化基地、培训基地等现有资源，并对这些资源进行升级。通过这种方式，学校可以构建一个低成本、开放式、全因素和方便的创业空间。在建立空间平台的同时，还可以鼓励和吸引学生独立进入空间平台，为创新和创业活动提供平台。以这种方式，发明人自己的奇思妙想，不仅可以确保创意空间能够与学生的思想相匹配，而且可以在构建平台建议的过程中可提高学生的创新意识和能力。创新是社会发展的基础，创业是人民生活的源泉。因此，创新和创业是促进国家和社会发展进步的必然途径。必须坚定不移地鼓励大学生进行创业，实现自身的人生意义。

9.3.1.3 校企与科技成果转化平台

高等院校的科研资源规模越大（越丰富），科研成果的供需匹配可能性越高，校企合作网络形成的可能性越大，高校的校企合作网络规模就越大（假设1）；高等院校科研（成果）质量越高，校企合作对企业的潜在价值就越高，越可能形成校企合作网络，高校的校企合作网络规模就越大（假设2）；比较而言，应用导向的本科院校更容易找到合作伙伴，其校企合作网络规模最大（假设3），高校的学术声誉与校企合作网络呈倒"U"形关系。值得关注的是，高校科研产出中的专著和学术论文的总数及人均数都与校企合作网络呈负相关关系，而国际学术论文的总数和人均数均与校企合作网络显著正相关。究其原因，科技著作因知识体系完整、写作和出版周期长，所以其时效性和前沿性相对于学术论文比较弱。

而国际学术论文更为企业所看重，原因有二：①发表在国际优秀期刊上的成果，其前沿性、创新性更强；②受大学排行榜和高校量化考核中更关注国际期刊的价值导向影响。

本书的理论分析视角和实证发现对强化产学研合作，推进科技成果转化具有实践启示：①对于科技成果的需求方——企业而言，寻找合适的合作高校，不仅要考虑其学术声誉和基本研究质量，还要考虑其研究导向和未来的关注点是否与企业发展的需求相匹配。②对于高校而言，要拓展其社会服务功能进行科技成果的有效转化，不仅要提高研究的质量，更要关注产业界对于科研成果的需求特点。同时，要强化与技术转移、技术服务相关的宣传，提高在产业界的知名度和认知准确度。③对各级政府、服务平台和技术转化中心而言，提高相关人员的专业水准，准确分析科技成果的供需情况，才能有效推进产学研合作关系的建立。而具有高度不确定性的产学研合作，客观上需要政府或第三方提供必要的政策、资源支持和必要的协调保障机制，以促进合作关系的顺利进行。

什么是校企合作促使科技成果转化的动力？这就引出动力机制。动力机制是校企双方协同创新实施科技成果转化的动力来源和作用方式，基于动力源可分为外部动力机制和内部动力机制。

（1）外部动力机制的构建。推进校企协同，开展成果转化的外部动力主要来自科技进步和市场需求。科技驱动主要是指在当前科技快速发展的大背景下，科技产品更新换代日新月异，不能及时实施技术进步成果的开发和推广，必将加速科技研发成果的淘汰。这使得校企双方必须强化融合度，推进科研成果的有效对接，确保科研成果转化的强大生命力。市场驱动是校企双方基于市场对产品的潜在需求，尤其是校企两个主协同创新互动体所产生的强烈的协同创新意愿而形成的动力。一方面，它要求企业加强市场的调研并及时反馈其需求，并借助高职院校的专业、技术和人才优势弥补自身技术缺陷，以技术的超前性、先进性为其占有市场提供保障；另一方面，当高职院校在拥有某种满足市场需求的技术成果而自身不具备将其转化的条件时，则会产生较强的协同创新意愿，并希望借助合作企业在设备、资金等方面的优势，将科研技术成果实现产业化。

（2）内部动力机制的构建。科技成果有效转化的内部动力主要来自利益驱动和文化驱动。企业希望通过协同创新来提高自身产品的市场竞争力从而获取更多的经济利益，而高职院校参与协同创新的利益结合点则是基于科学去更好地研究"如何通过用科技成果去滋养整个研究团队的人才方面的培养和团队更加有力的发展"。所以，高校应该与社会上的企业结合起来，将自身的教学研究规律和社会生产的模式需求结合起来，把握两者的利益协调点，成为社会发展的稳定动力。

高校应充分利用自身的优势，实现校企文化间的良性互动，形成协同创新进程中的最大合力，促进校企双赢。协同创新科技成果转化的激励评价机制构建建立有效的激励评价机制，一方面，使科研人员实现"名利双收"，另一方面，也为校企协同发展推动科技研发成果转化树立起标杆，发挥引领示范作用。实现协同创新推进成果有效转化并形成生产力，科学合理地评价体系构建是其重要的保障。

首先，各协同创新主体要结合科技研发和成果转化工作的实际需要，在于做好人才队伍建设的同时，建立起较为灵活的人才管理和评价机制，各协同主体间要进一步打通人才流动中的体制机制障碍，让科研人员在成果研发应用与转化推广中有干劲、有获得感，激发科研人员在成果研发和转化中的潜能。

其次，转化所带来的经济和社会效益的问题，要进一步优化和完善评价体系。高职院校要重视应用研究，其成果转化效果好坏不在于论文水平高低，而是其成果所呈现出来的突破性和带动性；在对关键技术、核心技术上取得多大的突破；在于自主知识产权成果的拥有及获得的经济社会效益等。同时，要特别关注对创新团队的整体性评价，使之成为推进和优化团队建设的风向标。对校企双方组建的重大科研平台、基地实行以综合绩效和开放共享为重点的评价，切实构建以创新质量和实际贡献为核心的科技评价体系。

最后，要完善人才评价的导向作用，在遵循科技工作特点和规律的基础上，营造一个鼓励创新、勇于创新、包容创新的良好氛围，积极做好人才发展的制度保障工作。2016年科技部还专门会同教育部、中科院先后制定出台《关于加强高等学校科技成果转移转化工作的若干意见》和《中国科学院关于新时期加快促进科技成果转移转化指导意见》。这些制度作为顶层制度的"上位法"，在一定程度上为科研成果转化给出了指导性意见，但这些具有激励性质的政策还表现为"粗线条"，应尽快实现其落地实施。要改革以行政化方式来捆绑约束科技人员的惯性思维，建立起有利于科技成果应用与推广的有效体制机制，发挥导向引领作用，释放科技人才的创新能力与创新活力。

协同创新科技成果转化的风险分担机制，科研成果的转化是新产品、新技术形成和实现的过程。在科技成果的转化过程中，技术风险、市场风险和效益并存。研发阶段主要是技术风险，进入转化阶段则表现为市场风险（翟天任等，2012）。高校协同创新的成果转化风险正是由于协同创新中市场、资金等内外部环境的复杂性、未知性等导致成果转化失败的可能性。因此，加强高校协同创新的风险管控，构建风险分担及转化的长效机制，对推动校企协同创新和成果转化具有非常重要的意义。对于不同的风险，校企双方要加强风险分析和研究，并结合各自实际采用不同的风险控制机制。在技术风险防范上，校企双方要加强技术研究过程各环节的严谨性，注重科学论证和实践检验，构建技术创新的风险防范机制。要以协议或合同的形式，规范合作主体的责任和权利，强化各协同主体间的风险共担意识。对于市场风险，校企协同双方要提前做好市场调研和市场预测，同时要充分加强双方的交流和沟通，必要时可依托成果推广和应用的服务机构做好信息交流及沟通工作。对于资金风险，可考虑校企双方设立专项基金账户，做到专款专用，实施过程性控制，并依托第三方加以审计。对于信用风险，则要注重沟通交流，避免信息不对称，同时鼓励各协同主体诚信合作，充分运用法律制度做好预案。在实施风险防范的时候主要采用风险分散、风险转移两种措施。风险分散是指通过将合作项目划分成风险等级不同的类别进行开发创新，即化整为零，当其中一个子项目失败不会影响合作项目的整体。风险转移是指将项目组在创新过程中形成的风险转移至其他分担主体上，让各协同主体共同来承担风险，这其实是一种风险转嫁方式，而非消除风险。

协同创新科技成果转化的利益分配机制。高职院校科技成果转化所获得的经济利益，在一定程度上可以拓宽科研经费渠道，调动科研工作者的积极性。事实上，利益分配具有其自身的复杂性和动态性，如果利益分配不当，机制不完善，可能会偏离协同创新实现利益最大化的初衷，直接影响到协同创新利益相关方的稳定性和合作质量。校企协同创新过程中成果转化的利益主要分为有形和无形两类，有形利益是指各协同主体在协同创新合作过程中可直接获得的，并能够进行可量化计算的利益，如技术转让费、技术成果转化为产品或服务后获得的收益等，这是各协同主体参与协同创新的内在动力，效益大小体现了高校协同创新效率的高低；无形利益是指那些难以用经济化的指标衡量，如品牌、商标等，虽然其在短期内很难直接获得收益，但它可有效提升各协同主体的形象和素质，最终转换成有形利益。因此，利益分配机制应确保协同创新各方获得公平和合理，并依据平等性、贡献大小和风险高低的原则进行分配，充分体现与每个利益相关者承担的责权利相一致。

9.3.2 中介服务平台

美国为了加强学校与企业之间的交流，提高大学的技术创新能力，建立了一批专门的联络机构，负责校企合作。这些联系组织包括"咨询公司""联络处""大学专利公司"和综合服务组织。除了高科技和基础理论的研究和开发外，美国许多大学的高科技创新中心也在从事科研成果的转移。其中一些机构甚至专门研究科研成果的转让。为了不断激发大学生的科技创新能力，在平台上，可以引导他们将专利技术用于质押贷款或股权。此外，还建立了一个相对完整的数据库。如果业界对大学的某项技术感兴趣，在三方签署协议确定合作后，他们将获得新的权力进行下一次行动。最后，三方合作将正式开展科技成果转化活动。在新的权限下，大学的界面将显示咨询详细信息、协议详细信息和转换进度。咨询公司的内容将显示大学的详细信息、要求、协议的细节，转换的进度，评估信息，监督以及资金的管理。公司的界面将显示咨询的详细信息，协议的详细信息以及转换的进度，评估信息和资金管理等，在新的界面下，三方可以实现转换工作的所有功能。但是，关于结果案例的核心内容和机密敏感信息，只有参与转换的授权方才有权访问，以下便是管理模型设计。

（1）数据库管理。在智能检索方面，平台提供智能检索。搜索时，根据相关算法匹配相关数据库中的数据，提供主搜索、高级搜索、二次搜索和主题自定义功能，搜索结果可根据相关性进行排序，使搜索用户能够快速有效地访问相关信息。在加拿大，大学建立了科学与工业大学监管办公室，负责与行业建立联系，向企业推广大学的科研成果，并将公司的需求信息带到学校，也可以直接联系教授进行合作。该平台采用外包开展科技成果转化活动，拥有专职人员进行业务管理、运营管理和数据库建设与维护，确保科技成果转化过程科学有效地进行，从而有一定的费用被用作利润来反哺平台。

（2）终端接入层。平台终端接入层采用"逐页逐级，分层授权"的思想，既要保证信息方面的安全又必须更加有效地开展科技成果转化。大学、咨询公司和企业的用户可以进入平台一站式服务主页，并浏览平台公共信息，如平台的介绍、结果转换的案例名称、实时时间信息等。如果要进一步使用其他功能，例如浏览平台成员的基本信息、案例转换的基本信息以及演讲，必须在平台上注册。在注册时，他们必须同意平台的相关政策并接受佣金制度，管理人员审核后可以进行操作。在平台对注册用户进行认证后，大学、咨询公司和企业将进入属于组织属性的指定界面，并通过各个界面中的不同功能促进三方的有机结合（尚珊等，2018）。案例信息访问部分需要平台将成功转换的科技成果信息上传到数据库，简要介绍案例的思路、专业领域、观点、创新等，用户可以选择合适的合作伙伴基于此。它可以用于参考自己项目中的想法和应用，促进更多科技成果的有效转化。项目改造进度和阶段信息获取通过建立项目运作数据库，实现访问项目转换进度和阶段信息的功能,在用户认证和权限管理的保证下,只有签订协议并合作的大学转换结果,咨询公司和企业有权访问和操作项目的转型进度和阶段信息。三方可以直观地监控项目运作的进度、及时获取信息,并为下一阶段的工作进行更好的研究和规划。经过认证的三方可以在科技成果转化时享受国家科技基金,减税和政府奖励等优惠政策。信息权管理是一种权利管理方式,权利管理可以从根本上保证信息的安全。平台数据库存储大量机密信息和敏感信息。有必要确保只有授权用户才能访问相关数据和信息。基本信息认证访问的过程是平台管理人员将对已注册并加入平台的大学,咨询公司和企业的基本信息进行验证和审核,确保所有参与该平台的组织没有重大违规或违规行为并且在司法当局记录没有诚信缺失、伪造等信誉问题。

(3)运营管理。①信任机制。转型活动的有效发展是建立在信任机制的基础上的,大学和企业应该充分信任第三方,即咨询公司。这就要求平台必须严格对咨询公司进行审核认证,使咨询公司在高校和企业之间形成信任链,从而促进成果转化的完成。②监督管理机制。平台对三方中各项科技成果转化步骤实行实时监督管理的同时,咨询公司必须具有一定的后台管理权限,为了相互限制互相制约。违规发生后,工作人员将及时通知大学和合作企业停止当前的转换活动,并按照有关规定处理,确保科学技术成果转化有一个有序、透明化、开放、监督和限制的环境。③利益协调机制。为了有效减少利益冲突和风险,平台必须严格审查三方签订的协议,确保他们在知识产权、风险承担方面有明确、详尽的责任和收入分配,协调三方的利益。④基金管理机制。对项目中的所有资本活动实施统一的平台管理策略。该平台采用SSL技术,确保在线电子交易活动的安全性,降低资金风险。⑤信息权限管理。管理页面上的用户访问权限和操作权限。例如,三方可以在注册和认证后访问基本信息数据库;在确定合作关系后,他们可以在充分实施科技成果转化活动时进入和运营项目。转换活动完成后,数据库可以访问转换案例信息数据库中有关案例的信息。⑥需求分析。平台利用竞争情报、技术搜索、文献检索和众多企业需求,分析阶段研究热点和市场需求水平,并将分析结果放在平台一站式服务主页上,使三方感兴趣主动申请该项目(刘海燕等，2014）。⑦合作建议。资源的意义存在于有效利用，合理配置资源，以实现材料的最佳利用，传统科技成果的转化就像大海捞针，企业找不到自己的项目成果，高校缺乏合作企业，咨询公司无法为大量企业和大学建立桥梁，这就要求平台为三方推荐合作，在界面中推荐合作伙伴，做好有机整合，促进科技成果转化率的增长。⑧定制服务。一旦成功转化成果，它将能够鼓励学院和大学继续研究这个主题或相关主题。研究人员可以继续根据合作企业的发展状况，市场环境和研发水平来定制主题，实现一对一的定制服务，以促进更多的成果。⑨市场调研。该平台已从单一公司的个人市场研究转变为咨询公司，以帮助公司开展研究工作。咨询公司具有强大的市场运作能力、多样化的信息渠道，熟悉各个领域的市场情况，可以帮助企业推出新的产品。此外，该学科还有许多具有区域特色的科技成果。一些区域咨询公司在该地区的市场研究方面具有更多优势。⑩评估备案。结果转换后，不论成功与否，平台应评估和评估转化活动的各个步骤，分析切实有效的转化方法和过程，以促进频繁发生的错误，并将项目结果，参与机构和人员的信息存档到数据库中，并改善整体平台运作机制。⑪合理宣传。合理宣传成功转换案例，可以公布平台转型结果，参与方和核心人员参考，供其他用户参考，或使用社交媒体软件进行适当的宣传，提高平台知名度和声誉。

（4）核心架构层。核心架构层是平台最重要的组成部分。咨询公司和企业可以通过合理的手段宣传转型成果，获得行业的知名度和影响力，大学向上级主管部门提交科技成果转化年度报告，说明科技数量，单位取得的成就和实施转型。项目涉及的情况和人员也可以向财政部，科技部等有关行政部门报告科技成果转化年度报告。在有关的法律中曾提到过：科研成果转化所有收入均由研究机构保留，为科技成果的完成和转化做出重要贡献，将现金和股权奖励的最低比例提高到50%并实施转型。成功生产后，将使用3～5年，将实施该科技成果的不低于营业利润5%的比例用于奖励，并改造科技成果将作为科技人员考核体系的重要指标（《促进科技成果转化法》）。那些在技术转让和科技成果转化方面做出突出贡献的人，可以越过相应的专业技术职称。如果他们是参与成功转化成果的学生，他们将被优先考虑评估。通过转换平台，公司将向市场推出新技术、新工艺、新材料或新产品，按照国家相关政策及时获取利润、纳税，并根据规定向平台支付佣金，并支付给咨询公司和大学。委员会对分工数量没有统一的规定。不同的技术领域、不同的交易条件、不同的企业等级和股价是不同的。因此，企业必须按照三方签订的初步协议的规定向咨询公司和大学支付佣金（唐建新，2001）。此外，高校必须保证科技成果的原创性，不得有剽窃、抄袭、侵犯版权等学术不端行为。否则，必须按照相关法律责任处理。经过市场分析、研究咨询公司和公司确认转型的可行性，合作关系建立后，三方签订相关协议，大学将详细介绍该公司的科技成果。输出到咨询公司，咨询公司将为项目提供资金并提供保险。在行业寻求风险保护和签订合同，获得资金和担保后，三方合作可以采用迭代开发方法。这种开发方法使转换能够根据市场的实时变化及时调整产品，提高转换成功率，并转换结果。为实现企业所需的新技术、新工艺、新材料和新产品的产业化，企业最终投入市场，实现市场化。平台核心架构层企业在采用新技术、新流程、新材料和新产品生产中遇到的问题，通过平台向咨询公司提出问题并寻求解决方案，咨询公司经过分析，联系大学找到合适的业务问题项目的结果，或从平台查询大学公布的结果，最后，三方在线互相评分，在选择合作伙伴时用作其他用户的参考。

（5）业务层。①案例信息。科技成果转化成功的案例是宣传的最佳方式。该平台将成功地将平台上的科技成果转化为数据库，并在用户权限认证和知识产权保护的前提下，简要介绍项目成果、想法、专业领域、观点、创新等。该平台对转换结果进行分析、评估和归档，合理化转换结果，建立转换案例数据库，鼓励更多合作组织加入平台，实现良性发展，达到双赢、共赢。咨询公司负责保护和解决涉及科技成果转化的知识产权问题，一般来说，除法律法规或合同外，知识产权归发明人所有。如果双方签订合同，则采用合同优先原则进行知识产权保护。在转换过程中，一旦未能有效保护知识产权，合作立即停止，相关法律机构提起诉讼。平台展示最新转化成果案例，吸引更多合作伙伴加入，为转化提供更多可能。②基本信息。主要介绍三方各方的基本情况。咨询公司的信息包括主要业务、资金状况、优秀的咨询团队和人员、战略定位等。大学的信息包括主要的专业领域优势、优秀的项目成果、优秀的研究团队和人员；公司信息包括公司性质、注册资本、主要产品、技术规模、销售业绩。③实时信息。在平台上收集和整理最新技术及管理前沿的最新信息，使各方能够了解各个领域的最新技术趋势和管理理念，从而整合成果。同时，它提供政策和法规信息，并根据国家政策及时做出相应调整。④在线通信模块。身份验证后，三方可以进入平台论坛。他们可以在论坛上发帖子寻求帮助，遵循言论自由和评论自由的原则，讨论问题，表达意见，促进思想观念、新思路的交叉。创造更多合作机会，促进高效、有序的转型。与此同时，论坛上有很多帖子和评论涉及谣言、假新闻和社会保障。这要求平台管理人员及时删除相关的不良意见，并记录相关的发帖用户，并对其账户进行适当的处罚，创造良好的沟通环境。有一个项目合作案例。大学和咨询公司建立合作关系：大学可以通过平台积极选择擅长相关领域和专业的咨询公司对话，也可以在平台上公布结果信息，等待咨询公司获取。一旦双方建立合作关系，大学就可以保护知识产权。在此前提下，项目结果的细节将提供给咨询公司。与此同时，该公司成立了一家咨询公司，打算通过该平台进行合作。完成上述两个步骤后，通过协商公司的催化，三方将有效对接，咨询公司将结合相关大学的成果为企业定制解决方案，最后三方将签署一个合作协议（牛海涛，2018）。

9.3.3　高校科技成果转化技术经纪人委托平台

（1）数量小。在这个阶段，由于大学技术经纪人很少受到重视，因此很少有技术经纪人，而且很少有资格或执业经纪人。20世纪80年代后直到20世纪30年代后期，我国逐渐培养了各个大学的技术经纪人。根据相关数据，上海地区约有500名技术经纪人拥有技术经纪人资格证书，不超过200名执业经纪人。

（2）兼职占大多数从业人数。受大环境影响，大学技术经纪人大多是兼职。高校的大多数技术经纪人都是大学的科技管理人员，他们大多数是科技人员或教师。在实际工作中，他们熟悉大学的科研工作，无论是科学文化，又或者专业知识储备丰富，但关于金融、金融企业管理或商品流通的知识相对缺乏，市场意识不足。

（3）浅层性。大多数大学的技术经纪人都从事单一的中间业务，很少参与更系统的科技成果转化业务。市场上的技术经纪活动是一些简单的中间业务，这使得高校的技术经纪人工作空间有限，无法参与其中。高校科技成果转化的全过程没有起到技术经纪人的作用，不利于高校科技成果转化的效率。

技术经纪人主要活跃于科技项目和投资项目之间。他们是高校科技成果交流和企业投资活动的专业中介机构，高校科技的发展转变了人力资源管理理念的发展。

（1）培养综合型人才，激发新的人才潜力。企业的主要组成部分是员工。员工的科学素质水平影响着企业的发展。在"互联网+"的时代，企业要想提升核心竞争力，必须顺应时代发展潮流，挖掘新的人才潜力，不仅要关注员工的科学素养，还要关注对员工在道德素质的品行，注重培养有利于企业发展的综合性人才。

（2）建立以"大数据"为主要分析工具的人才管理方法。与传统的管理方法相比，传统的管理方法往往侧重于事物发展的表面现象，不能从内在的本质分析问题。在"互联网+"的背景下，人们可以通过互联网对以大数据为主要分析手段的人事管理进行深入分析，并与数据事实进行对话，从本质上进行准确的研究和分析。

（3）呼吁全体员工参与人力资源管理研究，建立完善的管理体系。企业的发展不仅仅是员工的责任，也是管理层的责任。企业的发展需要企业全体人员的参与，为企业的人力资源管理积极提出自己的意见，为企业的发展做出自己的贡献。此外，企业还应建立健全的人力资源管理系统，从根本上保证"互联网+"时代企业人力资源管理系统的发展。

同时，要加强技术经纪人的教育和培训，扩大技术经纪人的知识，了解科学技术，法律、金融、管理和市场的知识。要推进高校科技成果转化，高校要增加对技术经纪人的重视，正确认识科技经纪人在高校科技成果转化中的作用，形成危机感，加强高校科技成果转化的紧迫感。形成意识形态特别是高校领导者，应分析现有技术经纪人团队存在的问题，制定自上而下的管理政策，培养一批高素质的技术经纪人，发挥技术经纪人在科技成果转化中的作用。提高高校科技成果的应用效率，促进高校的可持续健康发展。由于高校科技成果转化时期较长，这意味着交易各方不是纯粹的交易关系，而是长期合作关系。他们必须考虑双方的利益，严格检查合同的内容，并敦促各方履行合同。

科技成果转化成功与否和技术经纪人有很大的关系。技术经纪人的作用如下：

（1）收集市场中已经存在的可以帮助到科技成果转化的相关信息。在科技成果转化过程中，技术经纪人帮助高校中的科研人员、教授或者职务发明人、管理人员寻找市场需要、拓展市场的范围空间，定期帮助高校收集市场对科技需要的信息，并反馈给高校，同时在交易活动中积累一定数量的高质量企业家，作为高校科技成果的买卖来源。在市场交易中，买卖双方存在更少的信息不对称，技术经济人本身拥有的专业能力和专业知识，更加有利于高校减少在科技成果转化投放阶段的管理成本，还能更加快捷地匹配到对应需要的科技技术，从而达到在控制成本的基础上增加技术成交率。

（2）可以更加合理地评估高校科技成果。技术经纪人可以通过自身专业能力和经验水平对高校科技成果进行合理的评估，多方参考之后，评估出科技成果的相应市场价值，之后通过与高校科研团队负责人和管理人员进行协商沟通议价。双方进行相互筛选之后，最终确定交易数量和金额。与此同时，对高校科技成果进行合适的分类及其对应产生的功能，选择最合适的技术买卖，推动高校科技成果转化的实现。

（3）进一步加强团队组织相互协调。作为技术经纪人，要真正地参与到科技成果转化过程中市场化、产业化、商业化的过程之中，要协调学校中科技成果完成者和企业之间的沟通，使其高校负责人与企业研发人员实现对接，技术经纪人也要帮助监督企业高校双方对科技成果转化中的付出情况。在整个开发过程中，技术经纪人要对科技人员适当地提出合理意见，充分实现在科技成果转化整个活动中起到组织协调的作用。当然，技术经纪人在参与科技成果转化与开发阶段之外,还要帮助提供多种融资渠道,以便于满足科技成果转化过程中需要的大量资金。在融资方面提出专业的帮助与建议,向社会和学校进行全方位的吸纳资金,为后续科技成果转化的产业化和商业化提供足够的资金支持。

(4)保证走法律程序,签合同,保证效力。技术经纪人应该保障高校利益,在科技成果转化的过程中,技术经纪人要作为第三方的保证人,起到担保责任,在签订合同之前要保证,自身已经熟悉了解合同款项内容,确定合同的内容的正确性和规范性,要确定好科技成果的相关参数、支付价款、双方在科技成果转化过程中应承担的责任和应尽的义务、保密协议、知识产权等内容,都应该有技术经纪人负责了解清楚,进而保证高校科技成果完成人的相关利益。由于科技成果自身并不是一个短周期的活动,所以这说明了买卖双方并不是简单的卖出方和买入者的利益关系,而是长期不断合作、互相考虑对方利益的长期伙伴关系,所以更应该核对好内容的规范性,要监督合同双方按时履行合同。

更好地发挥出技术经纪人作用的有效措施如下:

第一步,有技术经纪人职位需求的机构应该更加重视技术经纪人,提高团队建设人员的综合素质。高校为了更好地实现科技成果转化的成功率,首先要正确意识到技术经纪人在科技成果转化过程中发挥的不可或缺的作用,要更加重视技术经纪人团队。高校之中首先要形成科技成果转化工作的压力紧迫感,尤其是领导,要在思想上重视技术经纪人团队的存在意义,要去分析技术经纪人团队中存在的问题,并提出问题、解决问题,进而自上而下真正地培养出一支具有高素质高水平的技术经纪人团队,充分发挥出技术经纪人在科技成果转化过程中的重要作用,同时提升高校科技成果转化的效益,促进高校科技成果转化的成功率和持续健康发展。与此同时,进行技术经纪人团队的培训工作,尽可能拓宽技术经纪人的知识体系广度和范围,更加充分地了解科技与法律、金融与管理、市场与营销等知识,达到能根据企业实际情况结合高校所拥有的成果实现合理对接,同时为双方提供服务与咨询,帮助双方得到合理的判断,并且做出正确决策,最终达到推进高校成果转化的效率,使高校的科技成果更加迅速地转化为社会生产力,推动社会经济的增长,实现科技成果的实在价值。

第二步，应尽可能地完善技术经纪人机构的管理机制，为任职的技术经纪人提供可观的发展空间。要想更好地发挥出技术经纪人的作用或者技术水平，就必须对管理体制方面进行改革，使制度上满足技术经纪人对工作的期望，要把薪酬制度进行优化，让技术经纪人获得他们期望的薪资待遇。把技术经纪人的职称评定、绩效考核、奖励政策与技术经纪人管理体制充分结合起来，使技术经纪人得到他们应得到的薪资水平，尤其对工作能力突出的设置大额奖励政策，设立标杆制度，提高技术经纪人内部竞争力和积极性。与此同时，特别要在技术经纪人的机构设立专职职位，为了高校该机构的可持续发展，要设立技术经纪人年轻者的培养制度，要实现机构与行政职能分离，是高校技术经纪人更好地实现社会化和企业化的思想。每个高校根据自身情况，去专门创立一个服务于企业型的技术经纪人机构，进而去培养技术经纪人的实际参与经验，提升技术经济人的实际经验，从而在高校科技成果转化过程中最大化地发挥技术经纪人的作用，推进科技成果转化的应用和进程，推动社会发展（姚钟华，2016）。

第三步，优化机构的运营方法和体制机制，更好地发挥其应有的实际效果。要想最大化地发挥技术经纪人的作用，就必须优化技术经纪人机构在运行时的体制机制，要充分了解当地实际情况，将高校所擅长领域和本地企业经济发展方向和产业转型情况结合起来，要求政府帮助规范市场秩序，通过制定规章制度帮助高校科技成果进行转化，进而使科技成果在法律的保护下，合理公平地进行交易，从而促进科技成果交易市场的繁荣发展。与此同时，尽可能地拓展经济组织的形式，是科技成果转化产业化和市场化的基础，帮助高校和企业从中试到产业化，在技术经纪人的协助下，利用自身的专业能力和市场资源信息，为企业和高校融资后更好地提供全方位的服务。同时，也要提供政策方面的支持，帮助引导科技成果的转化成功性，例如手续减免或者税收大幅优惠，最终最大限度地提高科技成果转化的成功率。

综上所述，技术经纪人在高校科技成果转化过程中具有非常重要的作用，技术经纪人能提高高校科技成果转化的效益，使双方甚至三方受益（丹枫，2011）。因此，高校中如果要设置技术经纪人团队，就应该重视技术经纪人的存在，最大限度地做好他们的技术培训工作,不断提高技术经纪人的综合素质。同时,需要不断完善机构的体制机制,为技术经纪人提供可观的薪资水平和发展空间,高效的运营机构使科技成果不断实现转化,最终推进科技成果的转化和应用,使高校科技成果转化为社会生产力,推动社会的发展。

第10章　陕西高校科技成果转化体制机制改革

高校科技成果运营的运行机制是指在高校科技成果运营过程中的相关各构成要素之间相互作用、相互联系、相互制约、协调互动工作方式和运行原理。陕西高校科技成果的有效转化需要动力机制、供求机制、投入机制、利益分配机制和扩散机制之间互相配合、相辅相成而共同实现的。

10.1　动力机制

动力机制在高校科技成果转化和运营中起着重要的作用，有效的动力机制可以促进高校科技成果的转化。

10.1.1　政策导向推动机制

政策导向推动机制主要体现在高校将科技成果运营作为高校教师职称评定的重要指标；对科技成果运营利益的合理分配政策有助于激发科研者的投入热情和主动性；国家优惠的税收政策对于科技成果运营具有积极的推动作用。

（1）技术职称评定政策问题。高校将技术成果作为教师职称评定的重要指标有利于提高高校教师科研的积极性，同时该政策也存在一些不足，需要我们尤为重视。陕西高校专利申请数和授权书高居全国平均水平，但专利转化率却落后于国家前列，主要是因为在高校技术职称评定政策中，缺乏合理完善的鉴定体系和评价标准。陕西高校的职称评审仍然采取量化考评政策，主要是考核职称评审人的论文发表的数量、上报数量、著作出版等方面考核，进而形成了以学术研究为主、轻视成果转化的考评，严重导致科研人员在科研过程中不以市场需求和成果的市场经济效益为出发点，而是以成果数量、个人工作职称的进步为目标，对于科技成果的转化具有一定的阻碍作用。

陕西高校科技成果相关的考核评价机制存在缺失或不够健全的问题。目前，在对高校的考核评价体系中，没有将科技成果转化率纳入对单位、领导和科研人员的考核指标体系，高校对教师的考核评价体制与激励机制仍然存在以学术论文作为主要衡量指标的"重理论、轻实践"倾向，"产业反哺科研"的良性循环尚未建立。

（2）成果运营利益的合理分配政策问题。完善合理的利益分配政策不仅能保证科技成果的有效分配，也能极大程度地提高科研人员的投入积极性，从而不断提高科技成果的产出。

（3）国家优惠的税收等政策问题。国家一系列优惠政策一定程度上解决了科技成果运营中资金短缺问题，加快了科技成果运营进程。但目前政策落地和相关协调机制不够。近年来，国家和地方虽出台了若干鼓励成果转化的相关政策，但由于缺乏持续、配套、系统的部门协调机制，政策落地存在事实上的困难。有的政策尚停留在宣传和口号层面，诸如打破人才流动障碍、允许科技人员带着成果离岗创新创业等，还有待事业单位岗位管理制度、社保转移接续政策等相关配套政策的衔接落实。

10.1.2 市场需求拉动机制

科技成果的转化运营必须以市场需求为导向，市场需求是科技成果能否实现转化、实现其经济效益的关键因素，只有符合市场需求的高校科技成果才能实现有效的转化，从而带动经济利益的增长。目前，高校科技成果运营仍是以"高校—市场"模式为主，这也是与政府主导型密切相关的。政府主导型科研项目偏重于理论研究，这导致了高校科研人员更加重视理论学术研究，而忽略了要放眼于市场需求，科研成果应以市场为主导，因此造成了大批科技成果与市场需求存在较大的差距，难以实现有效转化。

无论是以学术及科研成果为核心的晋升机制，还是科技成果奖励机制，普遍存在激励机制不健全，重视学术性，对应用型偏重较轻。这严重造成了高校科研成果"高度学术化"，阻碍着高校科技成果的转化。

10.2 供求机制

供求机制是高校科技成果转化及运营的基础，合理有效的供求机制是高校科成果转化的必备要素。

10.2.1 高校系统内部的有效供应问题

科研经费是支撑整个科技成果转化的重要因素，结合陕西近些年的科研经费使用情况，总体看科研经费存在投入不足，经费使用管理不完善的问题，以2014年审计署对省属22所高校科研经费使用情况的审计调查看，有6所高校以虚假经济事项报销科研经费。高校科研项目的主要经费来源于政府，而政府在当前对高校科研则偏重于理论基础研究，这就导致一定程度上的高校科技成果偏重于理论化。目前，高校科研项目仍以传统的程序为主，即国家投资立项—相关部门下达指标、进行管理—学校申报—专家研究科技成果，最终面向市场。这个过程中缺失高校与市场的有效接轨，在整个流程中对于市场的关注度远远不够，一定程度上会造成高校的科技成果不符合市场的需求,或是其科研成果在转化过程中存在一系列现实阻力,从而导致高校科技成果转换难,使得科研成果仅仅停留在理论层面,难以实现其自身的经济效益和推动社会经济的发展。

这需要高校放眼于市场,研究出真正符合市场需求,具有高科技含量、强有力的应用性及具有广泛推广前景的产品,不仅要保证理论上具有可靠性,同时要保证在应用上具有可行性。

10.2.2 企业的有效需求问题

企业对科技成果的需求是高校进行科研的基础和前提,有效的市场需求不仅可以对高校科技成果的研制具有积极的带动和促进作用,同时也是科研人员从事科研项目的关键指导。紧密联系市场现状,把握企业的有效需求,是科技成果实现成果转化的关键因素,这就要求企业不仅要具备对科技成果吸收的欲望,同时要具备高效的接受能力和营运能力。

分析当前企业对于科研成果的吸收能力不足,究其根源,主要有以下因素:

(1) 企业自身的规模不足,缺乏吸收科技成果的资金,缺少能够实际掌握运用的科技人员。

(2) 高校科技成果自身的偏重理论性,难以适应企业的需求。

(3) 高校科技成果转化是一个高风险、高投入、周期长、效益未知的项目,这对于大多数企业来说,投入与回报的比例难以确定,使得多数企业望而却步。

10.2.3 科技市场中介服务

"中介",作为第三方组织,对当代人来说早已渗透进我们的生活之中,随处可见的中介机构正是反映了社会主义市场经济的多样性和包容性。有效的科技市场中介能够为供需双方提供积极有效的信息,一个既了解科技发展动态又了解生产实际需要的中介机构是连接科技与经济的重要纽带,能在一定程度上促进科技成果的高效健康运营,从而促进双方的合作,实现三方共赢。现阶段,科技市场中介存在以下问题：

（1）专业性机构数量偏少。

（2）服务水平、质量及人员素质较低。

（3）机构内结构不合理，自律水平不高，机构市场监督机制不健全。

科技市场中介尚未形成规模效应，有效的科技市场中介更是少之又少，使得科技成果供求双方难以形成有效的沟通和信息互通。在信息不互通的情况下，想要实现高校科技成果的转化更是难上加难。因而，创立有效的科技市场中介机构十分必要。

10.3 投入机制

投入机制是高校科研成果转化运营的前提，本书将从风险投资机制、以政府为主体的科研经费投入机制、以企业为主体，高校技术入股的后续投入机制三个层面来分析投入机制在高校科技成果转化中的作用以及自身存在的问题，进而提出完善措施。

10.3.1 风险投资机制问题

风险投资机制，最终目的是为科研再继续和企业再生产提供有利条件，相应的补偿科研劳动、生产经营活动。在科技成果运营过程中，通过引进风险投资和股份制等形式，对科技成果运营过程中因不确定性所带来的市场风险、技术风险、经营风险等进行分散和转移。

科技成果转化是一项高风险、高投入、高收益且周期长的活动，这就决定了难以从常规的商业渠道中获得足够的资金支持。我国风险投资机构和风险投资基金的缺乏，已成为科技成果转化的一大障碍。

10.3.2 政府为主体的科研经费投入机制问题

我国高校科研项目很大程度上得益于国家政府的政策支持和资金扶持，所有的科研项目的进行都建立在对其投入的前提下，高校成果运营是一项庞大的系统工程，需要各个相关主体的积极参与，这关系到各方利益主体的利益。而政府作为高校科技成果运营的重要参与者和投入者，政府的支持和推动力度对于高校科技成果运营是否成功以及其运营效率高低的作用是至关重要和必不可少的。

以政府为主体的科研经费投入同时也存在一些问题，如政府的主导方向为理论研究，导致高校科研项目在进行时偏重于理论而忽略了最终科技成果的实践意义和经济意义，这对高校科技成果的转化造成了严重的影响。这需要高校的科研人员要正确客观对待科研项目，从实际意义出发，综合考虑科技成果最终的经济意义和社会意义，而不是一味地注重科研论文发表数量、个人职称晋升等问题。

10.3.3 以企业为主体，高效技术入股的后续投入机制问题

从高校科技成果到投入到企业运营中，其中的中试环节是必不可少的。

（1）中试资金投入的匮乏导致科研项目转化为市场产品的速度较慢。中试环节需要的资金比较多，因此，单独依靠高校或者企业的能力还不足以满足科技成果中试转化的需要。中试环节具有较大的风险和高额的投资，中试环节存在较大的不确定性。

（2）产品中试的投资主体不明确。

（3）后续的长期运营保障机制不够完善，科技成果作价入股形成股权后的财税问题。对于科技成果中无形资产作价入股形成的股权，需要更明确和简单的财税政策，对于符合科技成果作价入股条件的企业和个人免征所得税或是在取得现金收益后再按照取得收益比例缴纳所得税，现行的税收政策阻碍了科技成果的转移转化。

10.4 利益分配机制

利益分配机制是高校科技成果运营的关键,有效的利益分配机制可以充分调动科研人员的主动性。

10.4.1 高校内部利益分配问题

高校内部的利益分配机制中,直接出售高校科技成果获得一次性买断收入、技术或专利入股取得股权收益、人力资本形式取得劳动报酬三种形式是高校参与要素分配的主要形式。高校内部利益分配健全、科学与否直接影响高校科研项目的而效率,从而影响高校科技成果的转化等一系列问题。

目前,高校激励仍是以高校教师职称评定为主,辅之以一定比例的经济奖励,而校系两级所含比重较大。职称晋升制度一定程度上导致科研人员过于重视论文的发表,而忽略了科技成果的经济效益;较少比例的个人经济奖励对于促进科研积极性来说效果并不十分显著。对于上述情况,需要我们去探索更为科学、完善、健全的校内利益分配机制,从制度层面为高校科技成果转换保驾护航。

10.4.2 高校与企业之间的利益分配问题

高校与企业之间的利益分配机制是决定高校科技成果转化能否取得成功以及关系到运营效率的关键要素之一。在高校与企业的产学研合作中,以下类似情况频频出现:高校拥有较为完善成熟的科技成果,同时企业也由强烈的需求,但由于利益分配问题没有协商好,从而导致双方合作停滞不前,甚至于双方无法合作。由于双方利益关系无法协调而导致双方合作不能继续或终止,会给双方造成很大的精神以及经济损失。目前,高校与企业之间的利益分配缺乏一定的规范的标准和监督机制。由此看来，协调高校与企业之间的利益关系，健全完善相关的标准机制尤为重要。

10.5 扩散机制

高扩散机制是高校科技成果运营的保障。本书主要从科技人才流动扩散机制、科技成果推广机制两个方面探讨扩散机制对于高校科技成果转化的影响。

10.5.1 科技人才流动扩散机制问题

此处强调的科技人才指的是知识和技术载体的科技人员，既包括对高校科技成果做出贡献的高校人才，也包括企业中具备高素质、专业技能强的企业人才。科技人才的流动有助于建立起企业与高校之间的联系。目前对于科技人才流动扩散的政策支持不明确。

10.5.2 科技成果推广机制问题

科技成果推广机制，是指高校要建立宣传传播其科技成果的机制。当前，高校对于自身科技成果的推广力度严重不足，机制上尚未建立起真正鼓励科技人员兴办科技企业、进行技术创新的人事制度、科技管理制度；科技成果经营意识尚未转变到自主经营、自负盈亏和自我发展的理念上。

第11章 陕西高校科技成果转化优化措施

在高校科技成果转化的进程中，对于优秀的经验我们要不断发扬传承，对于存在的不足的问题要积极改进，寻求更好地解决措施来优化高校科技成果的转化，实现高校对社会经济发展的重要推动作用。

11.1 完善高校激励制度及考核制度

建立不同行业、不同学科、不同类别的科技人才多层次绩效评价制度，从能力、业绩出发，突破旧的"共识评审"体制机制的束缚，不拘一格发现、举荐人才，创建一种使科技创新人才脱颖而出的新体制、新机制和新环境。注重对科技团队素质、研究水平的评价，根据不同科研领域特点制定相应的人才评价标准，形成科学合理、系统完善的评级机制，并延长评价周期，为科研人员创造更加宽松的工作环境。将科技人员工作表现和工作业绩纳入科技人才评价中，并将考评结果与职称和奖惩挂钩。

（1）高校应建立分类评价考核制度，设立科技成果转化岗位，引入企业"绩效制"管理模式，以考核其科技成果转化业绩为主。

(2) 设置科技成果转化职称评聘绿色通道，对于科技人员从事技术转移的收入按照纵向项目标准进行绩效考核。

(3) 建立规范教师创办企业的管理制度，建立允许教师离岗创业的制度保障。

11.2 转变原有模式，以市场为导向

由过去的"高校—市场"模式转变为"市场—高校"，即将市场作为源头，走市场经济渠道，高校、企业、科研人员签订相关合同，明确责任、权利与义务，将科研成果与市场需求接轨，将责任义务落实到个人。

(1) 要求市场提高科技和生产人员的工艺水平和技术能力，提高企业对科技成果的吸收能力。

(2) 要建立有效的市场需求及预测机制，高校有目标有针对性地进行科技成果研发。

(3) 要提高开拓新市场的能力。

11.3 建立健全科学、合理的人才激励机制

鼓励高校科技人员、高校学生积极开展多种形式的科技创业。将科技成果转化和科技产业的发展作为学校对科技工作的考核内容。

要不断完善利益分配奖励制度。对于转让、许可等一次性收益，按照70%、20%、5%、5%的比例分配至科研团队、学校、院系、中介组织或为科技成果转化做出重要贡献的人员；对于技术作价入股的，70%的股份奖励科研团队，5%的股份奖励给各级中介组织或为科技成果转化做出重要贡献的人员。对以上要坚

持以下原则：

（1）在坚持效率优先、兼顾公平的原则下，把按劳分配与按生产要素分配结合起来，将人才的收入与岗位职责、工作绩效、实际贡献及成果转化产生的效益直接挂钩，激励一流人才做出一流贡献、获得一流报酬，突出的贡献得到应有的回报，让有创业创新创优成果的各类人才受尊敬、有地位、得利益。

（2）建立与国际惯例接轨的、符合高新技术企业特点的高科技创新人才分配制度和经营管理制度，逐步建立起技术入股制度、持股经营制度，鼓励科技人员以其创新成果或专利作价入股参与收益分配，加速科技成果向现实生产力的转化。

（3）建立起规范、客观的税赋转移和补贴转移机制，通过税收减免和财政补贴等手段，对创新人才及其所在单位的收入分配进行结构性调整。允许高层次创业创新人才兼职兼薪。有条件的单位可实行协议工资、年薪制，调整和完善政府科技奖励制度，对有突出贡献的人员可试行奖励股权、期权等多元化分配方式，逐步形成工资报酬与贡献相挂钩的分配激励机制。

11.4　引进市场机制建设

习近平总书记指出，"科技成果只有同国家需要、人民要求、市场需求相结合，完成从科学研究、实验开发、推广应用的三级跳，才能真正实现创新价值"，这为中国特色社会主义高校的科学研究和社会服务工作指明了方向。对此，一方面，要努力提升科技创新能力，不断产生引领发展的重大原始创新成果，为国家创新驱动发展战略提供强力支撑；另一方面，要聚焦实体经济发展和民生改善需求，推动这些成果在经济社会发展中转化应用。在转化过程中，能否盈利和成果是否成熟十分重要，针对具体的科技成果转化模式而言，无论是直接转让技术、产学研合作，还是直接形成公司，最终必然都要面向市场。因此，精准把握市场动态，以市场需求来指导科研，以市场机制来助力科研，是十分必要的。

11.5 建立兼具评价与转化的社会中介机构

首先，要加强高校现有科技中介机构能力建设，提高服务水平和质量；建立中试基地，加强大学科技园的规划与管理，以及校办企业、科技孵化基地的建设；建立市场需要的优质科技中介机构；利用高校丰富的科技资源，建立成果转化平台。

其次，要组建和培养高校科技成果转化的专业队伍，搭建校企信息交流平台。一方面，有条件的高校，特别是有较多的科技成果需要推广的高校，可以设立专门的成果推广中介机构，采取有效措施吸引懂得专业又擅长经营和管理的复合型人才加入到科技中介服务队伍，开办后的 3~5 年中由学校和科技管理部门重点扶持，逐渐进入市场后再脱钩；另一方面，可以开展多种形式的科技咨询活动，增加高校与企业合作交流的机会，大力推动高校与企业的相互联合与合作，拓宽高校科技成果转化途径和资本来源。

11.6 建立健全相关法律制度

从全国人大修订《促进科技成果转化法》，到国务院制定《实施促进科技成果转化法若干规定》，再到科技部会同 18 个部门制定《促进科技成果转移转化行动方案》，在激励方向、知识产权保护、金融财税政策等各个方面都明确了改革路径，足以体现国家层面的清晰意图和法律法规保障。对此陕西要不断建立健全相关法律制度，坚持政策落地的有效性和及时性。

（1）明确评价活动中的法律责任，建立追究责任制度，使评价具备法制化。

（2）建立科学合理的风险运营机制：评价体系及程序；多渠道融资体系的建设，扶持非政府创办的风险投资公司和非政府风险投资银行。

（3）完善政策法规，采用税收优惠、资金担保、财政补贴、投资贷款贴息等手段，同时采用混合方式投资来分散风险。

11.7 建立以企业主体型的研发经费投入机制

将目标定为投入∶开发∶商品化 = 1∶10∶100，而我国当前为 1∶0.5∶100。同时，不断拓宽融资渠道，积极引进风险投资。要保证科技成果转化的每一个环节都有充足的资金保证，从技术研究和开发阶段，到成果国有化阶段，再到工业化生产阶段，科技推广人员要充分做好"桥梁"。

11.8 建立健全高校科技成果扩散机制

有效的信息传递是科技成果转化的必要条件，高校不仅要在市场需求的指导下从事科研项目，同时也要利用当代新媒体等手段大力推广其科技成果，让高校科技成果在市场上具有更好的口碑和更大的影响力及知名度，让企业充分了解该研究成果的水平、价值、产业化前景和经济效益等各个方面，进而使有意愿的企业能够容易与高校取得联系，促进二者的合作。因此，为了高校科技成果运营得到有利实施，其中最重要的途径是不断建立、健全高校科技成果扩散机制，并不断规范和健全该扩散机制，加强高校与企业的沟通，充当促进二者紧密合作的桥梁和纽带，进而实现促进高校科技成果运营效率的提高的目的。

参考文献

[1] Pinto J. Critical Success Factors Across the Project Life Cycle [J]. Project Management Journal, 1998 (5): 21.

[2] Santoro M. D., Chakrabarti A. Corporate Strategic Objectives for Establishing Relationships with University Research Centers [J]. IEEE Transaction on Engineering Management, 2001, 48 (2): 157 – 163.

[3] Gerard George, Shaker A. Zahra D. Robley Wood Jr: university alliances on innovative output and financial performance: a study of publicly traded biotechnology companies [J]. Journal of Business Venturing, 2002, 17 (6): 577 – 609.

[4] Beaver G, C Prince. Innovation, Entrepreneurship and Competitive Advantage in the Entrepreneurial Venture [J]. Journal of Small Business and Enterprise Development, 2002, 8 (5): 56 – 67.

[5] Argote L. Organizational Learning: Creating, Retaining and Transferring Knowledge [M]. Kluwer Academic Pubilishers, Norwell, MA, 1999.

[6] Santoro M. D., Gopalakrishnan S. Relationship Dynamics between University Research Centers and Industrial Firms: Their Impact on Technology Transfer Activities [J]. Journal of Technology Transfer, 2001 (26): 163 – 171.

[7] James L. Barnes., Mohamed Y. Zarrugh., David J. Lawrence, Robert L. Mckown. A Government – university – industry Response to Critical Manufacturing In-

novation Needs [J]. Industry and Higher Education, 2000, 14 (2): 73 -91.

[8] Hall, B. H., Link, A. N., Scott J. T., Universities as Research Partners [J]. NBER Working Paper, No. 7643, 2000.

[9] Blumenthal D, Causino N. Campbell E. Relationships between academic institutions and industry in the life sciences—An industry survey [J]. The New England Journal of Medicine, 1996 (8): 368 -373.

[10] Derek Wading. University business schools 2 business: the changing dynamics of theCorporate education market [J]. Strategic Change, 2003 (12): 7 -14.

[11] 李国朋. 国外高校科技成果转化的现状与启示 [J]. 河南科技学院学报, 2011 (3): 20 -23.

[12] 李波. 日本大学产学研合作现状及其启示 [J]. 河西学院学报, 2004, 20 (4): 87 -89.

[13] Harold Z. Daniel, Donald J. Hempel, Narasimhan Srinivasan. A model of value assessment in collaborative R&D programs [J]. Industrial Marketing Management, 2002 (31): 653 -664.

[14] Link, A. N., D. J. Teece, W. F. Finan. Estimating the Benefits from Collaboration The Case of SEMATECH [J]. Review of Industrial Organization, 1996 (11): 737 -751.

[15] Yong S. Lee. The Sustainability of University - Industry Research Collaboration [J]. Journal of Technology Transfer, 2000 (5): 111 -113.

[16] 周静珍, 万玉刚, 高静. 我国产学研合作创新的模式研究 [J]. 科技进步与对策, 2005 (3): 67 -69.

[17] 王英俊, 丁堃. "官产学研" 型虚拟研发组织的结构模式及管理对策 [J]. 科技管理, 2004 (4): 34 -36.

[18] 穆荣平, 赵兰香. 产学研合作中若干问题思考 [J]. 科技管理研究, 1998 (2): 31 -33.

[19] 吴思静, 赵顺龙. 知识逻辑下的产学研合作模式分析 [J]. 情报杂志,

2010 (9): 204-206.

[20] Parteka A, Wolszczak-Derlacz J. Dynamics of productivity in higher education: cross european evidence based on bootstrapped Malmquist indices [J]. Journal of Productivity Analysis, 2013, 40 (1): 67-82.

[21] 王章豹, 徐枞巍. 高校科技创新能力综合评价: 原则、指标、模型与方法 [J]. 中国科技论坛, 2005 (2): 56-60.

[22] 蒋艳萍, 田兴国, 吕建秋, 章家恩. 高校科技创新能力综合评价指标体系的构建 [J]. 科技管理研究, 2010 (8): 38-40.

[23] 刘伟, 曹建国, 郑林昌, 吴荫芳. 基于主成分分析的中国高校科技创新能力评价 [J]. 研究与发展管理, 2010, 22 (6): 121-126.

[24] 梅轶群, 张燕. 高校科技创新能力的分析和评价 [J]. 技术经济, 2006 (5): 74-77.

[25] 施星国, 张建华, 仲伟俊. 区域高校科技创新能力的评价研究 [J]. 研究与发展管理, 2009, 21 (4): 106-113.

[26] 章熙春, 马卫华, 蒋兴华. 高校科技创新能力评价体系构建及其分析 [J]. 科技管理研究, 2010 (13): 79-83.

[27] 郭俊华, 孙泽雨. 基于因子分析法的中国高校科技创新能力评价研究 [J]. 科技管理研究, 2016 (3): 66-71.

[28] 敖慧. 高校科技创新能力的多级模糊综合评价 [J]. 武汉理工大学学报 (信息与管理工程版), 2004 (6): 169-171+189.

[29] 鄢晓彬. 高校科技创新能力结构评价指标体系的建构 [J]. 青海师范大学学报 (哲学社会科学版), 2006 (1): 143-146.

[30] 刘小明. 福建省高校科技创新能力与体系研究 [D]. 福州大学博士学位论文, 2004.

[31] 万金荣. 中国科技成果产业化问题研究 [D]. 中国优秀博硕士学位论文全文数据库, 2006 (10): 7-8.

[32] 钱毓秀. 加速科技成果产业化的对策 [J]. 安庆科技, 2005 (3):

24 - 25.

[33] 万敏."三区联动"视野中国际科技成果产业化模式研究 [J]. 理论建设, 2008, 117 (5): 80 - 81.

[34] 唐五湘. 科技成果转化的理论与实践 [M]. 北京: 方志出版社, 2005.

[35] 王玉潜. 投入产出分析的理论与方法 [M]. 广州: 广东高等教育出版社, 2002.

[36] 侯艳萍. 科技项目的特点及其管理的对策分析 [J]. 中国科技信息, 2005 (21): 7.

[37] 刘德刚, 牛芳, 唐五湘."科技成果"一词的起源、演变及重新界定 [J]. 北京机械工业学院学报, 2004, 19 (2): 38 - 44.

[38] 熊彼特. 经济发展理论 [M]. 北京: 商务印书馆, 1990.

[39] ficense resulting from federally funded research [S]. the USA, 1984.

[40] 张怀琴, 赵晓丽. 太原市促进科技成果转化的对策分析 [J]. 研究与探讨, 2011 (8): 46 - 49.

[41] 沈慧. 有关数据显示我国科技成果转化率不足 30% [N]. 中国经济网—经济日报, 2016 - 01 - 25.

[42] 张文强. 我国产业技术创新与产学研结合模式研究 [D]. 武汉理工大学博士学位论文, 2013.

[43] 王艳丽. 校企合作动力机制及其合作模式研究 [D]. 太原科技大学博士学位论文, 2010.

[44] 王培根, 汤莹滨. 产学合作技术创新共建实体模式探讨 [J]. 现代管理科学, 2007 (11): 10 - 11.

[45] 李精一. 高校科技成果产业化行为主体解析及新合作模式探索 [D]. 哈尔滨工程大学博士学位论文, 2012.

[46] 高彩宝. 论高校科技成果产业化的支撑环境 [J]. 成都理工大学学报 (自然科学版), 2003, 30 (增刊): 108 - 110.

[47] 孙元花. 高校科技成果转化模式的博弈分析 [D]. 东南大学博士学位论文, 2005.

[48] 王春雨. 科技型中小企业科技成果转化的模式研究 [D]. 吉林大学博士学位论文, 2009.

[49] 项目管理协会. 项目管理知识体系指南 [M]. 北京: 电子工业出版社, 2009.

[50] 嵇忆虹, 倪锋, 王宏. 产学研合作中利益分配方式探析 [J]. 大连理工大学学报, 1998, 38 (1): 113 – 116.

[51] 李廉水. 论产学研合作创新的利益分配机制 [J]. 软科学, 1997 (2): 61.

[52] 罗超, 岳巧, 刘立伟, 等. 国有企业科技成果转化的机制体制及对策研究 [R]. 浙江宁波: 2014 年第三届中国海洋工程技术年会, 2014 – 11 – 01.

[53] 孔刚, 张生太. 黏滞知识管理探析 [J]. 生产力研究, 2009 (4): 126 – 130.

[54] 马强, 张乐平, 郑志雯, 等. 高校科技成果产业化支撑环境中的利益安排 [J]. 科技进步与对策, 2007, 24 (1): 177.

[55] 闫青. 协同创新视角下高校科技产业与高校科技成果转化关系探究 [J]. 产业与科技论坛, 2014, 13 (11): 76 – 78.

[56] 牛海涛. 高校科技成果转化中技术经纪人的作用及有效发挥思考 [J]. 环渤海经济瞭望, 2018 (5): 131 – 132.

[57] 步国旬, 陈君君. 金融支持科技创新的路径及策略研究——以资本市场为例 [J]. 金融纵横, 2013 (4): 19 – 25.

[58] 翟天任, 李源. 高校科技成果转化的协同管理路径研究 [J]. 科技进步与对策, 2012, 29 (22): 44 – 47.

[59] 谷德斌, 尹航, 杨贵彬. 高校科技成果转化驱动模式研究 [J]. 科技进步与对策, 2012, 29 (13): 24 – 28.

[60] 荣彩, 黄晓宇, 徐波. 大学科技园在促进高校科技成果转化中的角色

定位与重要作用［J］．科技风，2017（22）：6．

［61］钟卫，陈宝明．中国高校科技成果转化绩效评价研究［J］．中国科技论坛，2018（4）：41－49．

［62］宋波，鞠燕，徐飞．我国高校科技成果转化模式探索——以西南交大为例［J］．上海管理科学，2018，40（6）：117－120．

［63］张翼，王书蓓．美国斯坦福大学职务科技成果转化处置权和收益权配置研究［J］．科学管理研究，2018，36（6）：111－115．

［64］于佳佳，邹漩，韩衍青，陆红娟．江苏省科技成果转移转化实践与思考［J］．江苏科技信息，2018，35（36）：13－16．

［65］邢飞飞，张云化．高校科技成果转化存在的问题与建议［J］．经营与管理，2019（1）：146－148．

［66］赵蓉英，余波．中国高校科技评价研究发展及推进策略［J］．重庆大学学报（社会科学版），2019（3）：1－2．

［67］张强．试论高校科技成果转化的制约因素与策略［J］．教育教学论坛，2018（50）：142－143．

［68］迟宝旭．国外高校科技成果转化机制及借鉴［J］．科技与管理，2005（1）：118－122．

［69］黄祥嘉．高校科技成果转化的影响因素与实现路径［J］．中国高校科技，2015（3）：95－96．

［70］郭强，夏向阳，赵莉．高校科技成果转化影响因素及对策研究［J］．科技进步与对策，2012，29（6）：151－153．

［71］蒋洪新，孙雄辉．大学科技园视阈下高校科技成果转化路径探索——来自英国剑桥科技园的经验［J］．现代大学教育，2018（6）：53－57．

［72］杨世君．高校科技成果向企业转化的现状与优化策略研究［J］．中国多媒体与网络教学学报（上旬刊），2018（12）：47－48．

［73］尚珊，侯毓涛．基于信息咨询的高校科技成果转化平台构建［J］．高校图书馆工作，2018，38（6）：41－46．

[74] 刘海燕, 蒋敬东. 高校科技成果转化模式及其产权分析 [J]. 唯实 (现代管理), 2014 (7): 48-49.

[75] 申轶男. "三权下放"后高校科技成果管理部门的定位及作用 [J]. 中国高校科技, 2017 (9): 25-27.

[76] 郭英远, 张胜, 杜垚垚. 高校职务科技成果转化权利配置研究——基于美国常青藤大学的实证研究 [J]. 科学学与科学技术管理, 2018, 39 (4): 18-34.

[77] 李金惠. 关于高校科技成果转化中成果所有权改革的探索研究 [J]. 现代经济信息, 2016 (15): 69-70.

[78] 吴凤菊. 江苏省高校科技成果转化资金障碍及对策 [J]. 合作经济与科技, 2017 (21): 48-50.

[79] 魏梦凡, 余永祥. 高校科技成果转化中自建经济实体模式研究 [J]. 科技与法律, 2018 (2): 76-81.

[80] 陈晓雪, 刁云鹏. 浅析如何加强高校科技成果转化 [J]. 中国市场, 2018 (30): 98+102.

[81] 李靖. 高校科技成果转化激励机制研究 [J]. 合作经济与科技, 2018 (18): 114-116.

[82] 周常兰. 国家大学科技园如何实现提质升级 [J]. 中国高校科技, 2018 (4): 80-83.

[83] 魏梦凡, 余永祥. 高校科技成果转化中自建经济实体模式研究 [J]. 科技与法律, 2018 (2): 76-81.

[84] 顾志恒. 如何调动高校教师转化科技成果的积极性——从科技成果转化人才激励机制谈起 [J]. 中国高校科技, 2018 (3): 64-66.

[85] 刘鼎成. 浅谈"互联网+"视角下的高校科技成果转化 [J]. 宏观经济管理, 2017 (S1): 231.

[86] 董人菘. 高校科技成果使用权处置和收益管理改革研究 [J]. 昆明理工大学学报 (社会科学版), 2019, 19 (1): 69-75.

[87] 朱箭容, 王子敏. 创新驱动战略视角下高校科技成果转化机制改革研究 [J]. 现代管理科学, 2018 (12): 88-90.

[88] 谢地. 试析高校国有科技成果转化的产权配置问题 [J]. 电子知识产权, 2018 (9): 51-66.

[89] 张超. 完善北京高校科技成果处置权和收益权的思考 [J]. 科技创新与生产力, 2012 (12): 6-9.

[90] 王琪. 高职院校校企协同创新科技成果转化运行机制研究 [J]. 南通航运职业技术学院学报, 2018, 17 (3): 55-58.

[91] 郭俊华, 徐倪妮. 中国高校科技成果转化能力评价及聚类分析 [J]. 情报杂志, 2016, 35 (12): 155-161+168.

[92] 王成军, 郭明. 创新型科技人才科技成果转化能力可拓评价 [J]. 科技进步与对策, 2016, 33 (4): 106-111.

[93] 毛慧芳. 创业型大学科技成果转化能力评价指标体系研究 [J]. 创新与创业教育, 2014, 5 (3): 31-33.

[94] 郑旭辉, 苏锦云. 促进地方高校科技成果转化的对策研究——基于政府视角 [J]. 科技和产业, 2012, 12 (9): 106-109.

[95] 赵喜仓, 王松顶, 孙继跃. 高校专利技术转化能力评价指标体系研究 [J]. 技术经济, 2011, 30 (12): 43-46+52.

[96] 施星国, 张建华, 仲伟俊. 区域高校科技创新能力的评价研究 [J]. 研究与发展管理, 2009, 21 (4): 106-113.

[97] 谢克昌. 提高高校科技创新和成果转化能力的思考与建议 [J]. 中国科技产业, 2005 (5): 46-47.

[98] 潘芳, 胡彬. 高校科技成果转化机制探讨 [J]. 山西科技, 2018, 33 (6): 106-109.

[99] 肖荣辉. "政校企"协同创新应用型高校科技成果转化路径研究 [J]. 黑龙江高教研究, 2018, 36 (11): 59-62.

[100] 郭英远, 张胜. 激励兼容的高校科技成果转化收益分配模式研究

[J]. 科学管理研究, 2018, 36 (4): 17-20.

[101] 郭源生, 夏小荣, 李沁雨. 科技创新平台模式研究 [J]. 四川冶金, 2018, 40 (4): 1-5.

[102] 王健. 高校科技成果转化研究综述 [J]. 中国高校科技, 2018 (8): 72-75.

[103] 胡雪. 协同创新视角下高校科技成果转化影响模式研究 [J]. 长春师范大学学报, 2018, 37 (9): 118-120.

[104] 胡丽. 我国高校科技成果转化平台的建设探索 [J]. 社会科学家, 2018 (6): 127-131.

[105] 孟牟俨俨. 高校科技成果转化制度的完善研究 [D]. 西南交通大学硕士学位论文, 2018.

[106] 钟卫, 陈宝明. 中国高校科技成果转化绩效评价研究 [J]. 中国科技论坛, 2018 (4): 41-49.

[107] 路成刚. 创新驱动发展战略下技术转移新模式——以青岛理工大学技术转移工作为例 [J]. 中国高校科技, 2017 (S2): 97-98.

[108] 周春明, 常运琼. 地方高校加快科技成果转化的对策研究 [J]. 湖州师范学院学报, 2016, 38 (12): 67-70.

[109] 袁珊娜. 高校技术转移服务平台的探讨与构建 [J]. 文学教育 (下), 2016 (10): 133.

[110] 周才云, 周丽萍. 我国高校科技创新能力的省际比较研究 [J]. 技术经济与管理研究, 2019 (2): 47-51.

[111] 谢玲, 帅辉明, 朱俊, 朱娴. 创新2.0模式下应用型本科高校科技成果转化评价机制研究 [J]. 电子技术与软件工程, 2018 (19): 77-78.

[112] 佘惠敏. 成果转化还需培养专业人才 [N]. 经济日报, 2019-03-07 (07).

[113] 宋波, 鞠燕, 徐飞. 我国高校科技成果转化模式探索——以西南交大为例 [J]. 上海管理科学, 2018, 40 (6): 117-120.

[114] 谢玲,帅辉明,朱俊,朱娴.创新2.0模式下应用型本科高校科技成果转化实现研究[J].电子技术与软件工程,2018(22):253.

[115] 萧建秀,王晓辉.高校、科研机构科技成果转化中存在的问题和对策[J].中国经贸导刊(中),2018(32):86-88.

[116] 常旭华,李晓.我国高校科技成果转化的主导模式、共性问题及对策分析[J].世界科技研究与发展,2018,40(5):519-527.

附 件

关于落实以增加知识价值为导向分配政策促进省属高校科技成果转移转化的实施意见

陕教〔2017〕1号 2017-01-05

各高等学校：

为贯彻落实中共中央办公厅、国务院办公厅《关于实行以增加知识价值为导向分配政策的若干意见》《关于进一步完善中央财政科研项目资金管理等政策的若干意见》，教育部、科技部《关于加强高等学校科技成果转移转化工作的若干意见》，中共陕西省委陕西省人民政府《陕西省深化科技改革实施方案》《陕西省促进科技成果转化若干规定（试行）》等文件要求，现就落实以增加知识价值为导向分配政策，促进省属高校科技成果转移转化，提出如下实施意见：

一、强化高校科技成果转移转化自主权

高校对其持有的科技成果，可以自主决定转让、许可或者作价投资，除涉及国家秘密、国家安全外，不需要审批或备案。高校可以通过在技术交易市场挂牌、拍卖等方式确定价格，也可以通过协议定价。协议定价的，应有不少于15日的校内公示时间。

高校有权依法以持有的科技成果作价入股确认股权和出资比例，并指定所属专业部门统一管理技术成果作价入股所形成的企业股份或出资比例。对科技人员的奖励涉及股权注册登记及变更的，无需报主管部门审批。

高校职务科技成果完成人在不变更职务科技成果权属的前提下，可以按照学校规定与学校签订协议，进行科技成果的转化，并享有相应权益。

高校科技成果转移转化收益全部留归学校，纳入单位预算，不上缴国库；在对完成、转化科技成果做出重要贡献的人员给予奖励和报酬后，主要用于科学技术研究与成果转化等相关工作。

科技成果转化过程中，高校领导在履行勤勉尽职义务、没有牟取非法利益的前提下，免除其在科技成果定价中因科技成果转化后续价值变化产生的决策责任。发生投资损失的，经审计确认后，不纳入对高校资产增值考核范围。

二、健全高校科技成果转移转化的收益分配政策

高校要根据国家规定和学校实际，充分听取学校科技人员的意见，兼顾学校、院系、成果完成人和专业技术转移转化机构等参与科技成果转化的各方利益，制定科技成果转移转化奖励和收益分配办法。

高校职务科技成果由成果完成人实施转化的，将不低于90%的转化收益奖励给成果完成人和为成果转化做出贡献的人员；科技成果2年内未转化的，采取挂牌交易、拍卖等方式实施转化，将不低于80%的转化净收益奖励给成果完成人和为成果转化作出贡献的人员。成果转移转化收益扣除对上述人员的奖励和报酬后，主要用于科学技术研发与成果转移转化等相关工作，并支持技术转移机构的运行和发展。

科技成果转移转化的奖励和报酬的支出，计入单位当年工资总额，不受单位当年工资总额限制，不纳入单位工资总额基数。转化科技成果以股份或出资比例

等形式奖励成果完成人的部分，暂不缴纳个人所得税，在其获得分红或转让时，依法缴纳个人所得税。

三、完善高校领导收益分配制度

担任高校正职领导以及高校所属具有独立法人资格单位的正职领导，是科技成果的主要完成人或者为成果转移转化作出重要贡献的，可以按照学校制定的成果转移转化奖励和收益分配办法给予现金奖励，原则上不得给予股权激励。在担任现职前因科技成果转化获得的股权，任职半年内应及时予以转让；未转让的，任期内限制交易。限制股权交易的，在本人不担任上述职务一年后解除限制。其他担任领导职务的科技人员，是科技成果的主要完成人或者为成果转移转化做出重要贡献的，可以按照学校制定的成果转化奖励和收益分配办法给予现金、股份或出资比例等奖励和报酬。

四、横向科研合作视为科技成果转移转化活动

高校科技人员面向企业或其他社会组织开展的技术开发、技术咨询、技术服务、技术培训等横向合作活动，是高校科技成果转化的重要形式，其管理应依据合同法和科技成果转化法，经费收入纳入学校财务统一管理，支出按照合同或协议约定执行；合同或协议无明确要求或约定的，可按照学校制定的经费管理办法规范使用。项目结余经费视为转化收益，可按照学校制定的科技成果转移转化奖励和收益分配办法对完成项目的科技人员给予奖励和报酬。横向科研活动需实行项目负责人负责制，对项目实施和经费使用全面负责。

五、完善体现增加知识价值的人事改革制度

高校科技人员在履行岗位职责、完成本职工作的前提下，经本人申请、学校同意后，可以到企业和其他科研机构、高校、社会组织等兼职并取得合法报酬。鼓励高校科技人员公益性兼职，积极参与决策咨询、扶贫济困、科学普及、法律

援助和学术组织等活动。担任领导职务的科技人员兼职及取酬,按中央有关规定执行。经所在单位批准,高校科技人员可以离岗从事科技成果转化等创新创业活动。鼓励高校设立一定比例的流动岗位,聘请有创业实践经验的企事业单位科技人才兼职从事教学和科研工作。

高校要建立和完善科技人员在岗兼职、离岗创业和返岗任职制度,对在岗兼职的兼职时间和取酬方式、离岗创业期间和期满后的权利和义务及返岗条件做出规定并在校内公示。兼职行为不得泄露本单位技术秘密,损害或侵占本单位合法权益,违反承担的社会责任。离岗创业不超过三年时间内保留人事关系,与原单位其他在岗人员同等享有参加职称评聘、岗位等级晋升和社会保险等方面的权利。离岗创业期间,科技人员所承担的科研项目原则上不得中止,确需中止的应当按照有关管理办法办理手续。

兼职或离岗创业收入不受本单位绩效工资总量限制,个人须如实将兼职收入报单位备案,按有关规定缴纳个人所得税。

六、建立健全科技成果转移转化工作机制

高校要加强对科技成果转移转化的管理、组织和协调,成立以学校主要领导为组长,相关职能部门负责人组成的科技成果转移转化工作领导小组;统筹成果管理、技术转移、资产经营管理、法律等事务,建立成果转移转化管理平台;明确科技成果转移转化管理机构和职能,落实科技成果报告、知识产权保护、资产经营管理、优化科技成果转移转化工作流程等工作的责任主体。

高校应根据国家规定和学校实际建立科技成果使用、处置的程序与规则,设立负责科技成果转移转化工作的专业化机构或者委托独立的科技成果转移转化服务机构开展科技成果转化,通过培训、市场聘任等多种方式建立成果转化技术经理人队伍。

高校要建立科技成果转移转化绩效评价机制,对科技成果转移转化业绩突出的机构和人员给予奖励。鼓励高校设立专门的科技成果转化岗位并建立相应的职称职务评聘制度。横向科研项目与政府科技计划项目，在科技人员业绩考核中应同等对待。将科技成果转化业绩与论文、纵向课题指标同等对待，科技成果转移转化绩效突出的科研和管理人员，纳入破格晋升职称序列。

七、建立科技成果转移转化年度报告制度

按照国家科技成果年度报告制度的要求，高校要于每年3月20日前向省教育厅报送上一年度科技成果许可、转让、作价投资以及推进产学研合作、科技成果转移转化绩效和奖励等情况，并对全年科技成果转移转化取得的总体成效、面临的问题进行总结。省教育厅根据高校科技成果转移转化年度报告情况，对高校科技成果转移转化绩效进行评价，并将评价结果作为对高校给予支持的重要依据之一。

八、改进财政资金科研经费预算管理

中央财政资金支持的科研项目经费，按照国家相关规定执行。省级财政资金支持的科研项目，在总预算不变的情况下，将直接费用中的材料费、测试化验加工费、燃料动力费、出版/文献/信息传播/知识产权事务费及其他支出预算调剂权下放给项目承担单位。研讨交流费、劳务费、专家咨询费和设备费支出预算可以调减，不得调增。项目直接费用预算调剂权限下放给高校。合并会议费、差旅费、国际合作与交流费预算科目，由项目负责人按项目研究实际需要编制预算，由科研人员结合科研活动实际需要统筹安排使用，其中经费额度不超过直接费用规定比例的，不需要提供预算编制依据。劳务费预算不设比例限制，由高校和科研人员据实编制，项目聘用人员的社会保险补助纳入列支范围。间接费用用于补偿项目承担单位为项目实施所发生的间接成本和绩效支出，竞争性科研项目应当设立间接费用，实行总额控制，按照不超过直接费用扣除设备购置费的规定比例执行。项目实施期间，年度剩余资金可结转下一年度继续使用，项目结余资金由项目组安排用于科研活动的直接支出。

九、改进高校科研经费核算管理，落实税收优惠政策

高校应按照实事求是、精简高效、厉行节约和优化服务的原则，完善科研经费内部报销规定。高校以据实报销方式解决野外、偏远地区作业、心理测试等科研活动中无法取得发票或财政性票据等报销问题。根据科研活动实际需要，自主确定科研类差旅费、会议费、咨询费等相关经费的报销范围和标准。科研类国际合作与交流费、会议费等不纳入行政经费"三公"及会议费统计范围。科研人员取得的绩效支出和奖励，不受单位工资总额限制、不纳入单位工资总额基数。落实科研项目经费及科技成果转化涉及的税收优惠政策，由高校财务部门按国家有关规定代扣代缴，或者由纳税人申报缴纳。

十、改进科研设备采购管理，健全科研环境保障机制

高校可根据科研工作需求情况，实行灵活的科研设备采购方式。使用财政性资金采购科研设备的，由高校直接向政府采购监管部门申请，选择部门集中采购、分散采购和自行采购等形式采购。使用非财政性资金采购科研设备的不实行政府采购。政府采购评审专家库相关专业专家数量不能满足随机抽取需要的，经政府采购监管部门同意后，可自行选择评审专家，并优先选择校外的评审专家；执行过程中，预算支出总金额不变但采购预算的类型和金额发生变化的，高校可自行调整政府采购预算，并报主管单位备案。对高校采购进口仪器设备实行备案制管理，继续落实相关免税政策。

高校应进一步落实法人责任，在规范科研资金管理的同时，为科技人员的资金使用提供优质、高效、便捷的服务。按照权责一致的要求，健全内部风险防控机制，实施资金使用绩效评价，建立科研经费使用诚信制度，保障科研经费使用安全规范有效；要进一步创新服务方式，建立科研财务助理制度，为科研人员在项目预算编制和调剂、经费支出、财务决算等方面提供专业化服务，支持科研人员潜心从事科学研究；要充分利用信息化手段，建立健全科研项目信息共享平

台,提高管理效率和便利化程度。

各高校要切实防范道德风险、廉政风险和法律风险;加强对科技成果转移转化工作和科研资金使用的监督检查,对借机牟取私利、搞利益输送的违纪违法问题依法依规严肃查处。

各高校应根据本意见要求,制定实施办法,并于2017年2月底前报省教育厅备案。

陕西省教育厅

陕西省科学技术厅

陕西省财政厅

2017年1月3日

教育部 科技部关于加强高等学校科技成果转移转化工作的若干意见

各省、自治区、直辖市教育厅(教委)、科技厅(科委),新疆生产建设兵团教育局、科技局,教育部直属各高等学校:

为深入贯彻落实《中共中央 国务院关于深化体制机制改革加快实施创新驱动发展战略的若干意见》《中共中央关于深化人才发展体制机制改革的意见》和《中共中央办公厅关于印发深化科技体制改革实施方案的通知》精神,推动高校加快科技成果转移转化,依据《中华人民共和国促进科技成果转化法》、国务院《实施〈中华人民共和国促进科技成果转化法〉若干规定》和国务院办公厅《促进科技成果转移转化行动方案》,结合高校实际,提出如下意见:

一、全面认识高校科技成果转移转化工作。科技成果转化是高校科技活动的重要内容,高校要引导科研工作和经济社会发展需求更加紧密结合,为支撑经济发展转型升级提供源源不断的有效成果。高校要改革完善科技评价考核机制，促进科技成果转化。高校科技成果转移转化工作，既要注重以技术交易、作价入股等形式向企业转移转化科技成果；又要加大产学研结合的力度，支持科技人员面向企业开展技术开发、技术服务、技术咨询和技术培训；还要创新科研组织方式，组织科技人员面向国家需求和经济社会发展积极承担各类科研计划项目，积极参与国家、区域创新体系建设，为经济社会发展提供技术支撑和政策建议；高校作为人才培养的主阵地，更要引导、激励科研人员教书育人，注重知识扩散和转移，及时将科研成果转化为教育教学、学科专业发展资源，提高人才培养质量。

二、简政放权鼓励科技成果转移转化。高校对其持有的科技成果，可以自主决定转让、许可或者作价投资，除涉及国家秘密、国家安全外，不需要审批或备案。高校有权依法以持有的科技成果作价入股确认股权和出资比例，通过发起人协议、投资协议或者公司章程等形式对科技成果的权属、作价、折股数量或出资比例等事项明确约定、明晰产权，并指定所属专业部门统一管理技术成果作价入股所形成的企业股份或出资比例。高校职务科技成果完成人和参加人在不变更职务科技成果权属的前提下，可以按照学校规定与学校签订协议，进行该项科技成果的转化，并享有相应权益。高校科技成果转移转化收益全部留归学校，纳入单位预算，不上缴国库；在对完成、转化科技成果做出重要贡献的人员给予奖励和报酬后，主要用于科学技术研究与成果转化等相关工作。

三、建立健全科技成果转移转化工作机制。高校要加强对科技成果转移转化的管理、组织和协调，成立科技成果转移转化工作领导小组，建立科技成果转移转化重大事项领导班子集体决策制度；统筹成果管理、技术转移、资产经营管理、法律等事务，建立成果转移转化管理平台；明确科技成果转移转化管理机构和职能，落实科技成果报告、知识产权保护、资产经营管理等工作的责任主体，优化并公示科技成果转移转化工作流程。

高校应根据国家规定和学校实际建立科技成果使用、处置的程序与规则。在向企业或者其他组织转移转化科技成果时，可以通过在技术交易市场挂牌、拍卖等方式确定价格，也可以通过协议定价。协议定价的，应当通过网站、办公系统、公示栏等方式在校内公示科技成果名称、简介等基本要素和拟交易价格、价格形成过程等，公示时间不少于15日。高校对科技成果的使用、处置在校内实行公示制度，同时明确并公开异议处理程序和办法。涉及国家秘密和国家安全的，按国家相关规定执行。

科技成果转化过程中，通过技术交易市场挂牌、拍卖等方式确定价格的，或者通过协议定价并按规定在校内公示的，高校领导在履行勤勉尽职义务、没有牟取非法利益的前提下，免除其在科技成果定价中因科技成果转化后续价值变化产生的决策责任。

四、加强科技成果转移转化能力建设。鼓励高校在不增加编制的前提下建立负责科技成果转移转化工作的专业化机构或者委托独立的科技成果转移转化服务机构开展科技成果转化，通过培训、市场聘任等多种方式建立成果转化职业经理人队伍。发挥大学科技园、区域（专业）研究院、行业组织在成果转移转化中的集聚辐射和带动作用，依托其构建技术交易、投融资等支撑服务平台，开展技术开发和市场需求对接、科技成果和风险投资对接，形成市场化的科技成果转移转化运营体系，培育打造运行机制灵活、专业人才集聚、服务能力突出的国家技术转移机构。高校要充分利用各级政府建立的科技成果信息平台，加强成果的宣传和展览展示；鼓励科研人员面向企业开展技术开发、技术咨询和技术服务等横向合作，与企业联合实施科技成果转化。

五、健全以增加知识价值为导向的收益分配政策。高校要根据国家规定和学校实际，制定科技成果转移转化奖励和收益分配办法，并在校内公开。在制定科技成果转移转化奖励和收益分配办法时，要充分听取学校科技人员的意见，兼顾学校、院系、成果完成人和专业技术转移转化机构等参与科技成果转化的各方利益。

高校依法对职务科技成果完成人和为成果转化做出重要贡献的其他人员给予奖励时，按照以下规定执行：以技术转让或者许可方式转化职务科技成果的，应当从技术转让或者许可所取得的净收入中提取不低于50%的比例用于奖励；以科技成果作价投资实施转化的，应当从作价投资取得的股份或者出资比例中提取不低于50%的比例用于奖励；在研究开发和科技成果转化中作出主要贡献的人员，获得奖励的份额不低于总额的50%。成果转移转化收益扣除对上述人员的奖励和报酬后，应当主要用于科学技术研发与成果转移转化等相关工作，并支持技术转移机构的运行和发展。

担任高校正职领导以及高校所属具有独立法人资格单位的正职领导，是科技成果的主要完成人或者为成果转移转化做出重要贡献的，可以按照学校制定的成果转移转化奖励和收益分配办法给予现金奖励，原则上不得给予股权激励；其他担任领导职务的科技人员，是科技成果的主要完成人或者为成果转移转化作出重要贡献的，可以按照学校制定的成果转化奖励和收益分配办法给予现金、股份或出资比例等奖励和报酬。对担任领导职务的科技人员的科技成果转化收益分配实行公示和报告制度，明确公示其在成果完成或成果转化过程中的贡献情况及拟分配的奖励、占比情况等。

高校科技人员面向企业开展技术开发、技术咨询、技术服务、技术培训等横向合作活动，是高校科技成果转化的重要形式，其管理应依据合同法和科技成果转化法；高校应与合作单位依法签订合同或协议，约定任务分工、资金投入和使用、知识产权归属、权益分配等事项，经费支出按照合同或协议约定执行，净收入可按照学校制定的科技成果转移转化奖励和收益分配办法对完成项目的科技人员给予奖励和报酬。对科技人员承担横向科研项目与承担政府科技计划项目，在业绩考核中同等对待。

科技成果转移转化的奖励和报酬的支出，计入单位当年工资总额，不受单位当年工资总额限制，不纳入单位工资总额基数。

六、完善有利于科技成果转移转化的人事管理制度。高校科技人员在履行岗位职责、完成本职工作的前提下，征得学校同意，可以到企业兼职从事科技成果转化，或者离岗创业在不超过三年时间内保留人事关系。离岗创业期间，科技人员所承担的国家科技计划和基金项目原则上不得中止，确需中止的应当按照有关管理办法办理手续。高校要建立和完善科技人员在岗兼职、离岗创业和返岗任职制度，对在岗兼职的兼职时间和取酬方式、离岗创业期间和期满后的权利和义务及返岗条件作出规定并在校内公示。担任领导职务的科技人员的兼职管理，按中央有关规定执行。鼓励高校设立专门的科技成果转化岗位并建立相应的评聘制度。鼓励高校设立一定比例的流动岗位，聘请有创新实践经验的企业家和企业科技人才兼职从事教学和科研工作。教育部将组织高校开展将企业任职经历作为新聘工程类教师必要条件的试点，加大对应用型本科和高职院校专业教师在校企之间的交流力度。

七、支持学生创新创业。探索建立以创新创业为导向的人才培养机制，完善产学研用结合的协同育人模式。支持高校与企业、研究院所联合建立学生实习实训和研究生科研实践等教学科研基地，提高学生创新创业实践能力。推动国家大学科技园为学生创新创业提供力所能及的场地、信息网络和商事、法律服务，建立微创新实验室、创新创业俱乐部等，发展众创、众包、众扶、众筹空间等新型孵化模式。鼓励国家大学科技园组织有创业实践经验的企业家、高校科技人员和天使投资人开展志愿者行动，为学生创新创业提供创业辅导以及技术开发合作援助，编写高校师生创新创业成功案例作为高校创新创业教辅材料，支持高校创新创业教育。加强知识产权相关学科专业建设，对学生开展知识产权保护相关法律法规的教育培训。鼓励高校通过无偿许可专利的方式，向学生授权使用科技成果，引导学生参与科技成果转移转化。

八、推进科研设施和仪器设备开放共享。鼓励高校与企业、研究开发机构及其他组织联合建立研究开发平台、技术转移机构或技术创新联盟，共同开展研究开发、成果应用与推广、标准研究与制定。支持高校和地方、企业联合共建实验室和大型仪器设备共享平台，加快推进高校科研设施与仪器在保障本校教学科研基本需求的前提下向其他高校、科研院所、企业、社会研发组织等社会用户开放共享。依托高校建设的国家重点实验室、国家工程实验室、国家工程（技术）研究中心、大型科学仪器中心、分析测试中心等各类研发平台，要按功能定位，建立向企业特别是中小企业有效开放的机制，加大向社会开放的力度，为科技成果转移转化提供服务支撑。科研设施和仪器设备有偿开放的，严格按国家工商、价格管理等规定办理，收入、支出纳入学校财务统一管理。

九、建立科技成果转移转化年度报告制度和绩效评价机制。按照国家科技成果年度报告制度的要求，高校要按期以规定格式向主管部门报送年度科技成果许可、转让、作价投资以及推进产学研合作、科技成果转移转化绩效和奖励等情况，并对全年科技成果转移转化取得的总体成效、面临的问题进行总结。高校要建立科技成果转移转化绩效评价机制，对科技成果转移转化业绩突出的机构和人员给予奖励。高校主管部门要根据高校科技成果转移转化年度报告情况，对高校科技成果转移转化绩效进行评价，并将评价结果作为对高校给予支持的重要依据之一。高校科技成果转移转化绩效纳入世界一流大学和一流学科建设考核评价体系。

十、切实加强领导，认真组织实施。各省级教育、科技行政部门，各高校要认真学习贯彻"创新是引领发展的第一动力"的深刻内涵，将思想和行动统一到党中央、国务院的重大战略部署上来，根据本意见的要求和自身实际情况，采取切实有效的措施加快科技成果转移转化。要切实防范道德风险、廉政风险和法律风险；加强对科技成果转移转化工作的监督检查，对不作为、乱作为的行为严肃问责，对借机牟取私利、搞利益输送的违纪违法问题依法依规严肃查处。教育部将组织实施促进高校科技成果转移转化行动计划，引导高校进一步完善科技成果转移转化的体制机制，为经济社会发展提供科技支撑和智力支持。

本意见自发布之日起施行，执行过程中遇到的问题，请及时向教育部科学技术司、科学技术部创新发展司反馈。此前有关规定与本意见不一致的，按本意见执行。

教育部　科技部
2016 年 8 月 3 日

陕西省知识产权局关于进一步完善省内高校院所知识产权转化收益分配机制的指导意见

一、总体要求

（一）指导思想

深入实施创新驱动发展战略和知识产权战略，贯彻落实省委省政府工作部署，着力推进高等学校、科研机构（以下简称"高校院所"）进一步完善以增加知识价值为导向的收益分配机制，提高发明人或设计人（以下简称"发明人"）在知识产权转化收益中的分享比例，充分发挥知识产权对激励创新和服务科技成果转化的支撑作用，调动发明人参与实施转化的积极性、主动性和创造性，提升科技创新成果供给质量和运用效率，促进知识产权与经济深度融合发展，加快推进知识产权强省建设。

（二）基本原则

坚持市场导向，政府引导。引导高校院所面向经济社会发展需求进行科技创新，激发知识产权实施转化的内生动力。强化政府服务职能和政策指引，打造良好的知识产权实施转化环境。

坚持知识产权保护与应用并重。加强高校院所知识产权保护，统筹处理国家、单位、发明人之间的利益关系，提高高校院所职务发明创造转化实施效率。

坚持体现知识产权价值的分配机制。发挥分配政策的导向作用，在收益分配中体现知识价值的合理回报，调动发明人的积极性、创造性，形成并巩固促进知识产权转化实施的良性循环。

(三) 主要目标

全面推动我省高校院所知识产权创造、运用和保护能力提升，进一步完善知识产权市场化运营服务体系，完善知识产权实施转化收益分配机制，促进发明人知识产权收入显著增加，充分发挥知识产权对创新创业的激励与保障作用，加快我省知识产权强省建设。

二、加强知识产权实施转化服务体系建设

1. 实现高校院所技术研发与需求市场的有机对接。围绕我省产业政策和产业规划，开展专利导航工作。支持高校院所围绕市场需求开展研发，针对目标市场进行知识产权布局，形成以市场为导向的科研创新机制，使科技创新与经济发展相互促进。

2. 支持高校院所知识产权转移转化机构建设。支持高校院所内设转移转化机构建设，提高知识产权价值评估能力、运营与保护能力和产学研协同能力，加快培养高层次知识产权运营人才。大力支持知识产权运营公共服务平台建设，为高校院所知识产权实施转化提供服务。保障发明人在知识产权实施转化过程中的话语权，创造技能让发明人安心工作，又能获得与自身知识价值相适应的合法收益的制度环境。

3. 推行高校院所知识产权分类管理。高校院所对已有知识产权，根据其价值状况采取相应的处置方式。本单位在两年内未自行实施、对外转让许可或投融资的，应许可发明人自行实施或授权发明人自主处置。单位对拟放弃的知识产权，应优先考虑发明人的受让意愿。发明人愿意受让的，单位应积极配合办理权利人变更手续。

4. 建立科学的知识产权转化评价体系。完善评价标准，逐步将知识产权转化情况作为评价省属高校院所知识产权工作的重要内容，保障知识产权转化收益分配政策的落实。积极落实科技人员分类评价制度，将知识产权转化情况作为专业技术职称评定、职务聘任和考核评价的重要依据。

三、开展职务创新成果知识产权混合所有制试点工作

1. 支持高校院所积极开展职务创新成果知识产权混合所有制试点工作,探索知识产权转化收益分配分享新机制。本着以增加知识产权价值为导向的分配原则,通过法定程序,是发明人与单位成为职务发明创造所形成的知识产权的共同权利人,享有对知识产权全部或部分的所有权、使用权、处置权和收益权。

2. 规范知识产权混合所有的确权方式。除涉及国家安全、国家利益和重大社会公共利益的知识产权以外,单位与发明人之间一般通过协议约定方式,共同分享职务发明创造形成的知识产权,权属比例由双方协商确定。发明人为团队的,其内部分配比例由团队内部协商确定。

3. 及时办理知识产权混合所有的确权手续。对已有的知识产权,与发明人与单位协商一致后,可通过权利人变更、协议约定后期转化收益分享比例等方式,进行权属分配。双方应及时办理权利人变更登记手续或签订协议。

对新形成的知识产权,单位与发明人之间可通过共同申请(登记)知识产权的方式,成为该项知识产权的共同权利人。

4. 加强知识产权混合所有制制度建设。高校院所要按照国家标准《高等学校知识产权管理规范》(GB/T 33251-2016)、《科研组织知识产权管理规范》(GB/T 33250-2016),建立起科学、规范、系统的知识产权管理体系。在知识产权混合所有制试点工作中,以制度形式明确本单位实施知识产权混合所有制的条件、程序、方式、收益分配和双方的权利、义务与责任等内容。

四、落实转化收益分配政策,提高发明人收益分享比例

1. 建立市场导向的知识产权定价机制。利用财政性资金资助形成的知识产权,除涉及国家安全、国家利益和重大社会公共利益的,可由高校院所的发明人按与单位的协议自主决定转让、许可或作价投资;自主决定转让、许可或作价投资应当通过协议定价、挂牌交易、拍卖等市场化方式确定知识产权的价格。通过

协议定价或评估定价的，评估价格需按照规定在本单位公示后确定。

高校院所负责人已履行勤勉尽责义务的，不承担因知识产权转化后续价格变化产生的决策责任。

2. 全面落实知识产权转化收益分配相关政策。按照中办、国办《关于实行以增加知识价值为导向分配政策的若干意见》《陕西省促进科技成果转化若干规定（试行）》《陕西省促进科技成果转化条例》等相关政策法规，保障并提高发明人在知识产权转化收益中的分享比例。省属高校院所的知识产权，由发明人实施转化的，将不低于90%的转化收益奖励给发明人和为实施转化做出贡献的人员。知识产权两年内未转化的，采取挂牌交易、拍卖等方式实施转化，将不低于80%的转化净收益奖励给发明人和为实施转化做出贡献的人员。奖励直接发放给个人，不计入工资总额基数。

五、保障实施

1. 加强组织指导。知识产权、科技、高教、财政等相关行政管理部门根据自身职责，做好政策协调和资源统筹，加强对知识产权转化收益分享分配工作的组织指导。

2. 加强政策落实。高校院所要结合本单位实际，认真落实我省有关知识产权实施转化收益分配政策，主动作为，积极探索，不断完善收益分配管理制度。

3. 加强示范交流。及时检查评估政策落实情况，交流好的经验和做法，发现和解决问题，不断完善高校院所知识产权转化收益分配机制。

《西安市加快促进科技成果转移转化20条措施》

（市政办发〔2018〕119号）

根据《中华人民共和国促进科技成果转化法》和《促进科技成果转移转化

行动方案》(国办发〔2016〕28号)、《陕西省促进科技成果转化若干规定(试行)》(陕发〔2016〕24号),为深入实施创新驱动发展战略,进一步激发科技成果转移转化主体活力,深化产学研协同创新,营造转移转化良好环境,补齐创新转化能力短板,加快科技成果向现实生产力转移转化,支撑丝路科技创新中心建设,实现追赶超越,结合我市全面创新改革试验工作要求,制定本措施。

一、深化全面创新改革,着力发展高校院所经济

(一)深化高校院所科技成果处置权改革。驻市高校院所自主决定采取转让、许可、合作或者作价投资等方式开展转移转化活动,除涉及国家秘密、国家安全外,无需审批或者备案。市属高校院所可授予科技成果完成团队或个人对该科技成果的处置权,由成果完成人实施转化的,可将不低于90%的转化收益奖励给成果完成人和为成果转化作出贡献的人员。

(二)引导高校院所创新科技成果转移转化机制。鼓励高校院所推广并创新"一院一所一校"模式经验,建立更加开放共享的科技成果转移转化管理机制;支持科研院所转制建企,建立科技创新指标和产业发展指标并重的考核激励机制,构建企业化持续创新投入保障机制。对参与全面创新改革试验的试点单位,牵头承担国家资金支持的国家级科技创新平台和重大科技计划项目的,市科技计划给予最高不超过500万元的配套支持。

(三)提升科技人员成果转移转化积极性。鼓励科技人员通过离岗创业、在岗创业、兼职创新等多种形式进行科技成果转移转化,聚众智推进开放式创新,大力培育科技人员创业经济。支持高校院所的科技人员围绕产业创新需求,承接企业难题招标和研发委托,每年择优引导支持千名科技人员服务百家企业需求合作项目。

(四)推动各区县、开发区与高校院所合作建设综合性创新创业孵化基地。各区县政府、开发区管委会要积极与高校院所对接,充分挖掘高校院所在技术、人才、科研平台等方面的资源优势,提供充分便利条件联合共建科学园、产业

园、创新港、特色小镇等服务于科技成果转移转化的综合性创业孵化基地。支持碑林区、雁塔区、高新区、航天基地建设科技成果转移转化核心示范区，新城区、莲湖区、未央区、经开区、航空基地、沣东新城、沣西新城、秦汉新城建设科技成果转移转化示范带，构建科技成果转移转化承载空间。对承担科技成果转移转化示范区、示范带建设的区县、开发区，按投入的20%，给予最高不超过1000万元的奖补支持。鼓励各区县与高校院所互派干部挂职交流，促进双方资源、信息交互对接。

二、强化产学研协同创新，建立科技成果转移转化联合体

（五）加强共性关键技术的研发和转移转化应用。引导西安支柱产业龙头企业及专业化园区围绕产业链构建创新链，发挥企业创新主体作用和园区共性服务主体地位。以新型研发及转移转化创新组织建设为载体，在"硬科技""中国制造2025""互联网＋"等领域，整合上下游产业和高校院所创新资源，开展面向产业创新的共性关键技术研发和转移转化应用，实现跨领域跨行业的产业协同发展。对于辐射带动示范作用强，能够加速产业转型升级的重大集群类项目给予最高1000万元的配套支持。

（六）鼓励企业、高校、院所和服务机构等创新主体开放合作。以联合建立新型产业技术研究院、重点实验室、工程技术研究中心、技术转移中心、科技成果中试（熟化）基地等研发组织和成果转化平台为抓手，推进创新资源共建共享共用。对开放合作成效显著的单位和项目，给予一定比例的奖补支持。

（七）完善技术成果向企业转移转化的扶持机制。支持企业加强科技成果转移转化应用，以科技型中小企业、创新型企业、高新技术企业为重点，鼓励企业引进国内外先进适用技术，共同开展研究开发、成果应用与推广、标准研究与制定等，实现技术革新与改造升级。对引进技术落地转化效果显著的企业，择优按转移转化项目技术总投入的10%，给予不高于企业三年累计缴税总额，最高200万元的补助。

三、完善科技成果转移转化市场化服务体系，提供立体化、全方位的服务支撑

（八）加强技术转移转化体系建设。引导高校院所建设专业化技术转移服务机构，实现技术转移机构全覆盖，加快高校院所向企业输出科技成果。鼓励社会力量成立技术转移服务机构，全方位开展技术转移服务活动，每年按照其上年度促成技术交易合同额的一定比例给予奖补。鼓励各技术转移机构联合建立技术转移中心联盟，推动技术转移资源和经验共享与扩散。

（九）支持西安科技大市场服务功能提升建设。打造线上与线下相结合的综合技术交易网络服务平台，支持国家知识产权运营军民融合试点平台建设，加快国家技术转移西北中心建设。推动科技成果与企业需求有效对接，完善科技成果挂牌交易机制，实现科技成果市场价值。

（十）支持科技成果转移转化人才队伍建设。推动有条件的高校院所、科技中介联建一批科技成果转移转化人才培养基地，广泛开展技术转移转化人才培养。依托相关高校和国家技术转移西北中心组建丝路技术转移学院，培养技术转移领域高层次、国际化、专业化人才，组织开展跨行业、跨地域、跨学科的技术转移实践，建设技术转移前沿理论研究的教学平台和实训基地。鼓励建设专业化技术经纪人队伍，畅通职业发展通道。

四、创新军民融合成果转化模式，提升双向转移转化能力

（十一）推动国防科技成果向民用领域转化应用。支持军工院所自主孵化或合作创办新企业，在平台建设、土地划拨、税收优惠、资金支持、资质获取等方面给予倾斜。支持军工单位提供社会化服务，编制《军民两用设备设施资源信息共享名录》，推动军民融合资源开放共享。对军工院所科技成果出让方与创新创业企业受让方按持股比例获得分红的，按分红金额的2%给予出让方最高30万元一次性补贴，按分红金额的2%给予受让方最高50万元一次性补贴。

（十二）推动地方企业参与国防科技需求项目。围绕重点军工单位，鼓励优势民营企业积极参与军工科研生产配套。对民营企业获得国家条保资金、预研资金、科技经费、两维经费等支持的，依据《西安市军民融合补短板促发展实施方案》（市办字〔2017〕237号），给予最高500万元配套奖励。

五、扩展科技招商功能平台，强化与人才、成果对接

（十三）建设海外科技人才离岸创新创业基地。探索"市内注册、海内外经营"的离岸创新创业模式，支持具备引才引智、创业孵化、专业服务保障等功能的国际化综合性创新创业平台建设，构建创新创业人才服务平台，提供科技咨询、科技人才交流活动、教育培训等公共服务。

（十四）大力发展校友经济。搭建校友回归创业投资体系，网罗国内外科技成果和人才，开展招才引智、校友回归、创新创业、成果转化项目落地。政府与高校联合设立"校长基金"，激励高校人才主动服务地方发展。对高层次人才创办的企业或核心成果转化，在三年内实现年营业收入首次超过2000万元、5000万元、1亿元的，分别奖励50万元、100万元、300万元。

六、整合资源，办好全球硬科技创新大会等大型科技活动，推动国际技术转移转化

（十五）促进国际技术转移转化信息交汇。加快建设"一带一路"国际技术市场协作信息平台，扩大技术转移转化国际合作范围，打通资源双向流通和交易通道。鼓励企业和机构主办或承办会议、论坛、对接洽谈会、成果展示、技术转移等各类国内外科技交流活动，所需费用按组织形式，全额或部分给予补贴。

（十六）建设国际技术转移机构。支持与西安市政府有合作的境外机构在西安设立符合我市产业发展需求的技术转移机构，按服务西安技术交易和科技成果转化年营业收入20%，给予技术转移机构最高不超过500万元的工作经费补助。对于企业购买境外先进技术，经认定按照核定技术交易额的10%，给予最高200

万元奖励。支持国内外知名高校技术转移服务机构、科研机构与市政府或相关区县、开发区建立合作伙伴关系,按服务西安技术交易和科技成果转化年营业收入20%,给予合作伙伴最高不超过100万元的资助。

七、设立科技成果转移转化专项资金,增强对科技成果转化的金融支撑

(十七)建立并扩大科技成果转化基金规模与覆盖范围。发挥大西安产业基金引导作用,积极吸引和支持天使投资机构、创业投资机构入驻西安,与各高校院所联合设立各类创业投资子基金,实现"一校一基金""一所一基金",加快形成总规模不低于100亿元的科技成果转化基金群,精准投资科技成果转化项目,对创业投资种子期、初创期硬科技企业,按投资额的70%抵扣应纳税所得额,并给予10%~30%的投资损失风险补偿。

(十八)支持科技金融试点与创新。实施知识产权证券化试点,扩大知识产权质押贷款业务。支持投贷联动试点银行开展投贷联动业务,为高校院所孵化企业拓展融资渠道。拓展社会资本参与技术转移投资、流转和退出渠道。支持金融机构设立科技支行,创新金融产品及服务模式,支持科技成果转移转化。

八、建立科技成果转移转化宣讲服务机制,提升各级政策落地效果

(十九)梳理中省科技成果转化政策。汇编和分发科技成果转化政策集,组建科技成果转化政策宣讲团。将中央及有关部委、省市各部门出台的科技成果转移转化有关政策文件汇编成册,免费发放,推动政策内容获取便利性;由科技部门牵头组织发展改革及法制等相关部门组建科技成果转化政策宣讲团,对科技成果转化政策进行解读,打消科技人员从事科技成果转移转化的疑虑,解决科技人员从事科技成果转移转化的具体障碍。

(二十)建立促进科技成果转移转化的协同机制。形成由科技部门负责,教育、发改、财政、税务、知识产权等部门协同配合,高校院所、企业共同参与的科技成果转移转化联席会议制度,协商与解决科技成果转移转化实践过程中的有关瓶颈问题与制度障碍，审议科技成果转移转化发展规划及相关政策，督促规划、计划和任务落实。建立"一站式"科技成果转移转化政策咨询服务平台，实施"统一受理、分解处理、统一回复"的服务机制，通过电话、网络、微信、邮件等途径，为高校、院所、企业、社会组织以及科技人员提供咨询服务。

西安××大学关于科技成果转化相关文件

西安××大学文件

西安××科技〔2016〕12号

关于印发《西安××大学促进科技成果产业化管理办法（暂行）》的通知

校属各单位：

《西安××大学促进科技成果产业化管理办法（暂行）》已经2016年第4次校务会审议通过，现予印发，请遵照执行。

西安××大学
2016年10月11日

西安××大学促进科技成果产业化管理办法（暂行）

第一章 总则

第一条 为贯彻落实《中共中央 国务院关于深化体制机制改革加快实施创

新驱动发展战略的若干意见》和《国务院关于大力推进大众创业万众创新若干政策措施的意见》，充分激发我校科研人员和产业服务人员的创新创业潜力，使人才、技术和资本等创新要素与产业协同发展，结合我校实际，制定本办法。

第二条　本办法所称科技成果，是指执行学校及其所属单位任务，或主要是利用学校及其所属单位的物质技术条件所完成的科技成果，即职务科技成果。

本办法所称科技成果产业化，是指对职务科技成果通过后续开发、技术扩散、产品生产、市场推广等环节形成实体产业并追求效益最大化的过程。

第三条　鼓励教师在完成本职工作的前提下兼职，或离岗专职从事科研成果产业化工作，并创办、领办或参办科技型公司。

第二章　组织管理

第四条　资产经营管理有限公司是学校资产出资、技术入股、科技成果产业化的归口管理单位，主要职责如下：

（一）负责学校科技成果作价入股的审定及其所形成和衍生的资产管理；

（二）依托管理智通公司、水电设计院等学校全资科技型公司，进行相关科技成果孵化和产业化；

（三）利用学校大学科技园平台设立双创产业孵化机构，提供工商、税务、财务、金融、法律、人力资源及政策引导等全方位服务；

（四）积极吸引社会资本，结合学校科研优势，成立市场化的法人实体，实施科技成果转化与产业化；

（五）负责学校持股、参股公司的监督管理工作；

（六）科技成果转移所获得的收益可计入学校科研收益；

（七）利用学校的人才引进平台设立专职产业人员编制，从事科技成果孵化和产业化工作；

（八）按照学校有关规定，与科技处成果转化中心共同开展与科技成果产业化相关的其他工作。

第五条　重大科技成果产业化、重大资产出资入股等事项应报学校进行审议。

第六条 鼓励学校的科研机构经合法手续与程序转制为校属高新技术企业，纳入学校资产经营管理有限公司进行管理。

第三章 运行管理

第七条 以科技成果作价入股的，可通过协议定价、在技术交易市场挂牌交易、拍卖等方式确定价格。技术入股的价值和股份应由资产经营管理有限公司、课题组与合作方谈判确定。

第八条 以科技成果作价入股的公司董事会中，至少有学校或课题组选派的董事一名，其主要职责为：

（一）履行公司章程规定的职责，权力及义务；

（二）代表学校监督公司的经营情况及财务状况，查阅股东会议记录和财务报告，审计报告；

（三）按照公司章程中规定的比例按年度收回学校应获得的红利；

（四）每半年向学校汇报一次该公司的经营情况、财务状况以及红利分配情况；

（五）当公司发生转让、合并、分立、变更、解散时，应及时向学校汇报；

（六）参股公司在经营过程中损害学校形象，侵犯学校知识产权，造成学校重大经济损失与不良社会影响时，学校在该公司董事有权加以制止或通过法律程序进行诉讼。

第九条 离岗创业的科研人员和教师按照学校相关人事管理办法办理手续。

第四章 保障及激励机制

第十条 对于以技术入股形式进行转化的，转化收入将作为教师考核评聘的重要依据。具体为：根据技术股占有比例和学校所获的分红金额计算教师对学校的贡献，该值可按照横向经费管理办法进行换算，转化为科技活动经费并纳入教师年终考核、聘期考核及职称评审等相关业绩认定，对在科技成果转化中贡献突出的，可奖励和表彰。

第十一条 科技成果参股公司的在研项目可统计为我校的在研科研项目，在研项目的成果除另有约定外，我校享有注册资本中所占股份比例的权利；参股公司的科研到款按我校所占股份比例统计为我校科研到款,在校内可统计为成果具体完成人所在学院的科研到款。

第十二条 以科技成果作价投资实施转化的,作价投资取得的股权比例应占公司股本总额的20%以上,其中学校占股本总额的比例为10%~6%,其余为教师或课题组持有,学校持股比例确定办法如下:

(一)成立公司注册资本金在1000万元人民币以下的,学校占公司股本总额的6%;

(二)成立公司注册资本金在1000万~3000万元人民币之间的,学校占公司股本总额的5%;

(三)成立公司注册资本金在3000万~5000万元人民币元之间的,学校占公司股本总额的4%;

(四)成立公司注册资本金在5000万元人民币元以上的,学校占公司股本总额的1%~3%。

在后期公司股权调整过程中,学校占股比例原则上保持不变,特殊原因确需调整的,应报资产经营管理有限公司审定。

第十三条 技术股所占注册资本的比例、注册资本及公司章程应经学校认可。

第十四条 教师采取现金或实物形式对外投资的,应在资产经营管理有限公司备案,原则上由教师参与所投资公司的运营和管理。教师可自主决定是否愿意向学校赠送股份,学校仅享有获赠股份的分红权,学校所得的分红可折算为教师对学校的贡献。

第五章 法律责任

第十五条 教师采取作价入股方式转化科技成果,经审计确认发生投资亏损,若本人证明其已经履行了勤勉尽责义务的,对相关责任人实施科技成果转化"投资损失"免责政策。

第十六条 教师采取现金或实物形式对外投资的,若所投资企业产生亏损,则由教师根据投资协议自行承担。

第十七条 未经学校批准，擅自将职务科技成果作价入股或创办企业的，学校将通过相关途径主张权利，并依法追究当事人的法律责任。

第十八条 在科技成果产业化活动中虚构技术成果和技术水平，欺骗学校和合作方，给学校和他人造成损失的，由当事人依法承担全部法律责任。

第六章 附则

第十九条 本办法内容如与国家相关政策产生冲突，应以国家相关政策为准，未尽事宜参照国家和学校有关规定执行。

第二十条 本办法由资产经营管理有限公司与科技处共同负责解释。

第二十一条 本办法自发布之日起执行。